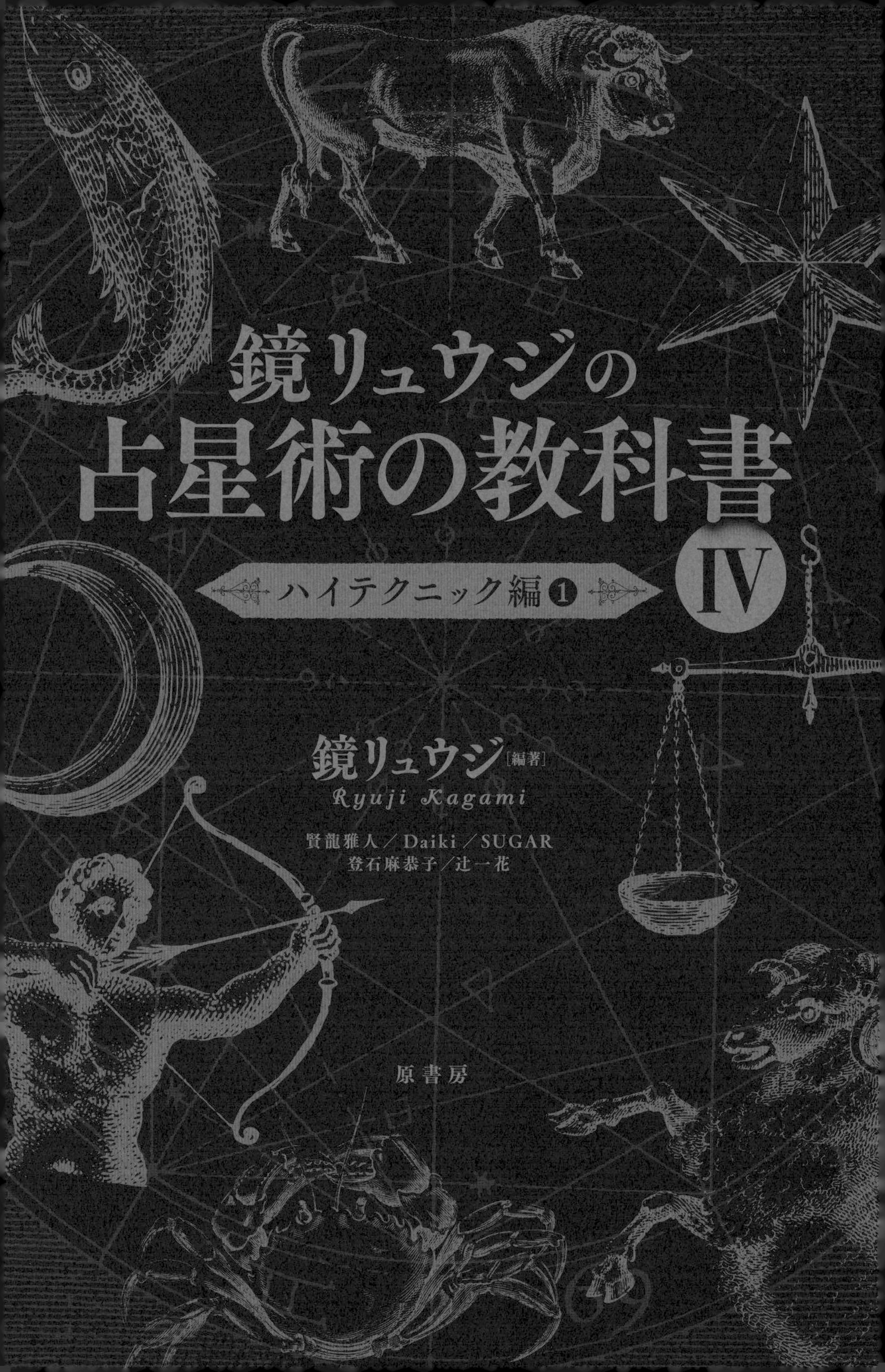

鏡リュウジの
占星術の教科書 Ⅳ

ハイテクニック編 1

鏡リュウジ［編著］

Ryuji Kagami

賢龍雅人／Daiki／SUGAR

登石麻恭子／辻一花

原書房

鏡リュウジの
占星術の教科書 Ⅳ

ハイテクニック編①

目次

占星術のハイテクニックへの招待　鏡リュウジ——4
ユングのチャートについて　石塚隆一——10
カール・グスタフ・ユングの出生図——12
天空の龍が示す、あなたの来し方と未来、そして縁
ノードと日食・月食　賢龍雅人——13
もう一つのコンジャンクションが示す可能性
パラレルとデクリネーション　Daiki——71
サビアン占星術の来歴と
その使い方について　SUGAR——119

こころと身体の占星術
四つの気質——テンパラメント　登石麻恭子——139
column　シンパシー（*Sympathy*）とアンチパシー（*Antipathy*）について——180
高解像度ホロスコープ分析
ミッドポイント　辻一花——181
column　ハーモニクスとアスペクトへの洞察——240
ユングの実娘が読む
カール・ユングのホロスコープ　鏡リュウジ——241
本書でチャート作成に使用したアプリケーション、ポータルサイト——251

占星術のハイテクニックへの招待
——星の旅の仲間たちへ

「占星術は一生涯の趣味である」(Astrology is a Lifetime Hobby)……

占星術の魅力に惹かれ、英国に足しげく通うようになった20代前半のころ、とある占星術家の集まりで耳にしたこの言葉が、ずっと僕の心の中でこだましています。

当時の英国の占星術コミュニティには独特の雰囲気がありました。若い人ももちろんいますが、多くは立派な大人たちが(日本からきた大学生の僕からするとみな大変な年長者に見えたものです)嬉々としてホロスコープを手に談笑しながら、講師を囲んで古いテクストを読んだり、あるいは最新の研究成果の発表に熱心に耳を傾けたりしているのです。

正式な集まりの後には、誰が誘うわけでもなく、自然にパブに席を移し、ビールやワインを片手に談義の続きが盛り上がっていきます。まじめな話もあれば、ときにゴシップもあり。今よりずっと言葉も拙かった僕は、その輪の端にお邪魔しながら、一生懸命、会話についていこうとしたものでした。

とはいえ、言葉の壁と知識不足は否めません。話題についていけていないのではないかと不安が高まります。そんな時、誰かが僕にこう声をかけてくださいました。

「焦らなくて大丈夫、占星術は一生ものの趣味だからね」と。

そうなのです。当時の英国の占星術界の楽しそうな空気の秘密は、この「ライフタイム・ホビー」という言葉にあったのです。

もちろん、プロの占星術家としては占星術の技をお金にしていくことが必要です。職業としての占星術の地位を考えることもそれ以上に重要です。

しかし、単に「稼ぐ」ためだけであれば、占星術の技術を磨いたり、専門的な知識を吸収し続けたりすることは必要ありません。基本的な技法で十分。

ですが、必要十分のさまざまなハイテクニックが占星術の伝統に積み重なっています。

その学びに参画している占星術家たちの瞳の輝きの、いかに若々しいことか。

皆さんのいきいきしている姿を見て、目先の損得を超えた喜びが、占星術の学びにはあることを僕は早いうちに教えてもらったのです。そしてそれが生涯続いていくものであること、そしてそれがかけがえのない仲間を作っていくということも。

『占星術の教科書　ハイテクニック編』は、みなさんの一生の友になるであろう占星術への、もう一段階上への扉です。

既刊の3巻では現代占星術の基礎をしっかりとお伝えすることができたと自負しています。しかし、それはあくまでも「基礎」に過ぎません。そこから先にはまだまだ奥深く、多様な占星術の技法が待っています。

それをぜひお伝えしたいと企画したのですが、僕一人の知識と力では限界があることにすぐ気がつきました。

そこで僕が頼ったのは星の仲間たちでした。そう、僕は一人ではない。星を読む喜びを共有する仲間たちがいます。日本を代表する腕利きの占星術家たちです。彼らはみな広く占星術の技術を習得された上で、それぞれ誰にも負けない得意ジャンルを持ってもおられます。そうしたエキスパートの力を結集し、さまざまな高等技法の教本が作れたらどんなに素晴らしいことか。

思い切って僕は、「星の仲間」たちに声をかけてみることにしたのです。

しかも、それに加えて僕はみなさんに無理な条件を5つもつけてしまいました。①一つの技法に絞ること、②その技法の歴史的由来を明らかにすること、③具体的な算出方法を指導すること、④実際に使いやすいようにいわゆる「クックブック」(雑誌的、教科書的な解釈例)を入れること、④実例を入れること、その中には必ずユングの例を入れること、⑤さらなる学習のために参考文献を入れることとの5つです。こんな面倒な条件をつけたのには理由があります。

海外ではこのようなかたちの複数の占星術家が寄稿するテキストはいくつもあり、それぞれに素晴らしいものなのですが、一つ残念に感じるのは、そうした論集では一冊の本として一本通る軸が見えにくい点でした。

そこで執筆者の皆さんに、共通の枠組みに従って書いていただいてはどうかと考えました。そうすれば本としてのまとまりができるはず(実例にユングを入れて欲しいとした条件は、単に編者である僕がユングの生涯について多少知識をもっているためというだけの理由です)。

とはいえ、実はこんな条件を受け入れていただけるか不安ではありました。とくに問題になるだろうと思ったのは④、クックブック的にハウツーを入れて欲しいというリクエストです。占星術家なら皆知っていることですが、ホロスコープは一つの「系」です。すべての要素が有機的に絡まっているのです。その中の一つだけを取り出し、そこから断定的な解釈を提示するのは難しい。実際にはケースバイケースなのです。

ゆえに、真摯な占星術家ほど、「クックブック」を作ることには抵抗感があるものなのです。「クックブック」を書くには一種の割り切りが必要になります。しかし、学習者の立場からすれば、こうした解釈例がなければ最初のとっかかりすらなく、せっかくの技法をどのように用いていいのか途方に暮れてしまうことになるのも事実。これは教本を書く上でのジレンマの一つです。

しかし、この心配はすぐ消えました。今回お願いした方々は日本トップクラスの占星術家であるにもかかわらず、クックブック的な内容の執筆を含めて、僕のわがままをすべて受け入れてくださったのです。これは逆説的に今回の執筆者の力を示しています。自分自身と読者への信頼がないとできないことだからです。それは自分が書いた内容を、読者が消化、昇華して使ってくれていいよ、という寛大さの表れでもあるからです。僕は今、その姿勢に深い敬意を感じています。

執筆者のみなさんは惜しみなくご自身の膨大な知識の蓄積を見事に整理、提示してくださり、編者の想像を超える質・量のお原稿にまとめてくださいました。実際、もともとこれは1巻に収めるはずだった企画ですが、みなさんの力の入った原稿が集まったため2巻に分けることになったほどなのです。

結果、わが国では、いえ、世界的にもほかに例を見ない、完成度の高い占星術教本が誕生することになりました。

これは「生涯の趣味」としての占星術を仲間とともに深めてこられた占星術家たちだからこそ成

しえたことだと、僕は深い感動に浸っています。

では、ここでこの巻でご登場いただくエキスパートの方々をご紹介することにしましょう。

賢龍雅人さんは、東京アストロロジー・スクールにおける僕の盟友でもあり、また長年に渡る現場での実践経験、そして豊富な教授経験を礎に多くの文献にあたる研究熱心なアストロロジャーです。賢龍さんのノードの解釈は、既刊の3巻で扱えなかったノードの世界を広くカバーしてくださっています。

Ｄａｉｋｉさんは日本におけるライジングスター。執筆陣の中でも最年少ですが、アメリカの大学レベルでの占星術教育機関ケプラー・カレッジで占星術のディプロマを取得、また英国の名門ＳＴＡ（伝統占星術スクール）でも資格を取得された俊英です。20世紀前半にはさかんだったデクリネーションに新たな光を当てます。最近、再び注目を集めているこの技法によって、文字通りあなたの占星術は「立体的」になっていくでしょう。

アロマセラピストでもあり、ハーブや鉱物に詳しい登石麻恭子さんには、ギリシャ以来の四気質と占星術の関係についてご講義いただきました。占星術が19世紀末以降、本格的に内面化、心理学化される以前、西欧の人間観を深く支配していたこの四気質について知ることは占星術学習者にとって必須ですが、このテーマについて語るには登石さん以上の適任者はいないでしょう。

辻一花さんは、日本における占星術、ことにハーモニクスやミッドポイントといった数理的な占星術の先駆者であった石川源晃氏のスクールで学び、またフランスの伝説的占星術家アンドレ・バルボーの著作の翻訳もなされた方。ミッドポイントという詳細な占星術の技法を豊富な実例で解き明かしてくださいました。

ＳＵＧＡＲさんは日本の中で独自の存在感を放つ占星術家です。豊富な読書体験とともに占星術のシンボリズムをユニークに深めているＳＵＧＡＲさんには、特別コラムとしてサビアン・シンボルの系譜を語っていただきました。

最後に僕はこの巻においては付録として、ユングの実娘である占星術家グレーテ・バウマン＝ユングによる、ユングのホロスコープ解釈を簡単にご紹介しておくことにします。これによってそれぞれの執筆者による、ユングのホロスコープ解釈がより立体的になることでしょう。

そして本書の後、すぐに第5巻としてこれまた濃密なテクニック集が出ます。

さあ、さらなる占星術の学びの旅へ、僕たちと一緒に歩みを進めましょう。そこにはたくさんの喜びと出会いが待っています。

連綿と続く占星術の伝統を繋ぐ「旅の仲間」に、あなたが加わってくださることを僕たちは心から歓迎します。

鏡リュウジ

ユングのチャートについて

ユングの出生データは、諸説があります。最も有力なものとして彼の娘で占星家でもあるグレーテ・バウマンが用いている時刻が広く使われています（本書、鏡リュウジによるコラムを参照）。

彼女による出生時刻は地方平均時（LMT）で提示されていますので、巻頭のチャートはこの時刻（19:32LMT）で計算しています。なお、多くの占星家が参照するアストロデータバンク（https://www.astro.com/astro-databank/Jung,_Carl）では、この時刻をベルン時間に換算した時刻（19:24BMT）が表記されており、こちらのデータもよく利用されています。

分の単位で丸めて換算しているため秒単位の多少の誤差がありますが、これらは基本的には同じデータに基づいています。ベルン時間とは、1894年以前にスイスで使われていた時間であり、協定世界時（GMT/UT）より29分45・5秒進んでいます。なお、ユングの出生時刻の様々な説についてもこのアストロデータバンクを参照してください。出生時刻のソースの一つとして多くの占星家が依拠する、「沈みゆく太陽の最後の光が部屋に差し込んだとき」というユングの回想とされる言葉もここに引用されています。

ご自身でユングのチャートを作成する際の注意ですが、多くの占星術ソフトでは生年月日と場所を入力することで、その地域で使用されていた標準時を設定するタイムゾーンの自動設定機能が備わっており、ユングの生年月日や場所を入力することで自動的にベルン時間が選択される可能性があります。この場合は、19:24を入力することで換算チャートを作成することができます。また、手動で設定する必要がある場合、ソフトによってベルン時間の呼び方が異なる可能性があるので、それを調べて設定しなければなりません。なお、多くのソフトでは地方平均時（LMT）を選択できるようになっているので、その場合はLMTを選択し、19:32を入力してください。

石塚隆一

カール・グスタフ・ユングの
出生図

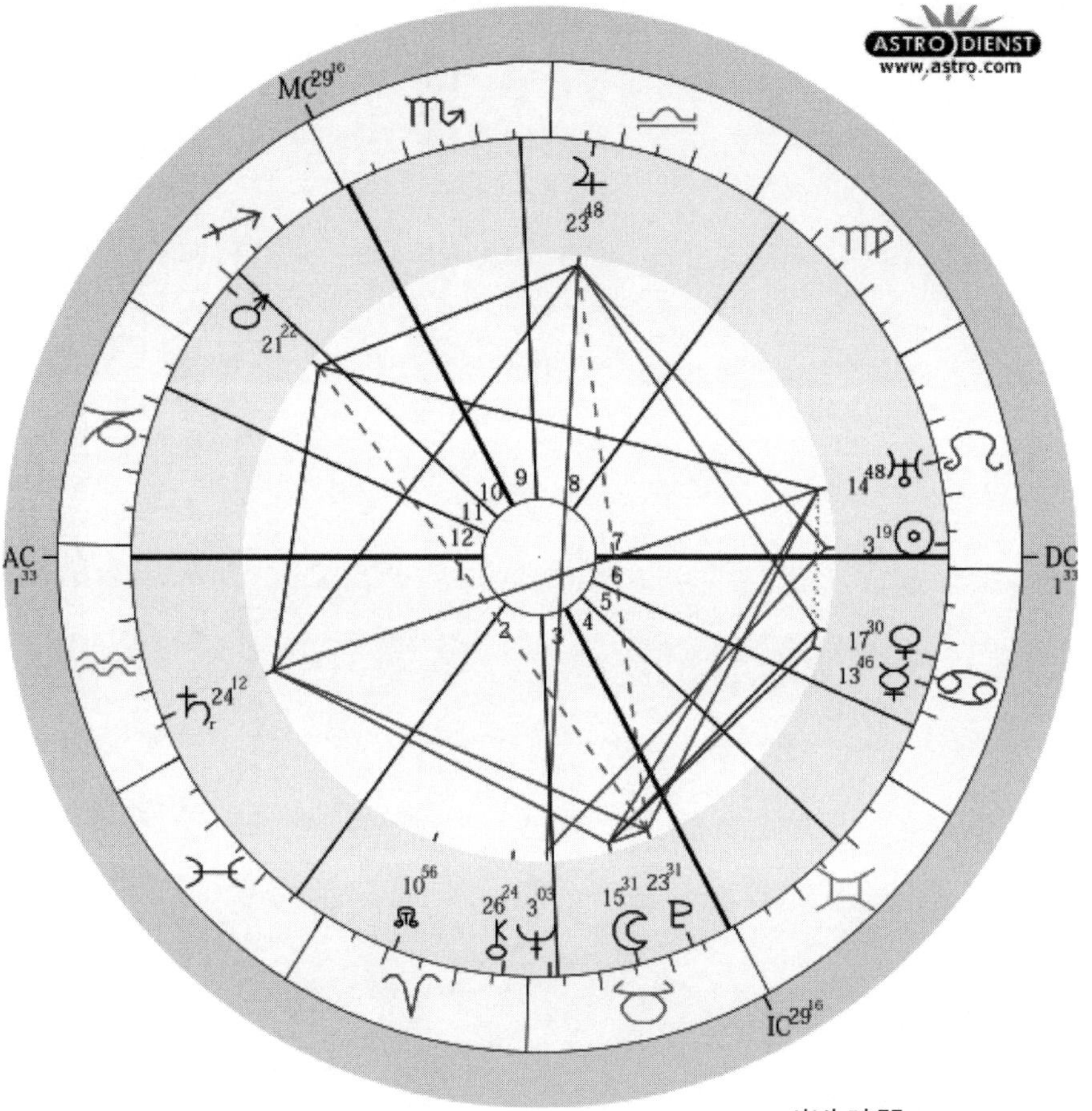

出生時間：
1875 年 7 月 26 日
19 時 32 分（LMT）
出生地：
スイス、ケスヴィル
使用ソフトウェア：
Astrodienst
www.astro.com

天空の龍が示す、あなたの来し方と未来、そして縁

ノードと日食・月食

賢龍雅人

Chapter 1 ノードについて

「タレスの日食」という話をご存じでしょうか。紀元前5世紀の古代ギリシャで活躍した歴史家ヘロドトスの『歴史』には、メディア王国とリュディア王国の間で行われていた戦闘が、突然起きた日食の出現により中断されたことが記されています。この日食はミレトス人のタレス［前６２４〜前５４６年］によって予言されていたとのことです。

現代の研究では、タレスの時代に戦闘の行われた小アジア地方で起こった皆既日食は紀元前５８５年5月28日のものだけであり、このことから、この中止された戦闘は、日付が正確に決定された最古の歴史的出来事とされた。[1]

古代社会においてタレスは、どのようにして日食を予言できたのでしょうか。紀元前６００年頃には日食と関連する周期（サロス周期やメトン周期）は知られていたといいますから、日食の時期の予測は可能だったでしょう。しかし、食を観測できる地域まで正確に予測するのは、当時では至難の業だったとされているので、事実ならタレスの才には驚くべきものがあったといえるでしょう。

1　斉田博『おはなし天文学3』地人書館、１９７５年

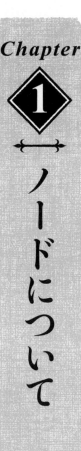

占星術におけるノード

日食・月食と、それに深くかかわる「ノード」という概念が天文学・占星術の歴史に登場するのは実に古い時代に遡ります。

2世紀の占星術家であるヴェティウス・ヴァレンス［Vettius Valens　120年～175年頃］は、著書である『アンソロジー』[2]においてすでにノードをリーディングに取り入れていますし、同年代の占星術家、クラウディウス・プトレマイオス［Claudius Ptolemaeus　英名トレミー、83年頃～168年頃］も同様にノードを取り入れています。[3]今の我々が用いているような正確な天文暦が普及するのは19世紀に入ってからのことですし、後述するようにノードは目には見えない、一種の概念上のポイントですから、観測可能なほかの天体と違ってノードをホロスコープに取り入れるのには高度な天文学的知識が必要です。古人たちの天体への情熱には本当に驚かされますね。

占星術学習者がテキストで目にするノードとは、通常は「月の交点」です。英語では、Lunar Nodes または Moon's Nodes と呼ばれます。

月の交点とは、地球から見た月の軌道（白道）と太陽の軌道（黄道）が交わる二つの点のことです。うち、月が北に向かって黄道を横切り上昇する北の昇交点をノースノード（north node, Ascendingnode）、またはドラゴンヘッド（dragon's head）、そして月が南の方向に黄道を横切り下降す

2　Vettius Valens, *The Anthology*, Mark T Riley (trn), Chris Brennan (edt), Amor Fati Publications

3　クラウディウス・プトレマイオス『テトラビブロス プトレマイオスの占星術書 ロビンズ版』フランク・エグレストン・ロビンズ編、加藤賢一訳、説話社、2022年

オリッサの惑星神の像からラーフ（ノースノード）、13世紀、インド。上半身だけの姿で手には満ちる月と欠ける月を持つ。大英博物館蔵。鏡リュウジ撮影。

る点をサウスノード（south node, Descending node）、またはドラゴンテイル（dragon's tail）と呼びます。ラテン語ではノースノードは「カプト・ドラコニス」、サウスノードは「カウダ・ドラコニス」と称されます。またインド占星術でも、ノードは重視されており、ノースノードはラーフ（Rāhu）、サウスノードをケートゥ（Kētu）と呼びます。

インド占星術におけるノード

インドのヴェーダ占星術においては、ノードは数千年ものあいだ使われてきました。ジェームス・ブラハ（James T. Braha）によれば、ノードの解釈は、ヒンドゥー神話の物語にその由来があるようです。

ヒンドゥー教の最高神であるヴィシュヌは、アムリタと言われる不死の水とされる甘露を、神々や惑星たちに分配していました。皆が飲み終わったのちに、ラークシャサと言われる悪魔がアムリタを飲んでいるのを太陽と月が見つけると、ヴィシュヌはラークシャサを剣で真っ二つに切断しました。しかし、すでに不死を得ていたラークシャサは死なず上半身はラーフ、下半身はケトゥという二つの生き物になりました。以来ノードは太陽と月の宿敵となり、定期的にラーフとケトゥが太陽と月を飲み込もうとします（日食と月食の現象）。もちろん太陽と月も不滅であるために常にそれを逃れています。

ラーフとケトゥの性質としては動物的、または本能的であり、知

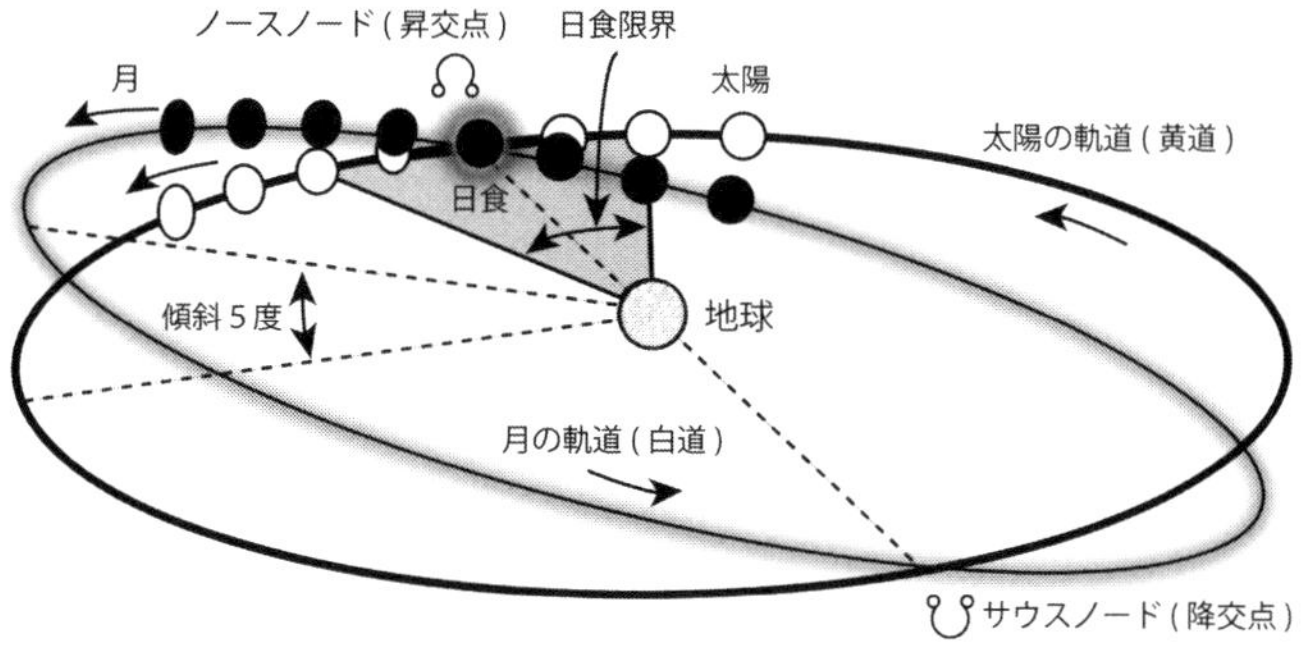

図 1

ノード

武部俊一『完全ガイド　皆既日食』朝日新聞出版、2009 年を参照して作成

性を持たず快楽的な刺激を得ることに執着しているようであります。頭の部分であるラーフは飽くなき世俗的な欲望を得ようとする煩悩のような存在。脳を持たないケトゥは激しく強迫的で、無意識的な行動を生み出すとも言われます。

ただしケトゥは、達観したスピリチュアルに関連が強いとされる解釈もあります。禁欲主義と無執着の資質を持つラーフとは逆です。これは煩悩を飲み込むラーフに対して、それを排出するケトゥという対照的な解釈でしょう。[4]

天文学的なノード

もう少し丁寧にここでノードのしくみを説明しましょう。図1をご覧ください。これは太陽の軌道である黄道と、月の軌道である白道を描いています。この二つの円が交差する2箇所がノードです。まさに二つの惑星の通り道が交差するポイントです（ノードとは交点という意味）。

太陽と月はそれぞれの周期で公転しているわけですが、太陽と月からなる新月が起こる回数は1年に13回であり、そのうち2回はノードの付近で会合（コンジャンクション）します。ひとつはノースノード、もうひとつはサウスノードです。ノードの付近で太陽と月という二つの惑星が会合すると、地球では太陽の光が遮られ日食が起きます。またノード付近で太陽と月が衝となると、月食が起きることになり

4　James T. Braha, *Ancient Hindu Astrology for the Modern Western Astrologer*, Hermetician Press, 1986, pp. 33–36.

ます。日食、月食という極めて印象的で重要な天文現象を引き起こすことになるノードが古代から重視されてきたのは当然のことでしょう。

なお、地球から見るとノードは約18年6ヶ月で黄道を一周していきます。

ついでに言うと、理論上、ノードは月以外にも地球から見たほかの惑星の軌道が太陽の軌道と交わる交点も「ノード」であり、木星や火星のノードも存在することになります。占星術家の中には月以外のノードに注目する向きもありますが、この章では月のノードのみを扱います。

占星術上のノード

占星術上でのノードの解釈はこれから見るように実にさまざまです。ノードの象意が多様になったのは、ノード自身が不可視のポイントであるということが大きいのかもしれません。実在の惑星の場合、その意味の基本的な部分は星空におけるその天体の「見え方」が大きく影響しています。

例えば太陽の周りを素早く順行、逆行によって行ったり来たりする水星は、神々への情報伝達をする伝令神マーキュリーとされましたし、恋人たちが愛を語らう時間にキラキラと美しく輝く金星は愛と美の神ヴィーナス、血を思い起こさせるように赤く強く輝く火星は戦いの神マルスとみなされ、その神々のイメージと重ね合わされて意味が導かれることもありました。しかしノードは目に見えないのです。ですから、視覚的な印象がその意味を引き出すということができませんでした。

しかし、ノードは重要な「目に見える」天体現象とかかわっています。すでに述べたようにノードは日食と月食を起こす天文学上のポイント（感受点）です。光が隠される「食」は不気味なものと映ったでしょう。2世紀のヴァレンスやトレミーは、ノードに関してあまり良い解釈を与えていませんでした。

しかし、面白いことに17世紀くらいまで、ノースノードは木星と金星のような性質で、サウスノードは土星と火星のような性質との解釈が定着化してきました（一方、後述するように17世紀の占星術家ジャン・バティスト・モラン〔Jean-Baptiste Morin〕は、北半球と南半球によってノースとサウスが逆になることを理由に、その占星術的な効果を高く取ることに反論していました）。[5]

さらに、近代に入るとノードには「スピリチュアル」な解釈を与える流れも出てきます。ノードの解釈のこの質的な変容を理解するには占星術の歴史を振り返っておくことが必要となります。少し脱線しますが、占星術の近代の歴史を簡単にご説明しましょう。占星術は古代から続いているものなのですが実は17世紀後半に一度下火になり、大きく変質しています。よく知られているように16世紀から17世紀にかけて「科学革命」が起こり、伝統的な地球中心の、つまり占星術的な宇宙観が崩壊します。これは占星術への信頼を大きく揺るがすことになりました。

著名な占星術家であり歴史学者であるニコラス・キャンピオンは、『世界史と西洋占星術』において印象的なことを述べています。「歴史学者の中には、占星術は完全に消滅したという者もいる。この典型が、ジム・テスターの『西洋占星術の歴史』である。十七世紀の終わり頃には、西洋占星術は、二度目の死を迎え、ここで物語はおしまいである」[6]それでもアルマナック（占星術予言書、最も有名なのがノストラダムスの予言）などは、多くの人に読まれ普及していきました。

19世紀に入ると徐々に占星術が復興し始めます。特に19世紀末になると占星術を自己理解と霊的

5　Jean-Baptiste Morin, *Astrologia Gallica Book* Twenty-Two Direction, p.10

6　ニコラス・キャンピオン『世界史と西洋占星術』鏡リュウジ監訳、柏書房、２０１２年、310頁

な成長の問題と捉える流れが出現しました。[7]

ここで重要になるのが神智学協会の設立者ヘレナ・P・ブラヴァツキー夫人［Helena Petrovna Blavatsky　1831年8月12日〜1891年5月8日］と、そのブラヴァツキー夫人の教えに信服しており、現代占星術の父とも呼ばれるアラン・レオ［Alan Leo　1860年8月7日〜1917年8月30日］です。

ブラヴァツキー夫人の考えは、「人の魂はカルマの概念である輪廻を繰り返し、より高い存在へレベルをあげるために進化しようとする」ものであり、最終的には宇宙（秩序の取れた宇宙のシステムであり、人の内面であるミクロコスモスに対して、それに調和するマクロコスモスを意味する）と一体化することを目指すものです。

そしてアラン・レオはブラヴァツキー夫人の考えに従い、コスモスにはスピリット（精神）である太陽が中心に存在し、月はソウル（魂）であるとし、私たちが存在するこの地球、または私たち自身を、ボディー（肉体）、またはマター（物質）と呼びます。

スピリット：高貴な精神、目指すべき姿、目的目標
ソウル：過去の記憶、経験、繰り返しの要素
ボディー：現世、物質、肉体

アラン・レオは著書で以下のように語っています。「物質的次元において、私たちはスピリット、

7　ニコラス・キャンピオン『世界史と西洋占星術』鏡リュウジ監訳、柏書房、2012年、376頁

ソウル、ボディーの合成物として人間を見る」。私たちの存在するこの地球は、物質的次元の世界であり、コスモスから来た私たちのスピリットとソウルは、肉体という物質に閉じ込められているのであって、人として高次の次元に進化することにより、コスモスと一体化できるのでしょう。これまでの出来事を予測していく占星術から、人間の霊的な成長を目的とした占星術は、その後の占星術家たちに大きな影響を及ぼしました。

私の思うところでは、アラン・レオの説明するエソテリック（秘教的）占星術における太陽がスピリットを象徴し、月がソウル、私たちのいる地球がマターであるとするならば、ノードとはスピリットとソウルが出会う場所であり、年に4回日食／月食としてそれらは同一線上に並び、私たちの住む地球に天文現象として直接的に、我々の精神と記憶やこれまでの経験に影響を与えてきたと考えられます。

さらに時代が下り、アラン・レオともう一人、現代占星術に多大な影響を与えたディーン・ルディア［Dane Rudhyar　1895年3月23日～1985年9月13日］は、マーク・エドモンド・ジョーンズがノードを〝運命の軸〟と解釈したことを援用して、ノードは軸の両端であり、一方の端は他方の端なしでは理解できないと伝えています。

ノードが「交点」であることを思い出しましょう。私たちが通常の占星術で重要なものとして扱っている多くのポイントも考えてみればペアになる「交点」です。ASCとDESは地平線と黄道の交点であり、「私」と「他者」のペアをなす軸です。またMCとICは子午線と黄道の交点であり、「社会性」と「私的領域」のペアをなす軸で、それらは互いを相補的に解釈しなければ意味をなしません。

この考え方に従えば月の二つのノードもまた、相補的なペアなのです。

月のノードは象徴的に私たちの記憶、過去、習慣、潜在意識、無意識の本質である月（ソウル）の通り道と、太陽（スピリット）の通り道との接点です。月は太陽の光を反射し過去の記憶を巡らせます。それはサウスノードからノースノード、もし過去の自分があるとするならば、過去から現在、そして未来への成長のヒントになるかもしれません。

サウスノードとノースノードは常にオポジション（180度）の関係にあります。現代占星術的には己の影の部分との対峙として解釈することも可能でしょう。

つまり物質世界である地球に存在する私たちが、置き去りにしてしまったかもしれない、または心の奥底に刻まれたスピリットやソウルを本能的に呼び覚ますのが日食や月食であり、そのポイントであるノードにはその課題となるもののヒントがあるのかもしれません。

ノードのさまざまな占星術的解釈

整理してみると、現代の西洋占星術においては、主に4つの解釈があると言えるでしょう。

ノードがどのサイン、ハウスにあるか、またほかの惑星とアスペクト（特にノードの場合には合と、「ベンディング・ポイント」となるスクエアが重要）を以下の4つの視点から解釈することが可能です。

①ノースノードを今の新しい方向性、または今後取り組むべき課題、サウスノードを過去に体験

して十分と感じられるもの、または悪い習慣やマンネリ。どのハウスに在室しているかにより判断します。

②人の縁を表す感受点。ノードとは結び目を意味します。出生図のノード軸に天体が接していた場合にその天体が象徴する縁があるものと解釈する。月や金星であれば女性、太陽や火星であれば男性など。また、トランジットやプログレスの天体が接触した時の出会い（ノースノードを良縁、サウスノードは悪縁とすることもあります）。

③母親の影響を探るポイントのひとつ。占星術でのノードは、ルナ・ノード（月の交点）であり、月の軌道が黄道に触れるポイントです。現代の占星術では、月は母親を象徴するものでもあり、ノード軸が何らかの天体やアングルとオーブ1度以内に接触していた場合には、母親の干渉として解釈することがあります。

④伝統的な占星術の解釈に従い、ノースノードを木星のような吉星（ベネフィック天体）とし富と名誉と成功をもたらし、サウスノードを土星のような凶星（マレフィック天体）とし貧困や墜落を意味するものとして扱う。[8]

8　一方、古典期から中世において、ノースノードはどの惑星であれその意味を「拡大」し、サウスノードはどの惑星の意味も「縮小」させるという解釈も存在する。つまりノースノードと合となった吉星（金星や木星）はその吉意を、凶星（火星や土星）はその凶意を増大させるが、サウスノードと合となった吉星はその吉意を、凶星はその凶意を縮小させる。つまり吉星はノースノードとの合がよく、凶星はサウスノードのほうが好ましいということになる。さらに中世アラビアの占星術家アブー・マーシャルは両ノードの12度以内に月があった場合、不運を意味するという。これは月が北緯／南緯の転換点にあるからで、何らかの不安定さや人生の局面の変化を象徴するからである（これについてはDaiki氏のデクリネーションの章における「アウト・オブ・バウンド」と関連するので合わせて見られたい）。

ちなみに、17世紀フランスの天文学者であり占星術師のジャン・バティスト・モランが、それまでのベネフィック、マレフィック的な解釈に、天文的な視点から一石を投じているのは大変に興味深いところです。

カプト（上昇ノード）は木星と金星の性質であり、カウダ（下降ノード）は土星と火星の性質であると占星術家が解釈しているにもかかわらず、実は何の効力もない。なぜなら、その効力はすべての場所で同じであるはずだからである。それなのに、私たちにとっては上昇ノードである黄道の点は南半球の人にとっては下降ノードであり、私たちにとって下降しているノードは彼らにとっては上昇している。天空のどの部分であっても、あるいはどの惑星であっても、あるいはどのアスペクトであっても、同じ普遍的な効力を持っているはずである。[9]

つまりノースノード、サウスノードという言い方では問題ないが、上昇ノード、下降ノードという言い方だと、南半球の場合は、上昇と下降が逆になってしまうことを問題にしているわけです。皆さんはどうお考えでしょうか？

以上の解釈については Demetra George, *Ancient Astrology Theory and Practice* Vol1, Rubedo, 2019, p.352-353 参照。

9 Jean-Baptiste Morin, *Astrologia Gallica Book Twenty-Two Direction*, p.10

ノードの使い方

ノードの軸は常に逆行と順行を頻繁に繰り返し、ホロスコープ上の12サインを、惑星とは逆方向の時計回りに進みます。約18・6年（18年と7・2ヶ月）で黄道を一周し、ひとつのサインを18〜19ヶ月（1年と6〜7ヶ月）で通過し、1度を18〜19日（1日に約0度3分）程度で移動します。よってホロスコープ上の周期は、木星（約12年）と土星（約29年）の中間くらいの速度ですので、感受点の解釈ではパーソナルよりもソーシャルの領域です。

個人のノード解釈では、在室するハウスで読みましょう。

ノードの位置算出方法

ノードの位置算出方法には2種類あります。

・ミーン・ノード（Mean Node／平均値）

古くから使われてきた計算方法です。ノードの位置の揺れを平均化して、一定の速度で動くものとしています。

・トゥルー・ノード（True Node／真位置）

現代の高度な計算方法にて、ノードの位置の揺れをすべて正確に算出しています。現代の天文暦もトゥルー・ノードを使っているものが多いです。

ポータルサイトでのノード設定方法

Astrodienst (Astro.com)や、Astro-Seek.comなどのポータルサイトは、それぞれ違うノードの計算方式を使っています。

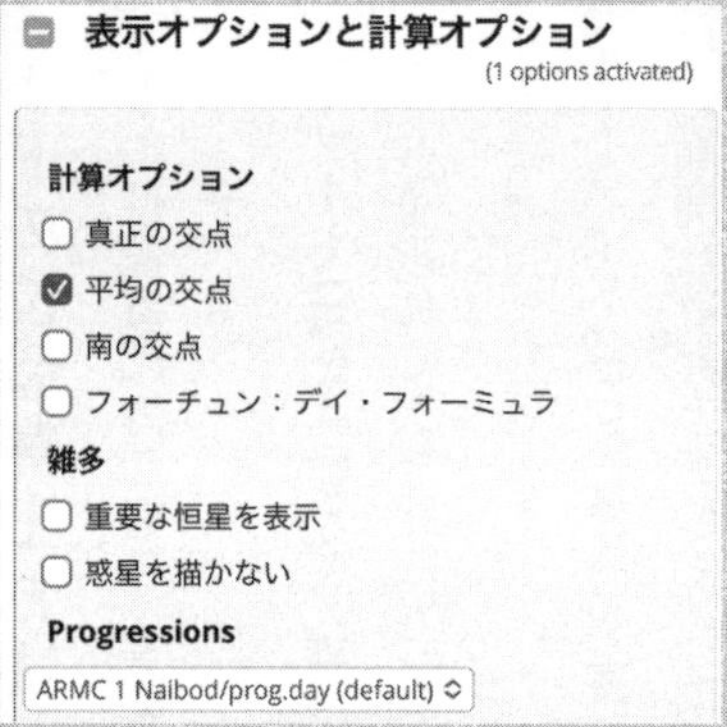

Astrodienstは、初期状態でトゥルー・ノードになっており、ミーン・ノードにするには、「Extended Chart Selection（出生データによるいろんなチャート）」の「Display and calculation options（表示オプションと計算オプション）」メニューにある「Mean Node（平均の交点）」にチェックを入れてください。

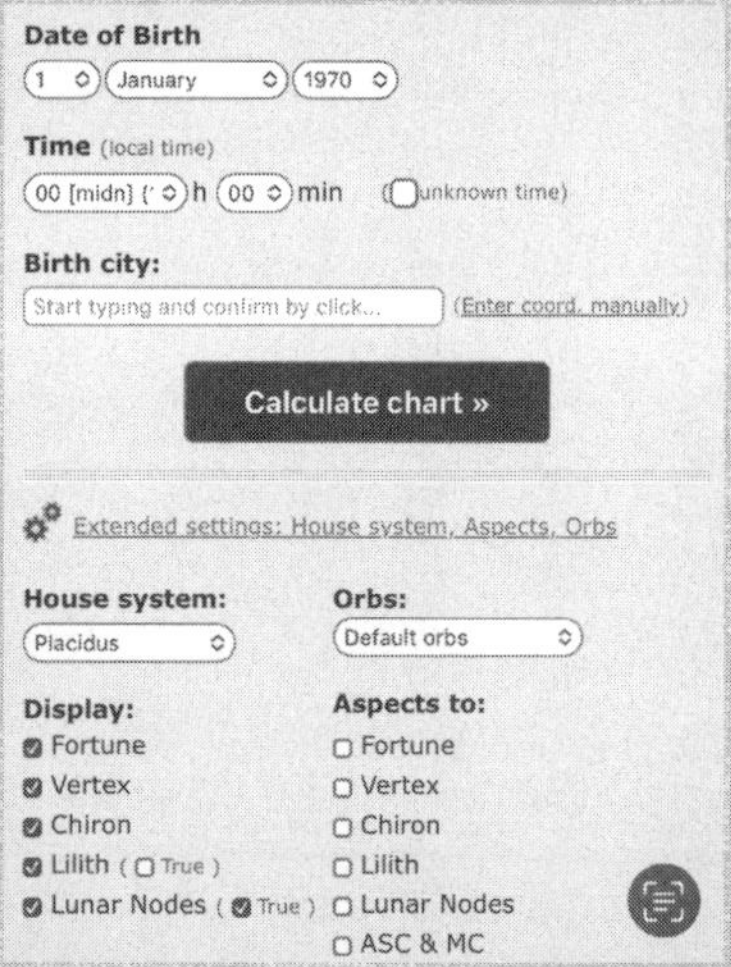

Astro-Seekでは、初期状態でミーン・ノードになっております。メニューの「Free Horoscopes」から任意のメニューを選び、バースデータを入力したらその下にある「Extended settings: House system, Aspects, Orbs」をタップしてください。「Lunar Nodes (□ True)」という項目の「□ True」にチェックを入れてください。これでトゥルー・ノードになります。どちらのサイトも登録をすれば、毎回同じ設定になるはずです。

※これらサイトのリンクなどは2023年10月時点での情報であり、予告なく変更される場合があります。

ミーン・ノードとトゥルー・ノードの違いは、ホロスコープ（黄道座標）で1度45分以内です。アメリカの占星術家キャシー・アラン（Kathy Allan）によると、トゥルー・ノードは１９７５年まで作成されなかったため、ほとんどの占星術家はそれまでミーン・ノードを使用してきたそうです。

これらはホロスコープアプリ、ソフトウェア、ポータルサイト（Astro.com のような）などで、ホロスコープチャートを出力する際に、事前に設定をしておく必要があります。ミーンかトゥルーか、どちらにするかは初心者の方であれば、習っている講師に合わせるのが良いと思います（講師によっては、初期設定のまま使っている方も多いようです）。

近年の多くのアプリやソフトウェアは、トゥルー・ノードになっていることが多いと思います。特に日食や月食を読む際には、黄道座標において正確なノードの位置が重要となるからです。あえてミーン・ノードを使うなら、ノーダルリターンの場合でしょうか。これについては、後ほどお伝えいたします。

ノードと12サイン

ノードはこれまでの説明でもおわかりの通りさまざまな解釈が可能でありますが、ここでは「あなたが人生を懸けて取り組むべき課題は何か」について、12のサイン、またはハウスから解説していきます。

(現代の占星術では、サインとハウスは共に12であり親和性の高いものと考えられています。ただしノードのサイクルから考えると、サインには約18ヶ月滞在します。ハウスは約2時間です。ネイタルの出生時間がわかる場合には、ハウスで読んだ方がより個人特有の答えとなります。)

ノースノード(☊)が
牡羊座　1ハウス

勇気と大胆さを持ってこの世界を冒険していくことがテーマです。時に孤立してしまったり、それゆえに寂しさを感じてしまうこともありますが、集団の中でもその先頭を走るイノベーターであり、ワン・アンド・オンリーな存在となるのがあなたです。アメリカの俳優であるジェームズ・ディーンがこのタイプ。優れた演技力とファッションセンスを持ちながらも、クールで個性的な雰囲気をまとっていました。そして常に孤独であり、傷つくことをおそれるナイーブな面もありました。彼の存在は、後のカウンター・カルチャーに大きな影響を与えます。

ジェームズ・ディーン
男性
生年月日：1931 /2 /8
出生時間：09:00
出生地：Marion, Indiana, USA
NN：牡羊座　1ハウス

（NN＝ノースノード）

ノースノード(☊)が
牡牛座　2ハウス

真面目で勤勉、合理主義、職人気質でありながら、社会経済の発展に貢献する特徴をあなたの一面として受け入れましょう。時にその一途な気質が頑固な人物として捉えられたり、計算高いと誤解されることもありますが、無口ながらも筋の通った生き方に共感を

ベンジャミン・フランクリン
男性
生年月日：1706 /1 /17
出生時間：10:30
出生地：Boston, Massachusetts, USA
NN：牡牛座　2ハウス

得られることも多いです。アメリカの政治家であり、物理学者でもあるベンジャミン・フランクリン。または、ハリウッドで活躍したイギリス人女優のオードリー・ヘプバーンがこのタイプです。どちらも努力家で職人気質であり、人生の後半では社会活動への積極的な参加経歴のあるお二人です。

オードリー・ヘプバーン
女性
生年月日：1929 /5 /4
出生時間：03:00
出生地：Ixelles, Belgium
NN：牡牛座　2ハウス

ノースノード(☊)が双子座　3ハウス

豊かな表現力を持ち、新しいアイデアや流行に敏感な面を持っています。そして常にその知識は専門的や高度になりすぎず、どんな人にもわかりやすく、遊び心を欠かさず、親切丁寧に伝えることができます。もしそのような特性があなたの人生に生かされていなければ、これこそがあなたの取り組むべき課題でしょう。「ハリー・ポッター」シリーズの著者、J・K・ローリングは、30歳でシリーズの原稿を完成させるまで、小説が日の目を見ず、貧困から生活保護と住宅手当を受ける苦難の時期を送っていました。そのような中でも、原稿を書き続けることは止めませんでした。

J・K・ローリング
女性
生年月日：1965 /7 /31
出生時間：21:10
出生地：Yate,
England, United Kingdom
NN：双子座　3ハウス

ノースノード(☊)が蟹座　4ハウス

家族や同志との関係性を大切に思い、時には自分のルーツにプライドを持ち、その同志たちのために、この世界をより良くしていくという課題を担っています。より多くの人から自分の考えに関して共感を得ることを望んでおり、同意できない人からは排他的な印象を受けてしまうこともあります。高いエンターテイメント性と音楽的才能から人気を得たアメリカの歌手、俳優、エンターテイナーでもあるサミー・デイ

サミー・デイヴィス Jr.
男性
生年月日：1925 /12 /8
出生時間：13:20
出生地：New York, USA
NN：蟹座　4ハウス

ヴィスJr.は、過酷な人種差別を受けながらも、プエルトリコ系ユダヤ人とアフリカ系アメリカ人の間に生まれた自身のルーツは忘れませんでした。

ノースノード(☊)が 獅子座　5ハウス

持って生まれたクリエイティヴな才能を申し分なく発揮し、その人生に生かすことができるでしょう。常にあなたは人からの注目を浴び続けることとなり、次第に個人のパフォーマンスから人道的な社会活動へとその次元を変えていくかもしれません。アメリカのシンガー、女優のシェリル・クロウは、デビュー前にマイケル・ジャクソンなどのバック・ヴォーカルとして参加したり、ようやく完成した念願のデビュー・アルバムがお蔵入りするなど、遅咲きの苦労人でありましたが、次第に世界規模の成功を収め、グラミー賞を受賞するまでになりました。政治活動家でもあります。

シェリル・クロウ
女性
生年月日：1962 /2 /11
出生時間：09:58
出生地：Kennett, Missouri, USA
NN：獅子座　5ハウス

ノースノード(☊)が 乙女座　6ハウス

細かいところまで意識が行き届き、厳密な作業や計算などが得意であり、非常に器用でその能力を常に誰かの役に立てようとする素晴らしい傾向がありますが、自分自身のこととなると自信を無くしてしまう側面もあります。自身の才能に自信を持ち、多くの人があなたの能力に期待をしていることを、自覚することがあなたの課題でしょう。イギリスのミュージシャンであり、元ビートルズのポール・マッカートニーは、基本的にベース・プレイヤーですが、マルチのプレイヤーでもあります。ジョン・レノンと比較されると理論派と言われていますが、まさに天才肌の職人でしょう。

ポール・マッカートニー
男性
生年月日：1942 /6 /18
出生時間：02:00
出生地：Liverpool, England, United Kingdom
NN：乙女座　6ハウス

ノースノード(☊)が天秤座　7ハウス

あなたにとって一番大事なのは共同パートナーであって、この人生は決して一人で生きていくものではなく、人との結び付きによって成り立っているものです。そして集団やグループの中では、常にバランサーの役割を果たしています。ゆえにその相手を超えて上に立つようなことはしないのですが、時にその反動で孤独に憧れ、身勝手な行動を取ってしまうこともあります。イギリスのミュージシャンであり、元ビートルズのドラマーであったリンゴ・スターは、メンバーの中でも最も穏やかで人格者であったと言われています。彼がいなければビートルズの解散は、もっと早まったとも言われています。

リンゴ・スター
男性
生年月日：1940 /7 /7
出生時間：00:05
出生地：Liverpool, England, United Kingdom
NN：天秤座　7ハウス

ノースノード(☊)が蠍座　8ハウス

標的や目的を見つけると、驚くほどの集中力と持久力を発揮して一人で打ち込むことができます。これが仕事や自身の研究課題などであれば、その才能を遺憾無く発揮するのですが、時に支配欲や所有欲といった方向に感情が向かってしまう可能性もあります。第16代アメリカ合衆国大統領のエイブラハム・リンカーンは、「奴隷解放の父」とも呼ばれ、偉大な大統領として挙げられてきました。数々の名言を残し、歴代アメリカ大統領の評価では1位になることも多い人物ですが、20代前半まで教育に恵まれず、その知識のほとんどが読書からの独学でした。

エイブラハム・リンカーン
男性
生年月日：1809 /2 /12
出生時間：06:54
出生地：Hodgenville, Kentucky, USA
NN：蠍座　8ハウス

ノースノード(☊)が射手座　9ハウス

多くの人が知らない専門知識や、高

度な次元の学問を習得して周囲からリスペクトされる存在となりうる面がありますが、自身を客観的に見る目を持たないと独善的な態度を取ったり、大風呂敷を広げたりして後から信頼を失ってしまうこともあります。常に初心者の立場に立った目線を忘れず、机上の空論とならないようにしましょう。
17世紀イギリスの占星術家であるウィリアム・リリーは、偉大な占星術家とされ、現在でも多くの占星術家に尊敬されています。彼はそれまでの中世の占星術について完璧な知識を持っており、英語で初めての占星術の教科書を出版しました。

ウィリアム・リリー
男性
生年月日：1602 /5 /11
出生時間：02:00
出生地：Diseworth, England, United Kingdom
NN：射手座　9ハウス

ノースノード（☊）が山羊座　10ハウス

責任感が強いあなたは、組織の秩序や構造を重視し、他者を束ねて統率する力を持っています。キャリア志向であり、明確なゴールを定めてスキルや知識、または利益や報酬を高めることで満足感を得るでしょう。しばしば家族やパートナー、仲間に対しての思いやりや共感心が欠けてしまうこともあるかもしれませんので、心を豊かにすることを意識するようにしましょう。

貴乃花光司
男性
生年月日：1972 /8 /12
出生時間：21:31
出生地：東京都 , 日本
NN：山羊座　10ハウス

元大相撲力士で横綱の貴乃花光司さんは、最年少幕下優勝から始まり数々の新記録を作って、大相撲における一時代のブームを作りましたが、親方となってからは保守的な協会との関係が悪化し、引退に至りました。

ノースノード（☊）が水瓶座　11ハウス

人種、民族、国籍にかかわりなく、あなたには人の尊厳に重きを置く人道主義のテーマがあります。これは人生に大きな影響を及ぼします。なぜならそこに、自身の理想郷があり、そこでは才能と創造性を発揮できる可能性があるからです。同じ思いを持った共同体への参加は、あなたの人生を一変させるような出来事となるかもしれません。映画『クレイマー、クレイマー』でアカデミー主演男優賞に輝いた、アメリカの俳優ダスティン・ホフマンは、11ハウスにノースノードを持っています。彼は、熱心なリベラル派であり、しばしば政治的発言で注目されました。

ダスティン・ホフマン
男性
生年月日：1937 /8 /8
出生時間：17:07
出生地：Los Angeles, California, USA
NN：射手座　11 ハウス

ノースノード(☊)が魚座　12ハウス

浮世離れのたたずまいで、この世の人とは思えないようなオーラを放っていることがあります。多くの人から憧れられるアーティスティックな才能を持っていたり、生まれ持ってのスター性や圧倒的なカリスマ性を持っていることもあります。ただあまりにも現実社会と乖離しており、地に足が着かない状態になってしまうこともあるでしょう。マクロの視点だけでなく、ミクロの視点へも視野を広げましょう。数多くの映画に出演しているアメリカの大人気俳優、プロデューサー、ミュージシャンであるジョニー・デップは、12ハウスにノースノードを持っています。

ジョニー・デップ
男性
生年月日：1963 /6 /9
出生時間：08:44
出生地：Owensboro, Kentucky, USA
NN：蟹座　12 ハウス

ノードの個人天体とのアスペクト

ノードのサイン、ハウスの解釈について触れておきましたから、ここではノードと惑星のアスペクトについても簡単に解釈の一例をあげておきましょう。

ここでは特に個人のチャートで影響の大きい、太陽から火星までの個人天体とノードの合を取り上げます。

前述した①から④までの4つの視点から、惑星ごとに解釈の例を示しておきます。いずれの解釈も可能なので、ご自身の視点や実際の状況と照らし合わせながらご自身で具体的な解釈を引き出すようにして見てください。

I 取り組むべき課題としてのノースノード、卒業すべきものとしてのサウスノード

太陽とのアスペクト

日食、月食近くに生まれた人です。ノースノードとの合であれば、過去を捨て去り何か功績を残そうという気持ちを強く持っています。サウスノードとの合であれば、過度な承認欲求を手放し謙虚に生きようという気持ちが強くなります。

月とのアスペクト

ノースノードとの合であれば、人の気持ちの機微を読み取ることに敏感で、積極的に人との情感的な繋がりを作ろうとするでしょう。サウスノードとの合であれば、自他ともにプライバシーを大事にし、心の領域を守るべく思慮深くあろうとすることが重要です。

水星とのアスペクト

ノースノードとの合であれば、積極的に知性を生かし外の世界に向けメッセンジャー的役割を果たすでしょう。サウスノードとの合であれば、過去からの積み重ねに深い意義を感じ、歴史的資料に意味を見出すことでしょう。ただし、古くなってしまった知識や価値観に拘泥したり、同じパターンの思考や表現形態にしがみついたりしないように意識すること。

金星とのアスペクト

ノースノードとの合であれば、皆に愛される人であるべきという気持ちが強くなります。積極的、意識的に自分の魅力を磨き、またこの世界の中の美しいものを見出そうとする姿勢が生ま

れるでしょう。サウスノードとの合であれば、伝統への美意識や懐古主義として現れそうです。しかし、古い価値観にしがみつかないようにすることが重要です。

火星とのアスペクト

ノースノードとの合であれば、スポーツや警護など自身の積極性をいかした活動領域で突出した能力を持つでしょう。サウスノードとの合であれば保守的であり、自己防衛意識が強くなるでしょう。ただし、過剰防衛的になって力の使いどころを間違えないように留意する必要があります。

II あなたと縁のある人

太陽とのアスペクト

あなたを強く牽引するようなリーダー的な人物との縁があります。

月とのアスペクト

母親のような面倒見のよい人物との縁があります。

水星とのアスペクト

若くて知的で、活発な人物との縁があります。

金星とのアスペクト

タレント性が強く、アーティスティックな人物との縁があります。

火星とのアスペクト

あなたを守ってくれる戦士のような人物との縁があります。

III 母親との強い関係性

太陽とのアスペクト

あなたを励まし、未来の道筋をつけようとする母親像。

月とのアスペクト

我が子を自分の分身のように育てる母親イメージ。とりわけ強い母親との縁。

水星とのアスペクト

知的でコミュニケーションを通して子どもと強くかかわろうとする母親。あるいは子どもを通して自分のアイデアや意見を表現しようとする母親像。

金星とのアスペクト

友達のような親子関係を形成する。楽しいものや美しいもの、互いが楽しめるものを共有する母親との関係。

火星とのアスペクト

高圧的、権威的、暴力的な存在としての母親イメージもあるかもしれないが、一方で子どもの競争意識や情熱を刺激し、人生との強い向き合い方を育もうとする母親イメージ。

IV 伝統的な、ノースノードを吉、サウスノードを凶のポイントと見る解釈

太陽とのアスペクト

ノースノードとの合であれば名誉名声、人生の成功が期待されます。サウスノードとの合であれば社会的な苦難、孤独を感じるでしょう。しかしそのような孤立を通して、本当の意味での自分の価値を再認識する可能性もあります。

月とのアスペクト

ノースノードとの合であれば幸福な日々、物質的豊かさを通しての生活の安定を感じるでしょう。サウスノードとの合であれば伝統的なこととの継承、または生活への不安感。しかし、それを通して日常の充足とは何かを深く考えるようになります。

水星とのアスペクト

ノースノードとの合であれば事業の成功、知的財産の獲得。サウスノードとの合であれば大変な努力や苦労を通しての知恵の獲得。

金星とのアスペクト

ノースノードとの合であれば異性からの人気や支持、芸術的才能。サウスノードとの合であれば人気を得ることの困難、しかしそれを通して時間で風化しない価値に目覚めることもある。懐古主義者、伝統保守主義者。

火星とのアスペクト

ノースノードとの合であれば事業の成功者、優れたネゴシエーター（交渉人）。サウスノードとの合であれば自分の実力をスムーズに認められるチャンスに恵まれることが少ないかもしれないが、それを通して困難に立ち向かう忍耐強さを持つ。

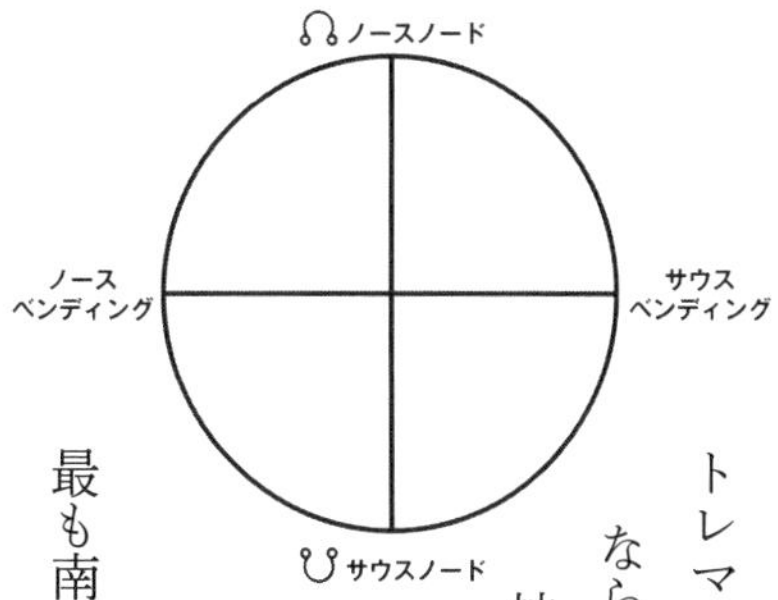

図2
ノードのベンディング・ポイント

ノードのベンディング・ポイント

出生図においてノードは、ハウスやサインの位置だけではなく、ノードと合になる惑星の意味も当然重視されることになります。

ノースノードが金星に合となればその人の美意識や愛の感覚が一生において重要になるでしょうし、水星と合であれば水星的なことを意識的に取り入れていくことも重要になります。ただ、ノードは惑星ではないので、基本的にトラインやセクステルなどの「アスペクト」を考慮しません。しかし、スクエアは別です。ノードの両端から90度になるポイントは「ベンディング・ポイント」と呼ばれ、ここに来る惑星は重要なヒントをもたらすとされているのです。

ベンディング・ポイントは、しばらく忘れられていたテクニックのようですが、近年になって再注目されています。これが文献に初めて登場したのはおそらく、2世紀の占星術家のトレミー（プトレマイオス）の執筆した『テトラビブロス』においてでしょう。「凶惑星が光輝星に向かって動くなら、特に月が交点または屈曲点にある時」、または「月が北と南の境界の屈曲点にあれば、精神の特徴に関して、各方面への才能、機知、さらに変化のための能力などの面でそれが助けとなる」。注釈にて、「屈曲点とは交点に対しクォータイルとなっている点。」とあります。クォータイルとは90度（スクエア）となっていることです。

ベンディング・ポイントも二つ存在します。

ノースノードからサウスノードへ向かう90度の位置をサウスベンディングと言い白道上で最も南に位置します。ノースノードから270度の位置（サウスノードから90度の位置）をノースベンディングと言い白道上で最も北に位置します。

ベンディングはあえて黄道12サインの大円で喩えるならば、夏至と冬至にあたる場所です。赤緯上で、最も北か南のどちらかに偏る（高まる）ポイントとなります。春分は昼と夜の長さがほぼ同じになる日です。夏至では昼の時間が一番長くなり、南中高度が最も高くなります。これと同じようにベンディングは、ノードの効果が最も強まるポイントと言われています。

スイスの精神科医・心理学者のカール・グスタフ・ユングのネイタルチャートでは、ミーン・ノードで牡羊座11度43分、トゥルー・ノードでは牡羊座10度55分にノースノードがあります。そしてベンディング・ポイントに言葉と思考の惑星である水星（蟹座13度46分）があります。この水星は金星とコンジャンクションしており、彼の周囲にはいつも女性がいたそうです。

ノーダルリターン（ノード回帰）

出生図でのノードの解釈を基本として、ノードのサイクルを人生に生かしていく方法を次に考えましょう。

すでに述べたようにトランジットのノードは、約18年6ヶ月で黄道を一周します。この周期は木星約12年、土星約29年の間を埋めるタイミングであり、ハーフリターンでも9年3ヶ月ですので、他の惑星ではないサイクルです。

ノードは「結び目」ということを意味しますからその人のチャート内の結び目とは、まさに縁を表していると考えることができます。人生において、黄道と白道の接点、ノードが18年6ヶ月で戻ってくるタイミングは、何かドラマティックな出会いがあるかもしれません。またベンディング・

ポイントと言われる、ノースノードとサウスノードから90度の位置も重要な感受点と捉えていいでしょう。四季に置き換えると、ノースノードからサウスノードへ、またはサウスノードからノースノードへ移るベンディング・ポイントは、夏至や冬至のようにノードの影響力が最も強くなる場所と、説明する占星術家もいます。

マーク・エドモンド・ジョーンズやディーン・ルディアの言うように、ノードは「運命の軸」となりうるのであれば、このポイントにトランジットのノードが回帰した際には、その人物の人生に影響を与えるような出会いがあるのではないでしょうか。

ノードのリターンするサイクルやトランジットのノードが出生の惑星と合となる18年6か月の出来事の意味が表示されている可能性があります。

ノードの計算設定は、初期状態でトゥルー・ノードになっているかもしれませんが、私はノーダルリターンを出力するには、トゥルー・ノードではなくミーン・ノードが良いのではないかと思います。どちらを使うのも間違ってはいないと思いますが、トゥルー・ノードは常に順行と逆行を繰り返しながら経過していきます。ノーダルリターンは、リターンしたタイミングのチャートを使用したいので、トゥルー・ノードを使うと任意の1年以内に順行でのファースト・コンタクト、逆行しながらのセカンド・コンタクト、順行に戻ってのファイナル・コンタクトの3つのチャートができる可能性が高まります（逆行するタイミングによって異なります）。ミーン・ノードであれば、平均値で経過していくのでひとつのチャート（コンタクトのタイミング）のみとなります。あえてトゥルー・ノードを使い3つのチャートを検証するという手もあります。

ノーダルリターンのテーマ

約9歳（1度目のハーフリターン）

初めてのノードのハーフリターンを迎えます。家庭でのコミュニケーションから、初等教育へと多くの情報を吸収していく時期。この時期の体験がのちの人格形成に大きな影響を与える可能性があります。

約18歳（1度目のリターン）

重要な恋愛の出会いや、その後の人生に大きな影響を与える学びとの出会いなどがあります。この多感な時期に、より多くの出会いを体験することもありますが、多少の無茶をしてしまうこともあります。

約27歳（2度目のハーフリターン）

29歳のサターン・リターンの約2年前となるので、自立がテーマとなります。その自立を助けるものとの出会いがありますが、多くの場合、サターン・リターンの強い影響でその出会いを有効利用できないこともあります。

約37歳（2度目のリターン）

自身の社会での役割や、この後の人生指針などが大方見えてきているなかで、ひとつの区切りとして、結婚に至ること（特に男性）も多いタイミングです。またこの後の自身の方向性を定める時期でもあります。

約46歳（3度目のハーフリターン）

40代前半のミッドライフ・クライシス（中年の危機）を終えた後の一区切り。夫婦問題を抱えたままこのタイミングに来た場合には、ここで離婚に至ることもあります。または新たな恋の出会いも。

約55歳（3度目のリターン）

2度目のサターン・リターンを目前としてパートナーがいない方は「一人の老後の不安」、いる方は「今後一緒にいていいものか」などの不安があるかもしれません。老後の目標が見つかることもあります。

約64歳（4度目のハーフリターン）

2度目のサターン・リターン後の、吹っ切れて達観したような時期でもあります。友人関係、夫婦関係、家族関係など対人関係において、円熟した関係性を築いています。また、新たな若々しい出会いへの期待もあります。

ポータルサイトでのノーダルリターンの出力方法

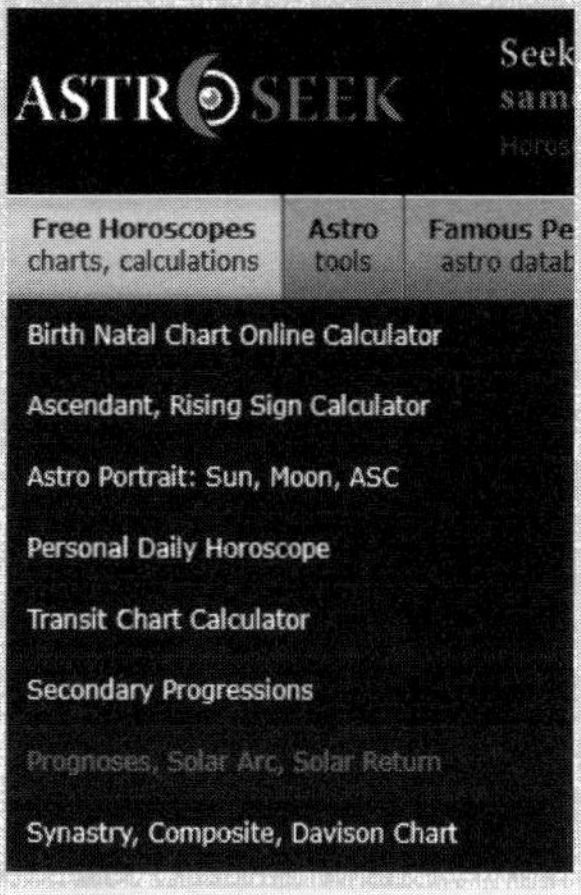

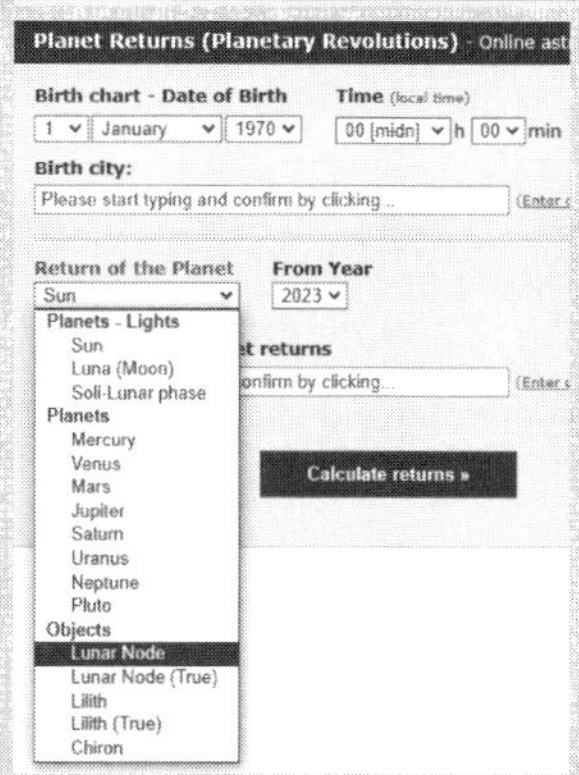

Astro-Seekでの出力

残念ながらリターンしか出力できません。トップページの「Free Horoscopes」から「Progressions, Solar Arc, Solar Return」を選択します。

「Returns (Revolutions)」のメニューから、「Any Planet Return Calculator」をタップするとページが変わります。「Birth chart - Date of Birth」、「Time (local time)」、「Birth city: (生まれた市町村を英語表記にて。東京23区内は、Tokyoと入力）」をそれぞれ入力します。

次に段が変わって「Return of the Planet」から「Lunar Node」を選択します。「From Year」にて、何年以降を検索するかを決めます。最大１２のリターンを表示できます。「Current city for planet returns」は、現在住んでいる場所を英語表記にて（Birth city入力と同じく市町村の単位にて）入力します。最後に「Calculate returns」をタップしてください。

ページが変わります。オレンジ文字表記の「Return chart」をタップするとリターン時のチャートのみが表示され、「Birth Chart x Return Chart」をタップすると、ネイタルチャートとリターンチャートの２重円が表示されます。

※サイトのリンクなどは2023年10月時点での情報であり、予告なく変更される場合があります。

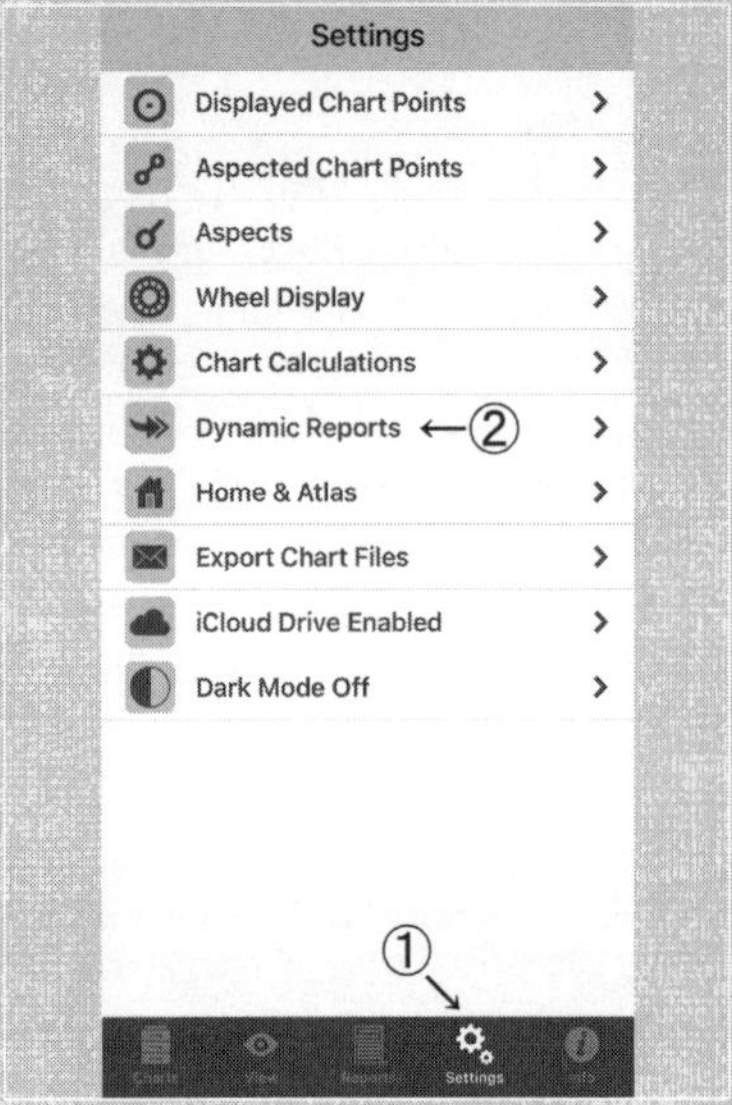

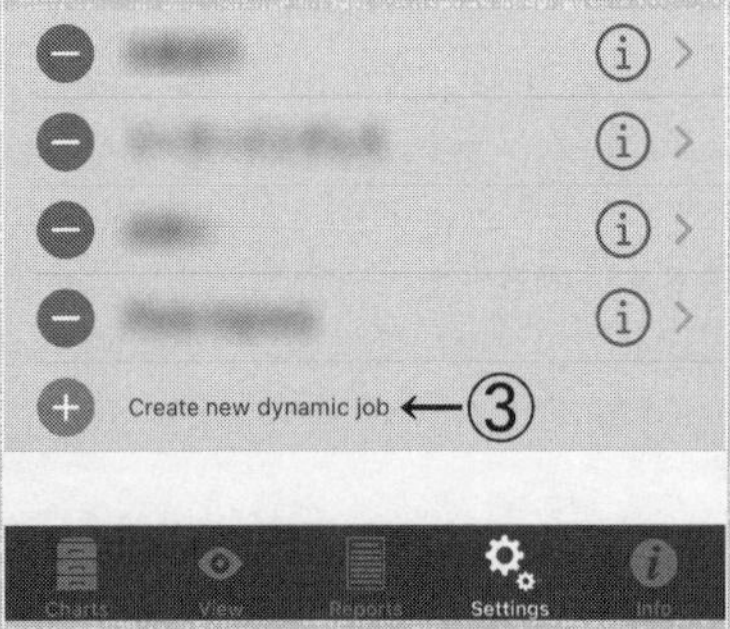

Astro Goldでの出力（iOS版とMac版のみ）

Astro Goldでは少し手間はかかりますが、リターン、ハーフリターン、さらにはベンディング・ポイントに来たタイミングもリスト表示できます。

まずは①「Settings（初期設定）」を開き、②「Dynamic Reports」をタップしてください。右上にある「EDIT」をタップするとリストの最下部にある緑色の「＋」ボタン（Create new Dynamic job）を押します。すると新しく「Transits of Outer Planets」という項目が最下部にできます。

③再度「EDIT」をタップし、今度は今できた新しい「Transits of Outer Planets」の右側の「ⓘ>」をタップします。ページが変わり「Job Details」というメニューに移ります。まずは「Settings（初期設定）」を開き、「Dynamic Reports」をタップしてください。右上にある「EDIT」をタップするとリストの最下部にある緑色の「＋」ボタン（Create new Dynamic job）を押します。

すると新しく「Transits of Outer Planets」という項目が最下部にできます。再度「EDIT」をタップし、今度は今できた新しい「Transits of Outer Planets」の右側の「ⓘ>」をタップします。ページが変わり「Job Details」というメニューに移ります。

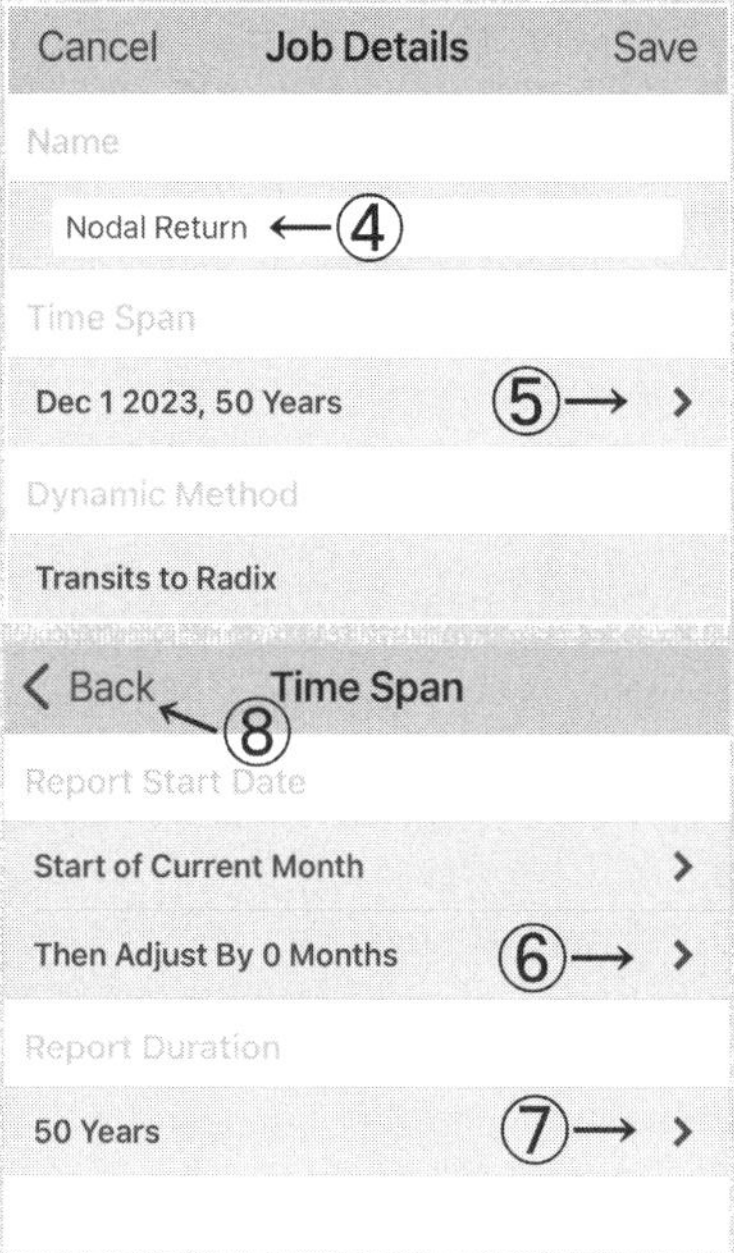

「Name」の項目で名前を「Transits of Outer Planets」から変更します。「Nodal Return」④と入れましょう。⑤「Time Span」は、時間の範囲を設定するメニューです。大なり小なりアイコン「>」をタップするとさらにページが変わります。

「Start of Current Month」は、そのままでよいです。⑥「Then Adjust By -1 Months」は、指定した日にちより1ヶ月前から計算を開始するということです。ジャストのタイミングでよければ「>」をタップし「0 Months」に変更してください。「Close」でメニューを閉じます。⑦「Report Duration」は、どの程度の期間を表示させるかを選択する項目です。ここは最大の「50 Years」にしておきます。「Close」でメニューを閉じて、右上の⑧「< Back」で前のページに戻ります。

「From Points」の「>」をタップして次のページに移り、「The North Node」のみを選択してほかは未使用にしてください(タップで薄い文字になれば未使用)。ここではトランジットのノースノードを選択したということになります。右上の「< Back」で前のページに戻ります。

「Aspects」の「>」をタップして次のページに移り、リターン、ハーフリターン、ベンディング・ポジションを選択します。⑨ここでは「Conjunction」、「Opposition」、「Square」の3つのみを選択してください。右上の「< Back」で前のページに戻ります。

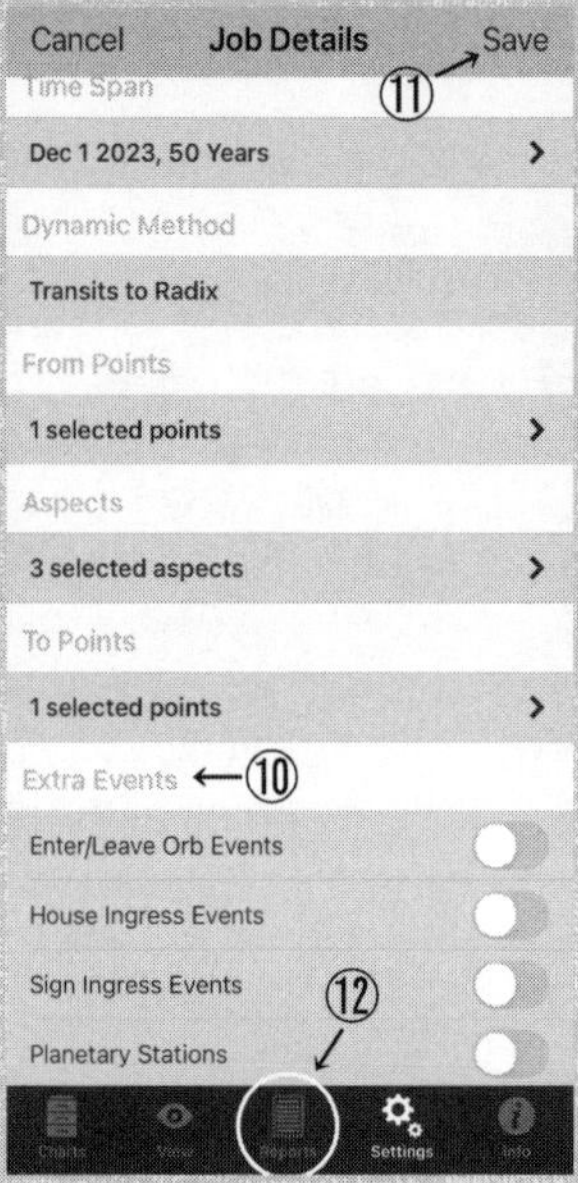

「To Point」の「>」をタップして次のページに移り、ここでも「The North Node」のみを選択して、ほかは未使用にしてください。ここではネイタルチャート側の、ノースノードを選択したということになります。右上の「< Back」で前のページに戻ります。

⑩「Extra Events」のメニューは、すべてオフで構いません。ちなみに「Enter/Leave Orb Events」は、オーブ1度以内に入る時と、オーブ1度以内を出る時のタイミングを表示します。「House Ingress Events」は、トランジットノードがネイタルのハウスを移動したタイミングを表示。「Sign Ingress Events」は、トランジットノードがサインを移動したタイミングを表示。「Planetary Stations」は、トランジットノードが順行、または逆行したタイミングを表示します。

⑪最後に必ず右上の「Save」をタップしてください。

⑫次に「Settings（初期設定）」メニューから移動して「Reports」のメニューまたは、アイコンをタップしてください。

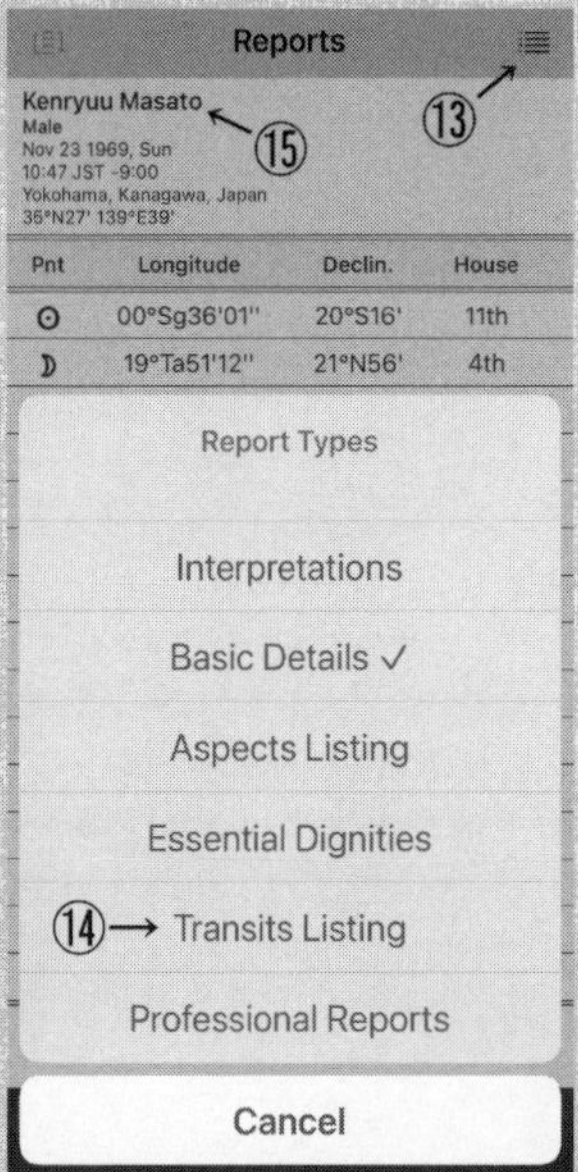

⑬右上の4本のドットとラインのアイコンをタップします。すると「Report Types」というメニューが登場します。⑭ここから「Transits Listing」を選択してください。⑮一番上にチャートのデータが表記されておりますが、これは現在選択しているチャートです。このチャートに対してのレポートが表示されます。

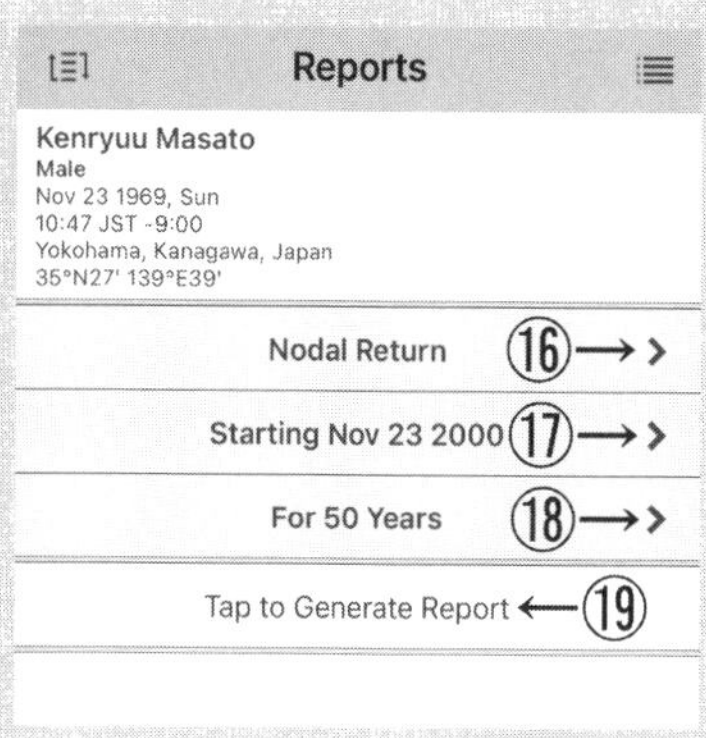

⑯最上部に「Nodal Return」が表示されています。もしそのようでなければ、最上部の右横「>」をタップして、そこから先ほど作成した「Nodal Return」を選択してください。⑰「Starting 月 日 年号」の「>」をタップして、表示を開始させたい日にちを選択してください。⑱設定した通り、最大50年間です。「For 50 Years」はそのままでかまいません。

⑲最後に「Tap to Generate Report」をタップすると結果が表示されます。

このサンプルは私のチャートからの算出で、2000年の誕生日から始めています。このデータを元にリターンチャートを作成します。（※リターンの計測地は、「Settings（初期設定）」メニューの「Home & Atlas」で設定した場所となります。）

※このアプリの使用法は2023年10月時点での情報であり、予告なく変更される場合があります。

ノーダルリターンのチャート検証

このセクションでは、Apple の共同創業者の一人であり同社のCEOを務め、さらにピクサー・アニメーション・スタジオの設立者でもあるスティーブ・ジョブズのチャートを使います。

ノーダルリターンチャートの解釈は、リターンチャート解釈の手法と同様に、次のリターンからリターン（または、ハーフリターン）までの効果として解釈します。今回はノーダルリターンから、ノーダル・ハーフリターンまでの約9年3ヶ月の影響として考慮しています。

まずはいきなりノーダルリターンチャートの検証ではなく、ネイタルチャート（図3）をしっかりと見ておくことが大事です。

このチャートで重要な部分は多くあるのですが、まずはアセンダントとMCの支配星である水星でしょう。ほかの惑星とメジャー・アスペクトを取らず、逆行から順行へ移り変わるステーションという状態で、ほとんど動いていません。創造性の5ハウスにあり、革新的な水瓶座にあります。ここまで個性的な水星は、まさに彼の発明のひとつである iPhone そのものを象徴しているようです。

そしてアセンダントの支配星と共に、ビッグスリーと言われる太陽と月もメジャー・アスペクトを取りません。それらとは逆にタイトなアスペクトを持つ、金星と木星／天王星のオポジション。創造性の5ハウスの入り口にある金星は、職人性や伝統様式に審美眼を持つ、または極限まで無駄を排除する美意識の山羊座にあります。これをコンピューターに導入して、これまで仕事でしか使われていなかったプロの機材をより大衆（木星）が使えるように改革（天王星）したのが、パーソナルコンピューター iMac の大ヒットに繋がったのでしょう。

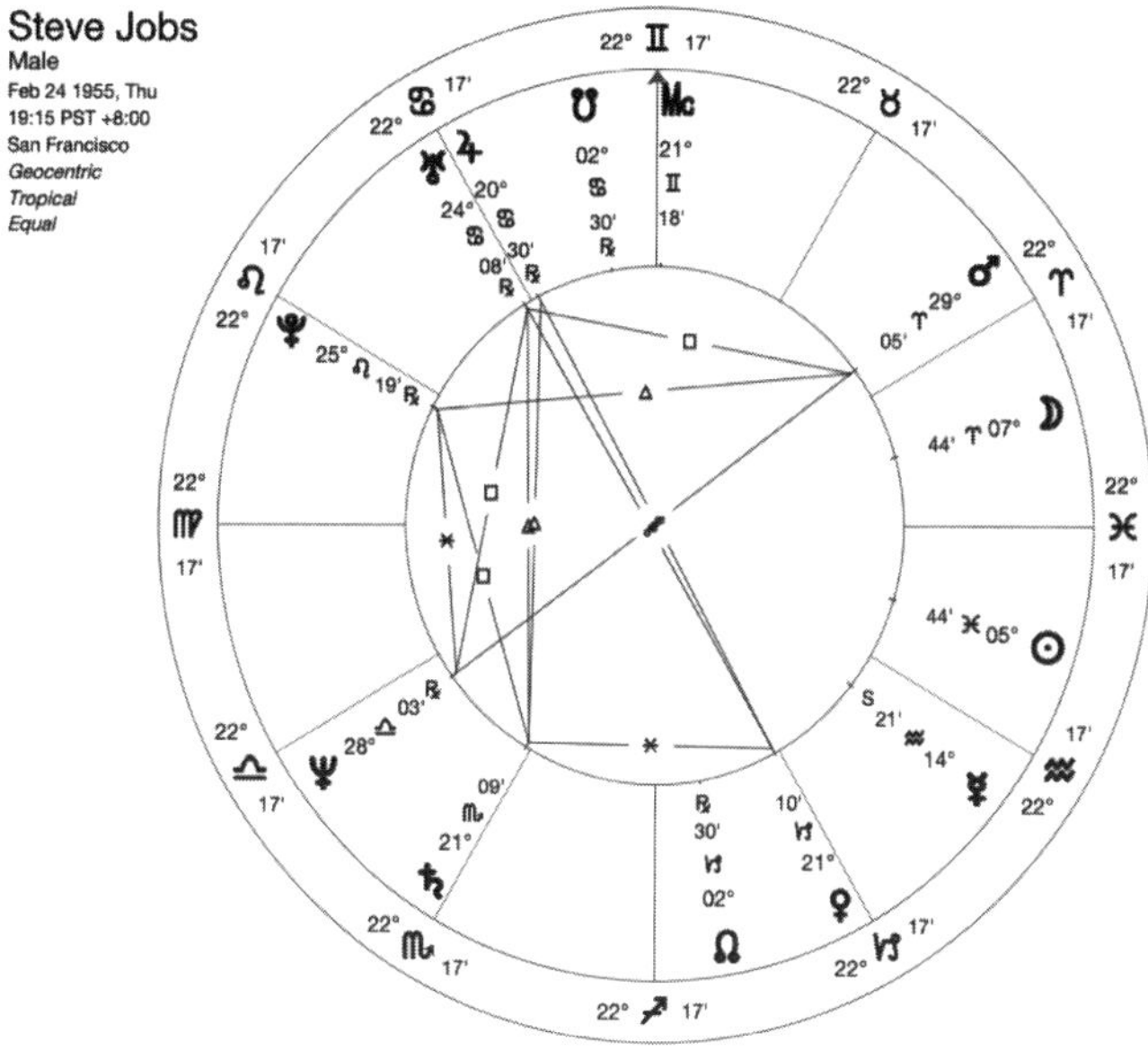

図3

スティーブ・ジョブズの
ネイタルチャート
1955年2月24日19時15分
サンフランシスコ生まれ

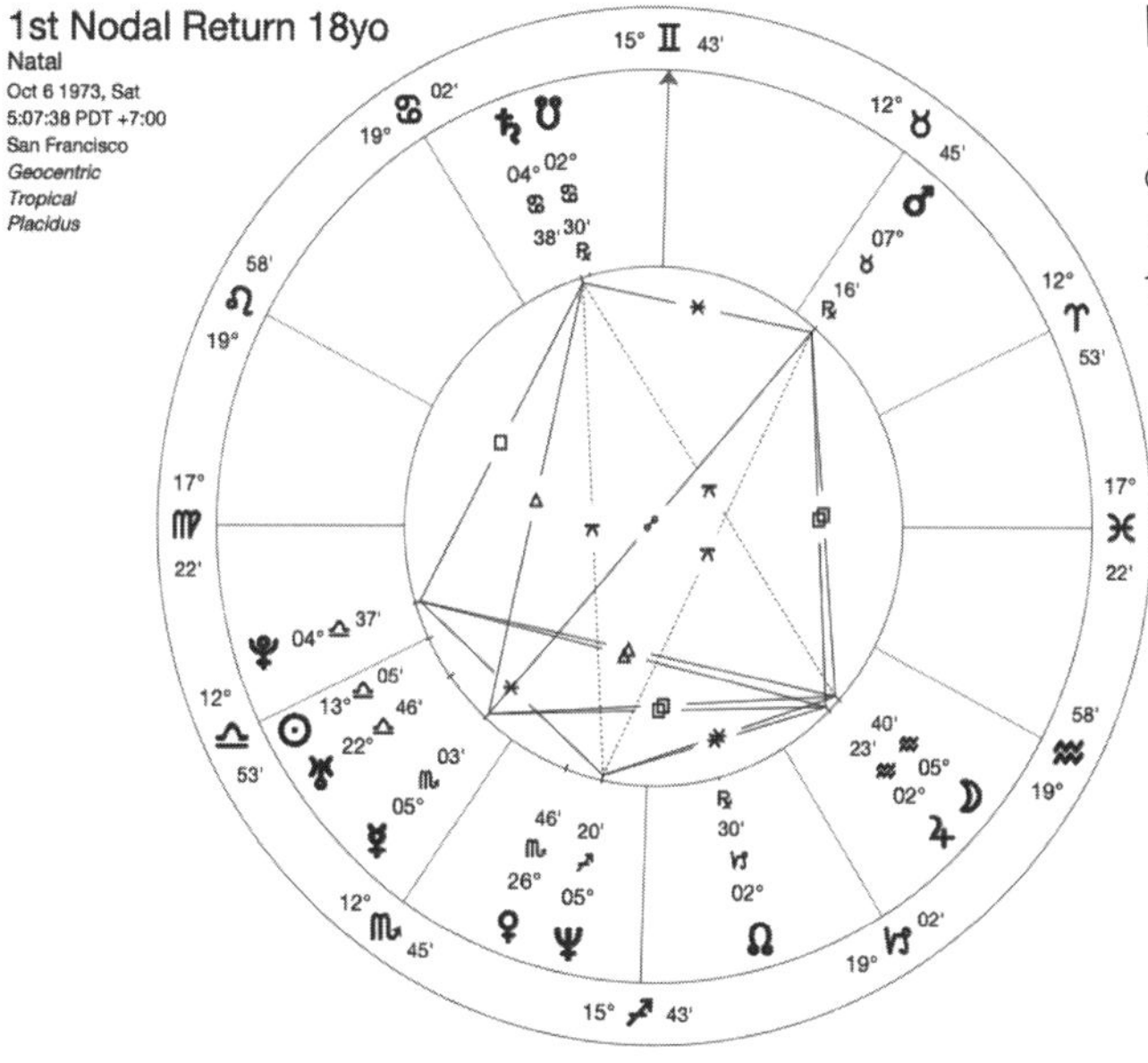

図4

スティーブ・ジョブズ
の1度目のノーダル
リターンチャート
1973年10月6日

それではノーダルリターンチャート（図4）を見てみましょう。

一度目のノーダルリターン（18歳）1973年10月6日

1972年、オレゴン州のリード大学へ進学。18ヶ月のみの在学で中退しています。2005年のスタンフォード大学卒業式のスピーチでこのように語っています。「両親は汗水たらして働き、貯めたお金で私を大学に行かせてくれました。その頃私は何をしたいのかもわからなかったし、大学に通ったらそれがわかるとも思えませんでした。なのに、両親が一生をかけて貯めたお金をみんな使ってしまう。そう思ったから中退し、あとはなんとかなると思うことにしました」しかしその大学時代に受けたコースのカリグラフィーは、のちのMacに大きな功績をもたらしています。MacがWindowsと違ってデザイナーの間で多くのシェアを占めたのは、等幅フォントだけでなく読みやすいフォント（プロポーショナル・フォント）を開発し、複数種類のフォントをパーソナルなコンピューターに搭載可能にしたことによります。ほかにも、この時期に感化したものが、後のApple製品の特徴となる要素を多く生み出しています。

まずは、このチャートでもアセンダントとMCの支配星である水星でしょう。その人物自体を表す水星は、創造性を無限に拡大させる5ハウス木星とコンジャンクションの月と、オーブ1度以内の強力なスクアエを組んでいます。このような理性とイマジネーションの葛藤が、ジョブズを突き動かしていたのでしょう。さらに水星は、火星とも強力なオポジションです。この好奇心に拍車をかける後押しになったのではないでしょうか。また火星は3ハウス（蠍座カスプ）と8ハウス（牡羊座カスプ）の支配星でもあり、好奇心にプラスして探求欲にも駆られたことは、ここからもわかります。またこの時期に学んだカリグラフィーは、起源が1世紀後半とも言われる伝統技法です。水星と土星のトラインは、フォントに美しさを求めたアスペクトでしょう。ただ、この土星はサウスノードともコンジャンクションで、ベンディング・ポイントにある冥王星ともスクエアです。公転周期からすると世代的特徴と言えますが、まさにカウンターカルチャー・ムーブメントである、ヒッピー・カルチャーやドラッグ・カルチャーの影響を大きく受けている様でもあります。この冥王星とトラインを組むのは、水星とも関連した5ハウスにある月と木星です。飽くなきクリエイティヴの探求と拡大と言えます。ところが同じくクリエイティヴを表す金星は、アスペクトを取っていません。しかも居心地の悪いサイン（デトリメント）にいます。この金星の状態が大学では飽き足らず、退学へと向かわせたのかもしれません。この行動は、本人にとって将来を考える上で大きな決断だったのかもしれません。ノーアスペクト（Unaspected）気味の太陽と、オーブは広いですがコンジャンクションを取る天王星がそれを表しているのではないでしょうか。

水星□月（☌木星）
水星☍火星
水星△土星
サウスノード☌土星
土星□冥王星
月（☌木星）△冥王星
金星（ノーアスペクト）
太陽☌天王星

2度目のノーダル・ハーフリターン（27歳）1983年1月26日

図5は2度目のノーダル・ハーフリターンのチャートです。

Apple社は急成長を遂げ、ジョブズは大きな資産を手にして1982年には『タイム』誌の表紙を飾るまでになり、若くして著名な起業家としての富と名誉を手にしたのでした。ところがこの時期は、Appleのマーケティング部門を強化する必要に迫られました。そこでペプシコーラのマーケティングの名手と言われていたジョン・スカリーに白羽の矢を立てました。この時の有名な口説き文句が、「一生、砂糖水を売り続ける気かい？　それとも世界を変えるチャンスに賭けてみるかい？」でした。しかし蜜月とまで言われた、ジョブズとスカリーの関係は次第に悪化し、ジョブズはAppleを解任されることとなります。ジョブズの粗野な言動は取締役会でも問題となり、さらに売り上げも悪くなってきたことからジョブズは仕事を奪われ、結果的に退社に追い込まれました。

着目すべきポイントは数多くありますが、まずはアセンダント射手座の支配星である木星を見ましょう。天王星とコンジャンクションで、火星ともスクエアです。トラブルによる離脱のように見えます。ですが太陽とタイトなセクスタイルから希望も見出せます。これはその後、退社によって得られた創造的な時間でしょう。ただその太陽は同時に重圧からの離脱も表すのか、土星ともタイトなスクエアを組んでいます。後の2005年6月12日、スタンフォード大学の卒業式で行ったスピーチで以下のように語っています。「その時は気づきませんでしたが、アップルから追い出されたことは、人生でもっとも幸運な出来事だったのです。将来に対する確証は持てなくなりましたが、会社を発展させるという重圧は、もう一度挑戦者になるという身軽さにとってかわりました。Appleを離れたことで、私は人生で最も創造的な時期を迎えることができたのです」そして、逆行しなが

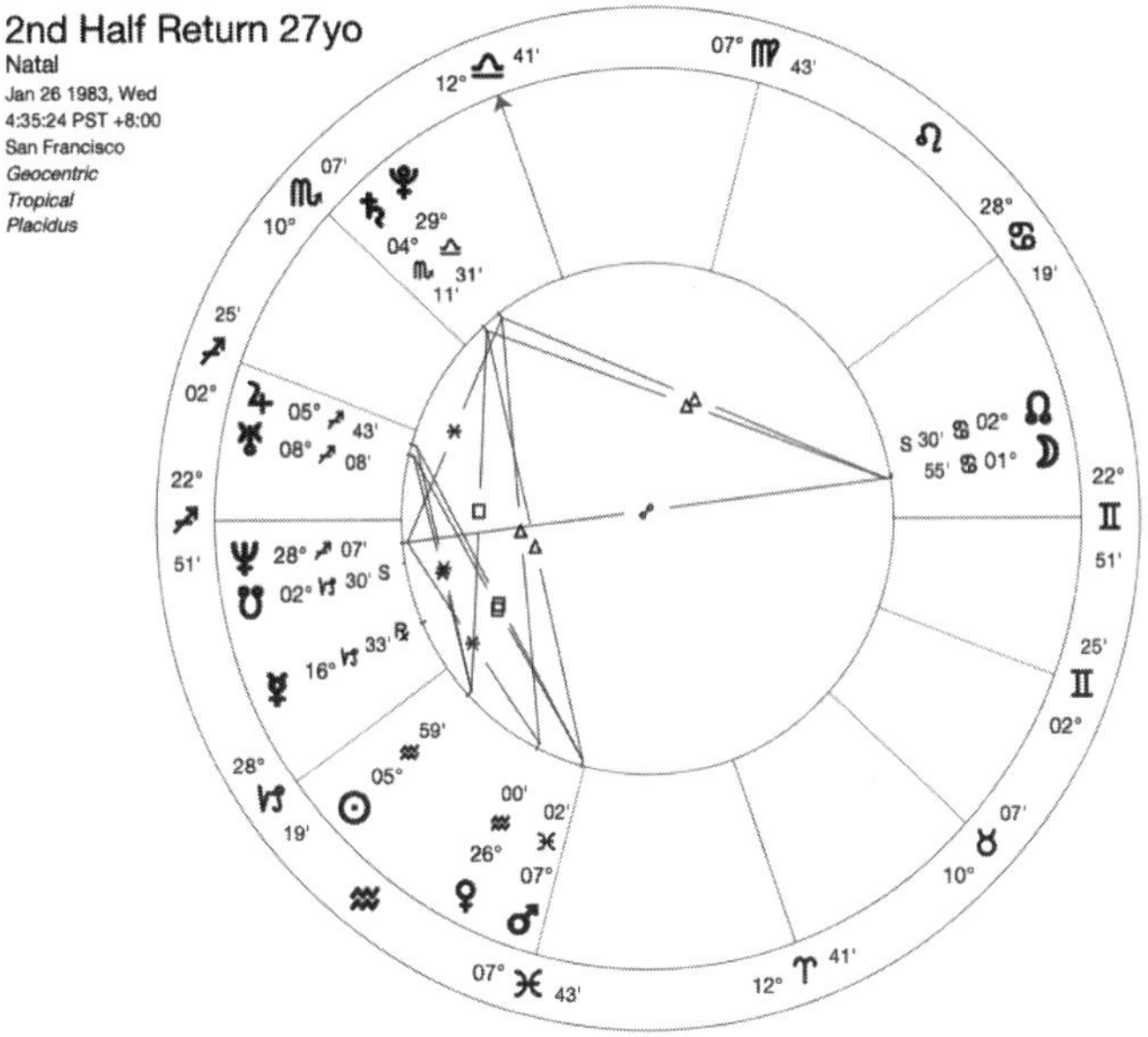

図 5
スティーブ・ジョブズの２度目のノーダル・ハーフリターンのチャート
1983 年 1 月 26 日

らノーアスペクトの水星はネイタルチャートと同じです。このようにネイタルチャートの再現が見られる時期は、とても重要な時期とされます。またノードの軸にぴったりとコンジャンクションしている月は、海王星とゆるくオポジションであり、当時の社内での迷走を表しているのではないでしょうか。月は同時に火星と土星ともグランドトラインを形成しており、自身の思いに固執し続けてしまったのではないでしょうか。

太陽✳木星
木星☌天王星
太陽□土星
水星（ノーアスペクト）
ノースノード☌月
月☍海王星
月△土星△火星（グランドトライン）

2度目のノーダルリターン（37歳）1992年5月17日

図6は2度目のノーダルリターンのチャートです。
1989年、スタンフォード大学のビジネススクールで

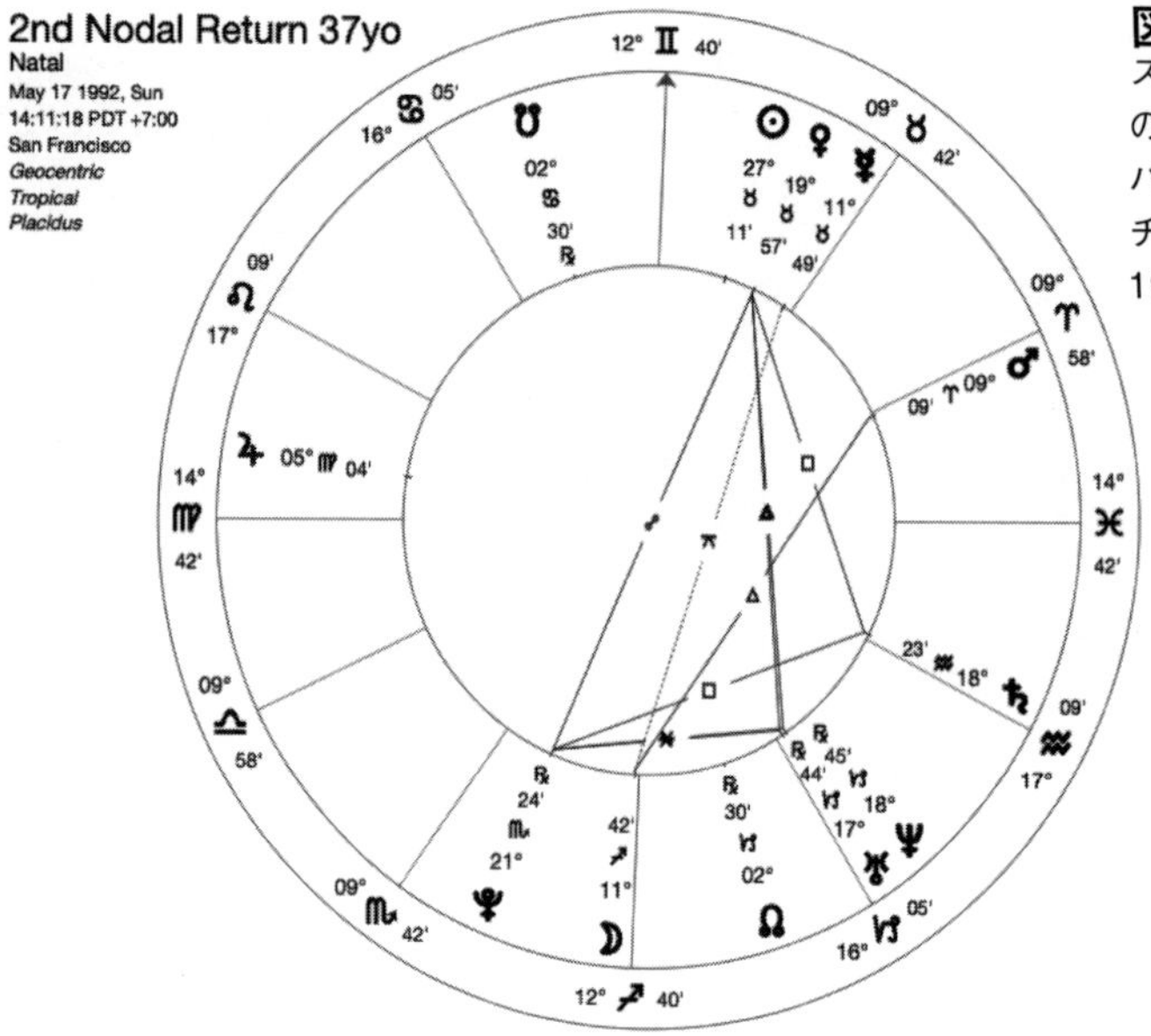

図６
スティーブ・ジョブズの２度目のノーダル・ハーフリターンのチャート
1992年５月17日

ジョブズが登壇した際に出会ったローリーン・パウエルと、１９９１年3月18日にヨセミテ国立公園のアワニーロッジで挙式しました。そして１９８６年にルーカスフィルムのコンピューター部門を購入したジョブズは、その後ピクサーという社名をつけCEOになりました。１９９１年にピクサーは、ディズニーと3本の劇場用作品の契約を結ぶことになります。のちに『トイ・ストーリー』、『モンスターズ・インク』、『ファインディング・ニモ』など数々の作品をヒットさせました。

今回も水星は、ネイタルチャートの再現と言うべく、ほかの惑星とアスペクトを取っていません。さらに太陽も同じくノーアスペクト気味です。そしてこれまであまりよい状態ではなかった金星が、牡牛座という居心地のよいサインに入っており、太陽ともオーブ8度ですが緩くコンジャンクションを組んでいます。ここまでは祝福された結婚と読むことができるかもしれませんが、同時に金星は土星と冥王星からタイトなハードアスペクトを受けています。さらには天王星と海王星からもトライン。これらはピクサーの資金難と、その後の大成功を同時に表しているのではないでしょうか。ディセンダントルーラーである木星が、アセンダントと同じサイン

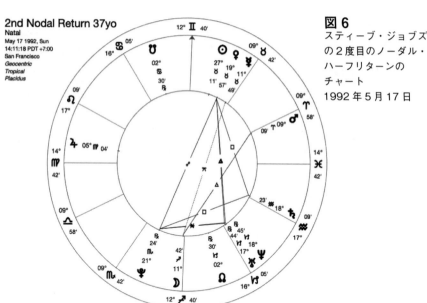

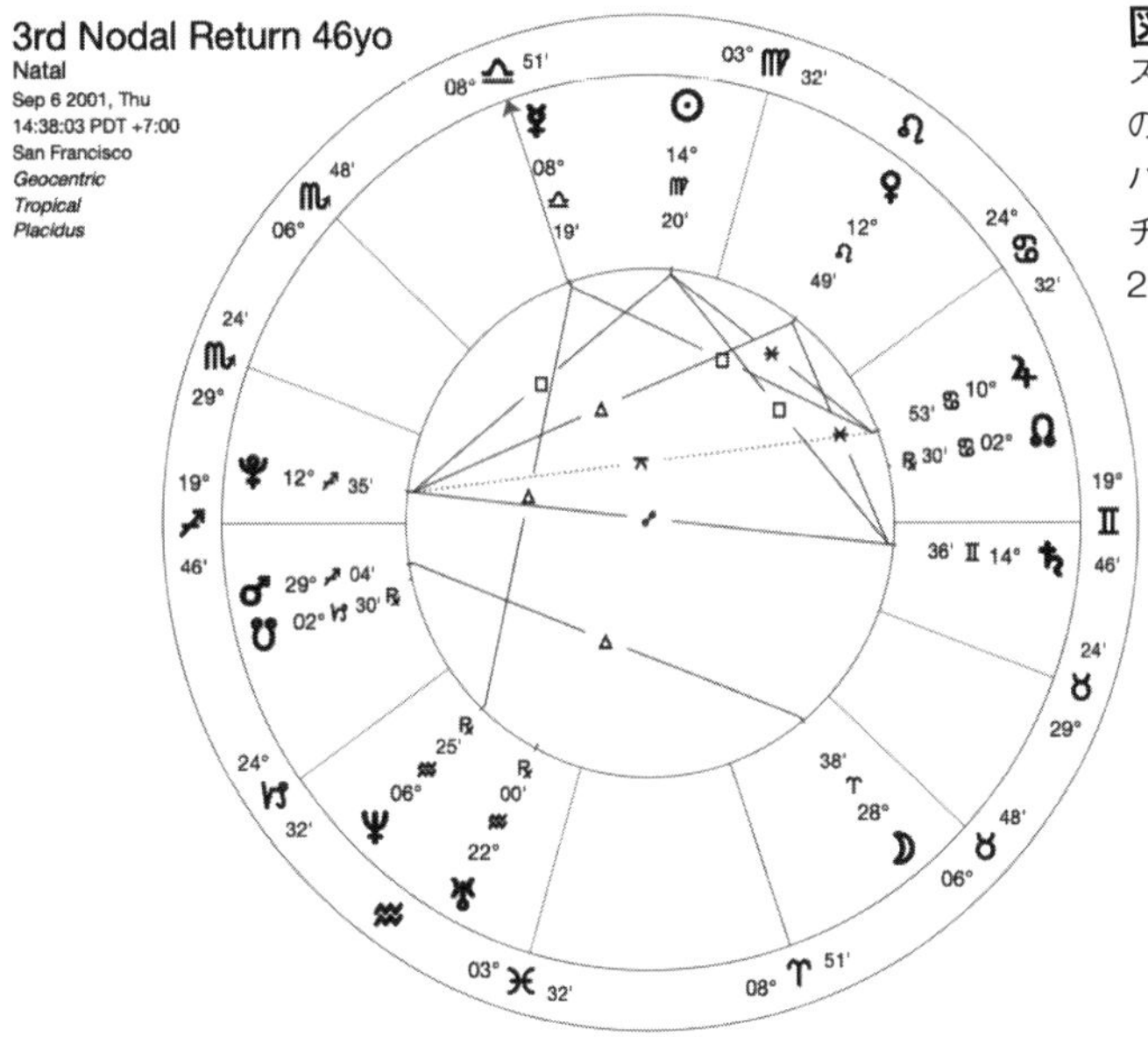

図7
スティーブ・ジョブズの3度目のノーダル・ハーフリターンのチャート
2001年9月6日

にあることも、パートナーとしてローリーンを受け入れたことの表れかもしれません。

水星（ノーアスペクト）
金星☌太陽（オーブ8度）
金星□土星
金星☍冥王星
金星△天王星☌海王星

3度目のノーダル・ハーフリターン（46歳）2001年9月6日

前回、2度目のノーダルリターンからの約9年半の間で、1996年にはApple社に非常勤顧問という立場で復帰し、1998年にはiMacの大ヒット、2000年には、それまで拒否していたCEO就任を、正式に受諾しています。2001年には、iTunesとiPodによって音楽事業に参入し、新しいOSのMac OS Xを発表しました。順風満帆に思われましたが、2003年、膵臓癌と診断されました。

図7のチャートで最も目に着くのは、太陽にタイトなスクエアを組む土星と冥王星です。これらは自身の未来を阻むものと感じられたかもしれませんし、ただそこにトラインとセ

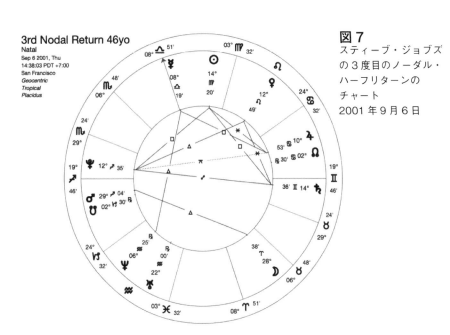

クスタイルで入る金星は、自身の限りない創造性の未来の可能性を見ていたのかもしれません。これまでノーアスペクトが多かった水星も、アセダントの支配星である木星や海王星とアスペクトを取っています。これも生涯の自身のすべきこと、方向性を見つけたことを示すのかもしれません。ネイタルと同じ牡羊座の月と、火星とのトラインは、なんとかこの危機を乗り越えようと奮起しているのでしょう。

太陽□土星
太陽□冥王星
金星△冥王星
金星＊土星
水星□木星
水星△海王星
月△火星

3度目のノーダルリターン（55歳）2010年12月27日

２０１０年1月に発表されたiPadは、グラフィックや電子書籍の世界に大きな可能性を与えました。ただジョブズ本人は、一度治療した癌が２０１１年に再発。そして「アップルＣＥＯの職務と期待を全うできない日が来た場合、その旨、私から皆さんにお伝えすると前々から申し上げてまいりました。残念ながら、その日が来てしまいました」とレターを読み終えるとＣＥＯを辞任しました。２０１１年10月5日に家族に見送られ、56歳でジョブズはこの世を去りました。

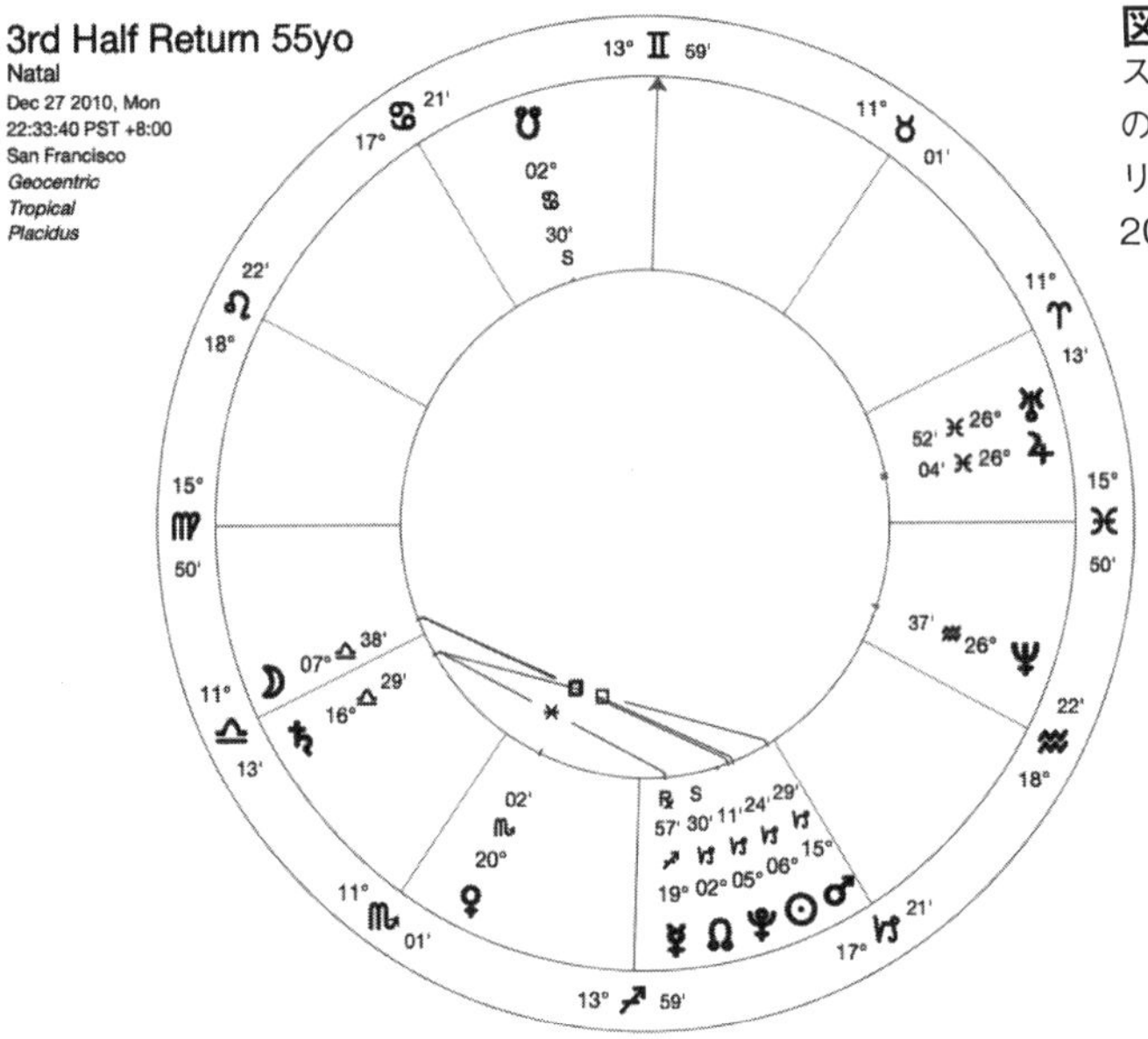

図8
スティーブ・ジョブズの3度目のノーダルリターンのチャート
2010年12月27日

図8はこれまでのチャートとは打って変わって、半球にかたよっているチャートです。真っ先に目が行くのは、太陽と冥王星、ノードとのタイトなトリプル・コンジャンクションと月とのタイトなスクエア。そして火星と土星もタイトなスクエア。まるで冥界に行くことによる、家族との別れの辛さを表しているかのよう。それとも仏教を学んだジョブズですので、輪廻を信じて何かしらのマインドを残そうとすることの現れなのでしょうか。ネイタルチャートと同じように、アセンダントとMCの支配星である水星は逆行しています。さらにネイタルチャートでコンジャンクションであった天王星と木星は、金星と緩くクインカンクス（150度）を取っています。

太陽（☌冥王星☌ノースノード）□月
火星□土星
水星（逆行）⚹土星
木星☌天王星（ノーアスペクトの金星と緩く150度）

Chapter 2 日食月食の影響

日食と月食は、古来はあまり良い解釈はされてきませんでした。食というのは、太陽や月が食されてしまう（隠される）状態です。太陽は象徴的に国の王、月は妃とされてきました。それが隠れるということは、王の死を意味すると解釈されることになります。

一方19世紀頃からは、占星術がよりパーソナリティー（個人の性格や個性、人格）を重視するものとなりました。日食や月食は王の死という意味ばかりではなく、個々人の心の大きな変容（死と再生）を象徴するものとして再解釈されるようになってきているのです。もちろん、現代でもマンデン（Mundane）占星術（国家や組織を判断する技法）では日食を国家や国のリーダーへの影響として見ますが、その影響は個人にも及びます。個人の出生図への食の影響はより重視されるようになってきていると言えるでしょう。

日食月食のしくみ

日食と月食は、新月満月と同じようにセットになっています。新月の約14日後に満月が来るように、日食の約14日後には月食が来ます（順番が逆になることもあります）。新月は1年の中で約13回

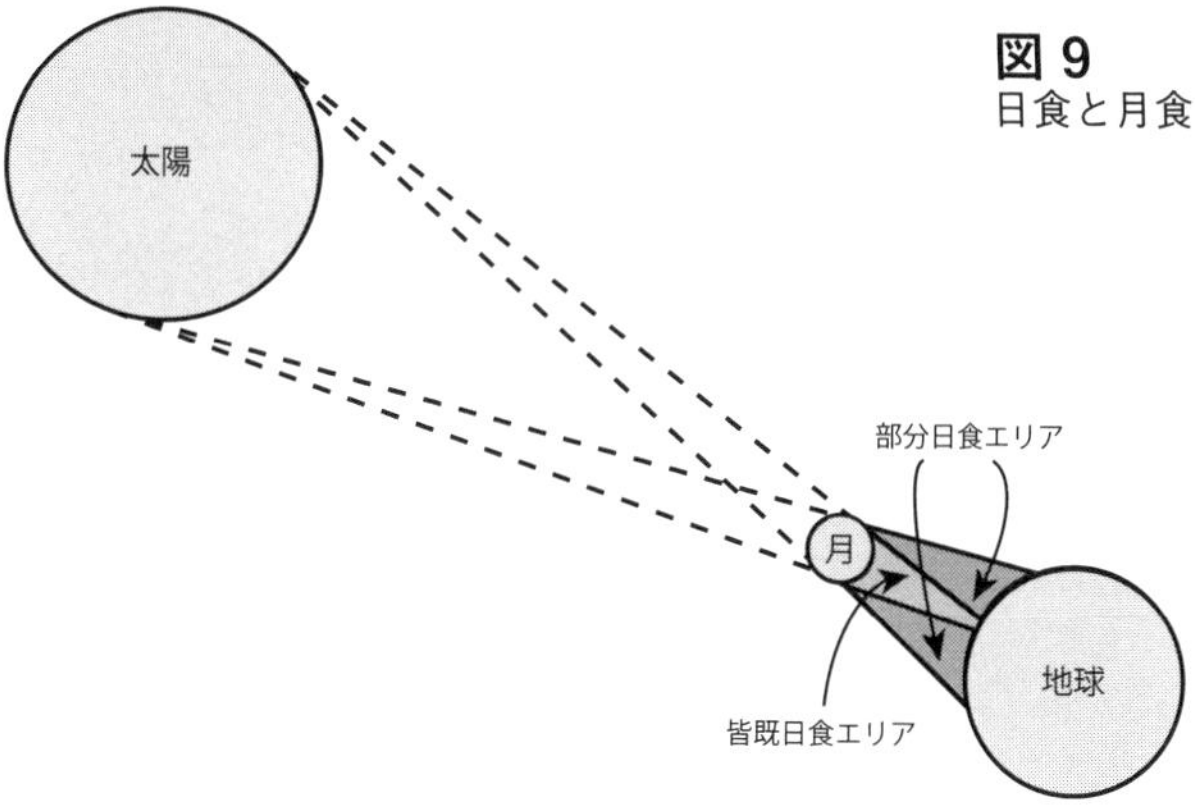

図 9
日食と月食

あります。そのうち2回はノードの近くで起こり、天文的には太陽と月、地球が一直線に並びます。これにより月が太陽を隠してしまうこととなり、日食が起こります。月食は太陽、地球、月という並びになり、太陽からの光を地球が遮るために、月が隠れてしまうという現象です。簡単に言うと普段の新月と満月が、地球も加わり一直線に並ぶイベントが、日食月食と言えます。ただ、それを地球から観測すると、太陽と月のどちらかが隠されてしまうので、天変地異的な現象として扱われてきました（日食は太陽と地球の間に月が挟まり、月の影によって太陽の光が遮られてしまう現象です）。

プリネイタル・イクリプス

出生前の日食、または月食が重要という考え方です。つまり、お母さんのお腹の中にいる赤ちゃんが、日食月食の影響を受けているというものです。先の日食月食のしくみでも取り上げたように、日食月食は近い間隔で起こります。その出生直前の食のチャートはその人物のブループリント（比喩的に将来計画や未来予想図）を暗示するとされます。出生前の食が日食か月食に分かれることとなります。出生直前が日食の場合は、外向的、能動的であり自発的に行動するタイプ、また出生直前が月食の場合は、内向的、受動的であり他者からの影響を受容するタイプとも言われます。

出生前の食を
調べる方法

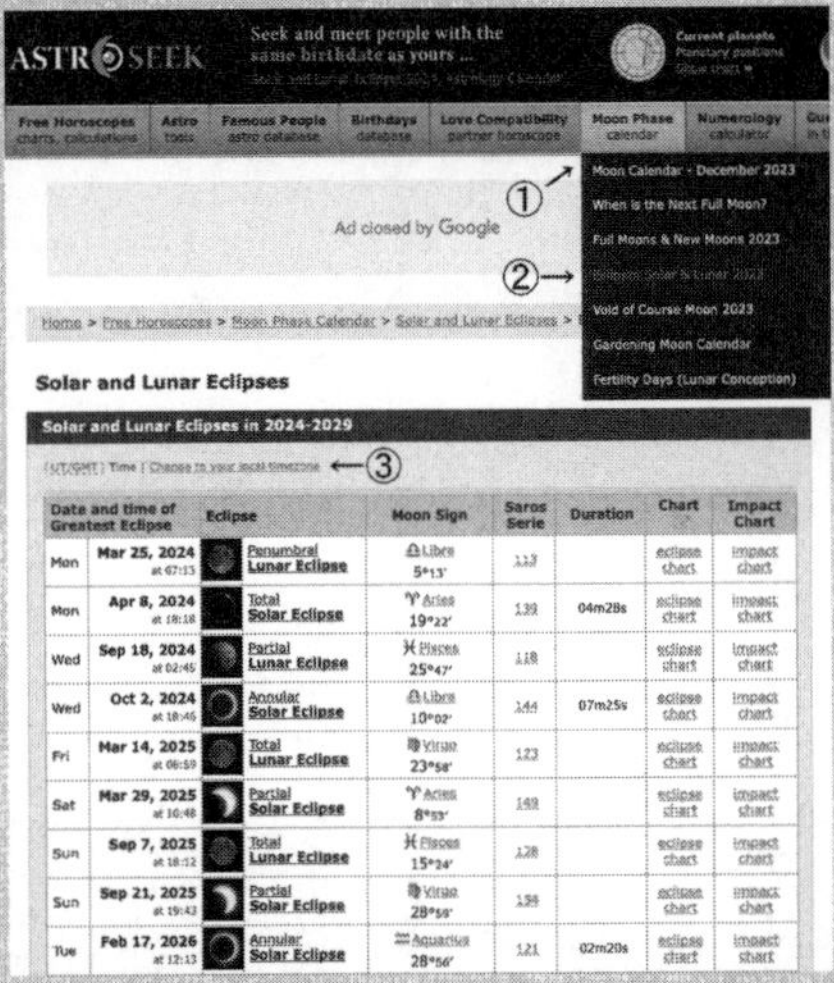

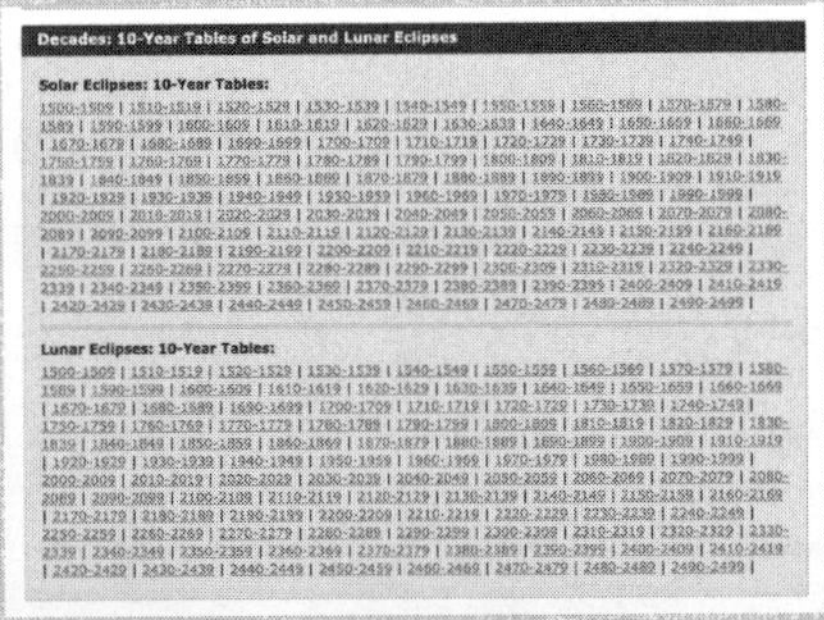

パソコン用の本格的な占星術ソフトウェアであれば、簡単に調べることができるのですが、近年ではポータルサイトで簡単に検索することもできます。

※ PCでの検索方法となります。スマートフォンやダブレットの場合、表示が異なることがあります。

・「www.astro-seek.com」にアクセスしてください。①メニュータブの「Moon Phase Calelndar」から②「Eclipses Solar & Lunar」を選択してください。「Solar and Lunar Eclipses in ○○○○〜○○○○」というページに切り替わります。

・③ 次に時差を修正します。「(UT/GMT) Time | Change to your local timezoneの部分をタップして「Your current town/city:」にローマ字で観測したい地名を市町村で入力してください。

・最後に「Set timezone」をタップ。

・任意の年号に変えたい場合には、ページをスクロールして下の方へ行ってください。「DecaD E S : 10-Year Tables of Solar and Lunar Eclipses」にて、過去1500年から調べることができます。

※このサイトのリンクなどは2023年10月時点での情報であり、予告なく変更される場合があります。

プリネイタル・イクリプスチャート

このセクションでは精神科医であり、心理学者でもあるカール・グスタフ・ユング（Carl Gustav Jung）のチャートを使用します。まずは、出生図からその特徴を読んでいきます。[10]

太陽は獅子座でディセンダントにオーブ2度で、コンジャンクションしています。力強い獅子座の太陽は、海王星とタイトなスクエアをとっており、鏡リュウジ氏によるとユング思想の中核である個別性（太陽）と集合性（海王星）の葛藤を表しています。[11]

そして月は牡牛座で非常に居心地の良いサインにあり、蟹座にある水星／金星とセクスタイルです。共感性や協調性の強い蟹座にある二つのコミュニケーション天体は、牡牛座の月と共に、安心感と親しみやすさをもたらすのではないでしょうか。太陽と月と共にビッグスリーと呼ばれるアセンダントは、さまざまなタイプを受け入れられる水瓶座であり、その支配星である天王星は月とタイトなスクエアです。受け入れるパートナーによって人生が大きく左右されたり、相手によって変容を遂げていくタイプではないでしょうか。もうひとつのアセンダントの支配星である土星は、個人天体の火星とセクスタイル、冥王星とスクエア。第1ハウスというだけあり、その厳格な雰囲気

10　出生データ＝1875年7月26日19時32分（LMT）、スイス、ケスヴィル生まれ、使用ソフトウェア＝Astro Gold（アセンダントは水瓶座1度33分）

11　「ユングは今自分だと感じている小さな「自我（エゴ）」の背後にもっと大きな、心の全体性である「自己（セルフ）」があり、そのバランスが大事だと考えました。」鏡リュウジ公式サイト、2013年6月19日

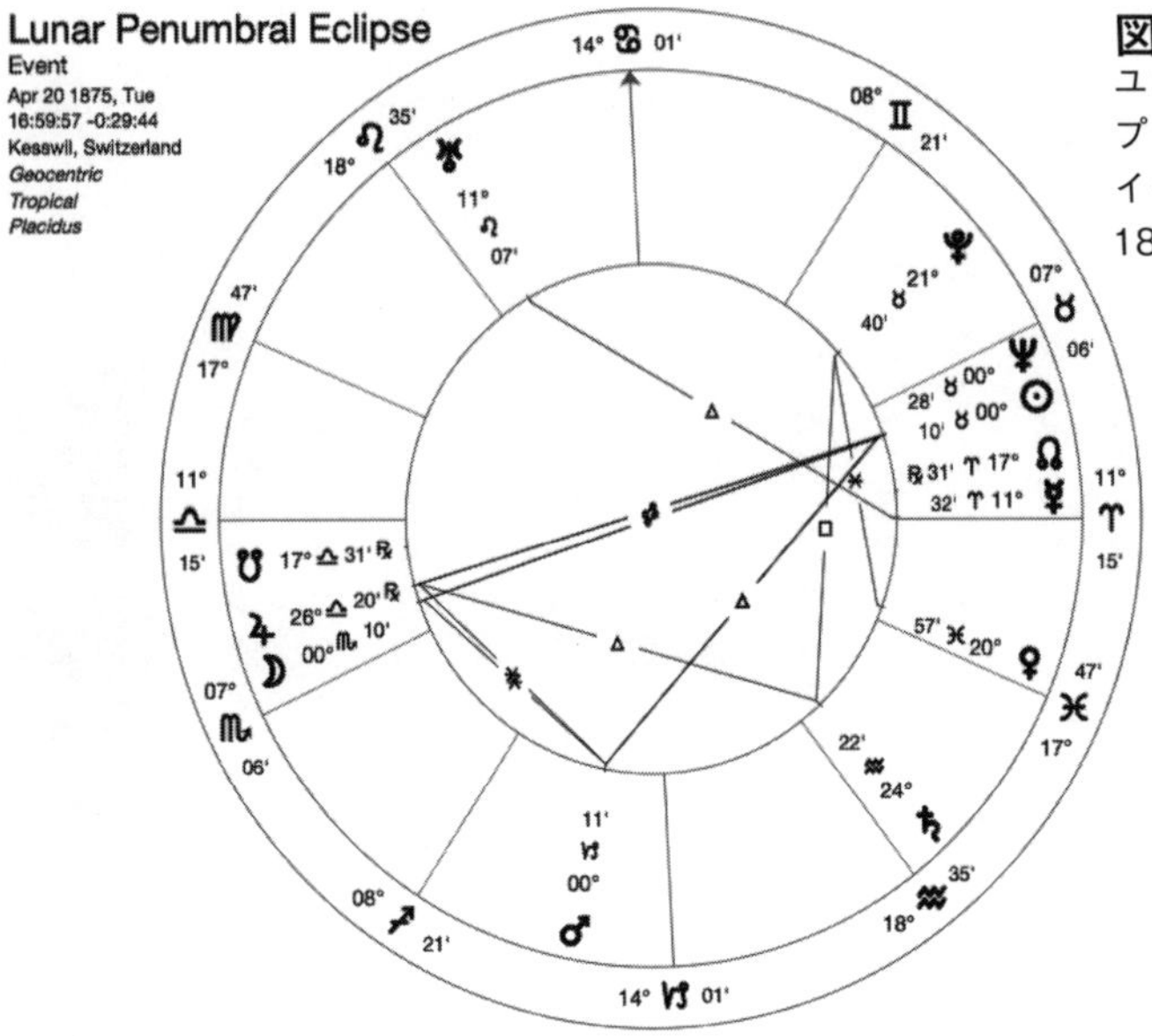

図 10
ユングの
プリネイタル・
イクリプスチャート
1875 年 4 月 20 日

は現存する写真からも推測することができます。

図10のチャートは、ユングの出生直前の月食です。蠍座0度の月食は、集合性を示す海王星や、個別性を示す太陽とのタイトなオポジションになっています。着目すべき点は、この太陽がこの後に海王星とのコンジャンクションから離れて、正確なスクエアを形成した時にユングが生まれているのです。

つまりプリネイタル・イクリプスでの重要なアスペクトが、ネイタルチャートでも再現されているということになります。

ユングの場合、出生直前の食は月食ですので、「大変な恥ずかしがり屋だった」[12]のもあり受容性が強く、ゆえに人の内面に深く注意を向けるようになったのではないでしょうか。これはこのチャートの蠍座の月からも言えることでしょう。

プリネイタル・イクリプスパス

日食で月の影が落ちる地域がイクリプスパスです。マンデン（Mundane）占星術では、日食が影響する地域とされます。個人にとっては、出生前の日食のイクリプスパスが生涯で重

12 カール・グスタフ・ユング『ユング自伝 1―思い出・夢・思想』河合隼雄訳、みすず書房、70頁

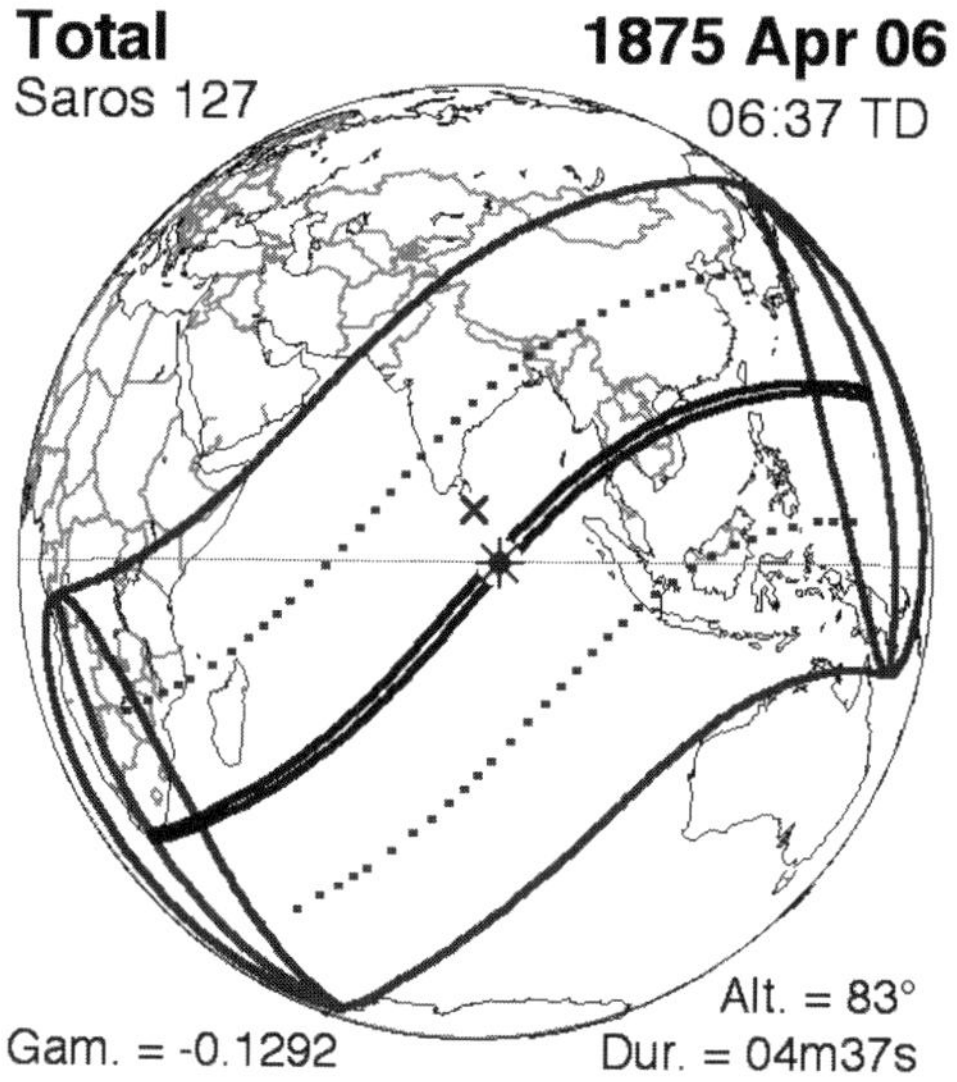

Five Millennium Canon of Solar Eclipses (Espenak & Meeus)

図 11
プリネイタル・イクリプスパスを表す図
Eclipse Predictions by Fred Espenak, NASA's GSFC

要な意義のある場所、または影響力の及んだ場所とされています。ユングの出生（１８７５年７月26日）直前の食は月食（１８７５年４月20日）ですが、月食では影は落ちませんので、出生直前の日食（１８７５年４月６日）で検証します。イクリプスパスは、インド洋を中心としてアフリカ南端から東南アジア、フィリピン北部全域までに及んでいます。

ユングはインドの哲学や仏教、宗教学について数多くの本を読み、東洋の知恵の価値を心底から認めていました。そしてついに１９３８年（63歳）、カルカッタ大学の25周年記念祭の祝典に参加するよう、当時植民地であったインドのイギリス政府から招かれました。インドは夢と同じようにユングに影響したそうです。「しかしインドは跡形もなく私を通り過ぎたのではなく、それとは逆に、ひとつの無限性からもう一つの無限性へ通じる痕跡を私のなかに残した」

Eclipse Mapの
出力方法

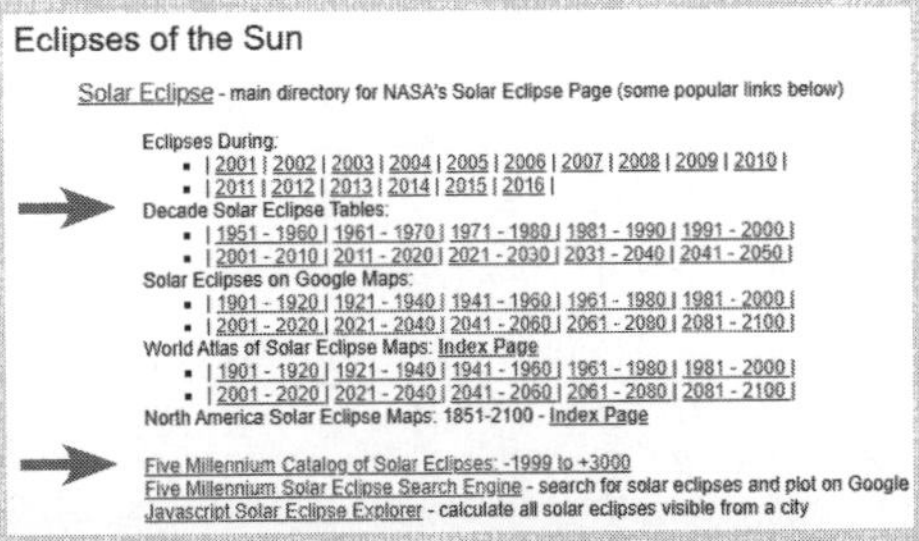

Googleなどで「nasa eclipse」と検索してください。
検索結果からトップの「NASA Eclipse Web Site」をタップします。

「Eclipses of the Sun」メニューの、「Decade Solar Eclipse Tables:」から該当する年号を選択してください。

ページが変わり日食のリストページとなります。該当する時期の年月日をタップするとマップ画像を表示できます。

さらに古い年号を調べたい時には、下にスクロールして「Five Millennium Catalog of Solar Eclipses」から検索してください。

「EclipseWise.com」のサイトでは、Google Mapで日食を検索することもできます。

※このサイトのリンクなどは2023年10月時点での情報であり、予告なく変更される場合があります。

トランジット日食の個人への影響

日食が個人にどのような影響を与えるのかについては、まず新月から考察してみましょう。新月は1年に約13回あります。ひとつのサイクルが終わり、気持ちを改めて新たなスタートを切るタイミングとも言えるかもしれません。その13回の中の2回が日食で、太陽と月と地球が一直線に並ぶ特別な新月です。アラン・レオのように考えるのであれば、スピリット（太陽）とソウル（月）、ボディ（地球）が並んで統合されることかもしれません。そしてホロスコープ上では、太陽と月、ノードがコンジャンクションします。これは、未来の目的目標（太陽）、それを叶えたいという欲求（月）、繋がりや縁（ノード）を示すので、願っていた縁や機会を得るタイミングとして考えることができます。影響期間は、占星術家によってさまざまですが、ひとつの目安としては、食から次の食までの約半年間と見てよいでしょう。ただし重要な感受点での食は、さらに長い期間で考えることもあります。

出生図における
トランジット日食の
検索方法

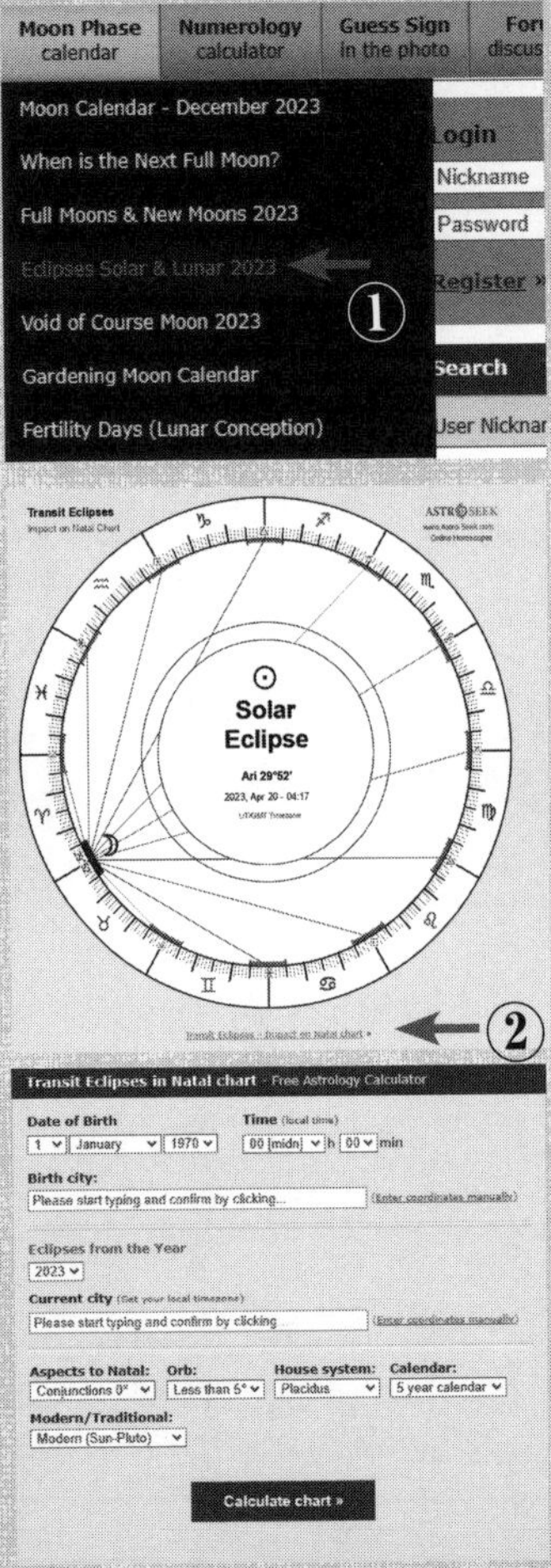

「www.astro-seek.com」にアクセスしてください。メニュータブの「Moon Phase Calendar」から「Eclipses Solar & Lunar」を選択してください（①）。「Solar and Lunar Eclipses in ○○○○～○○○○」というページに切り替わります。ページをスクロールしてリストの一番下にある、「Transit Eclipses in Natal chart »」というリンクをタップしてください（②）。

ページが変わり「Transit Eclipses Impact on Natal chart」というメニューになります。astro-seekに登録してログインされている方は、ネイタルデータがすでに入力されております。

登録されていない方は、そのまま「Date of Birth」に年月日、Timeに出生時間、「Birth city:」に出生地を英語表記で（市町村の単位）入力します。「Eclipses from the Year」は、検索を開始したい年号を入れてください。5年間分の日食リストを表示できます。「Aspects to Natal:」のメニューは、初期状態で「Conjunctions 0°」となり、このままでも良いですがメニューから「Any aspect」を選択すると、メジャー・アスペクト5種が日食リストに表示されます。最後に「Calculate chart」をタップしてください。

※ astro.comなどからデータをインポートされている方は、「Date of Birth」メニューの右上にある、「(Select from my DB)」をタップしてください。「My Private Astro DataBase」というページが開きます。「Select Person:」のタブメニューから任意のデータを選択することもできます。「Extended settings: House system, Aspects」メニューのLunar Nodes (□ True)は、チェックを入れた状態で良いです。最後に「Calculate chart」をタップしてください。

※このサイトのリンクなどは2023年10月時点での情報であり、予告なく変更される場合があります。

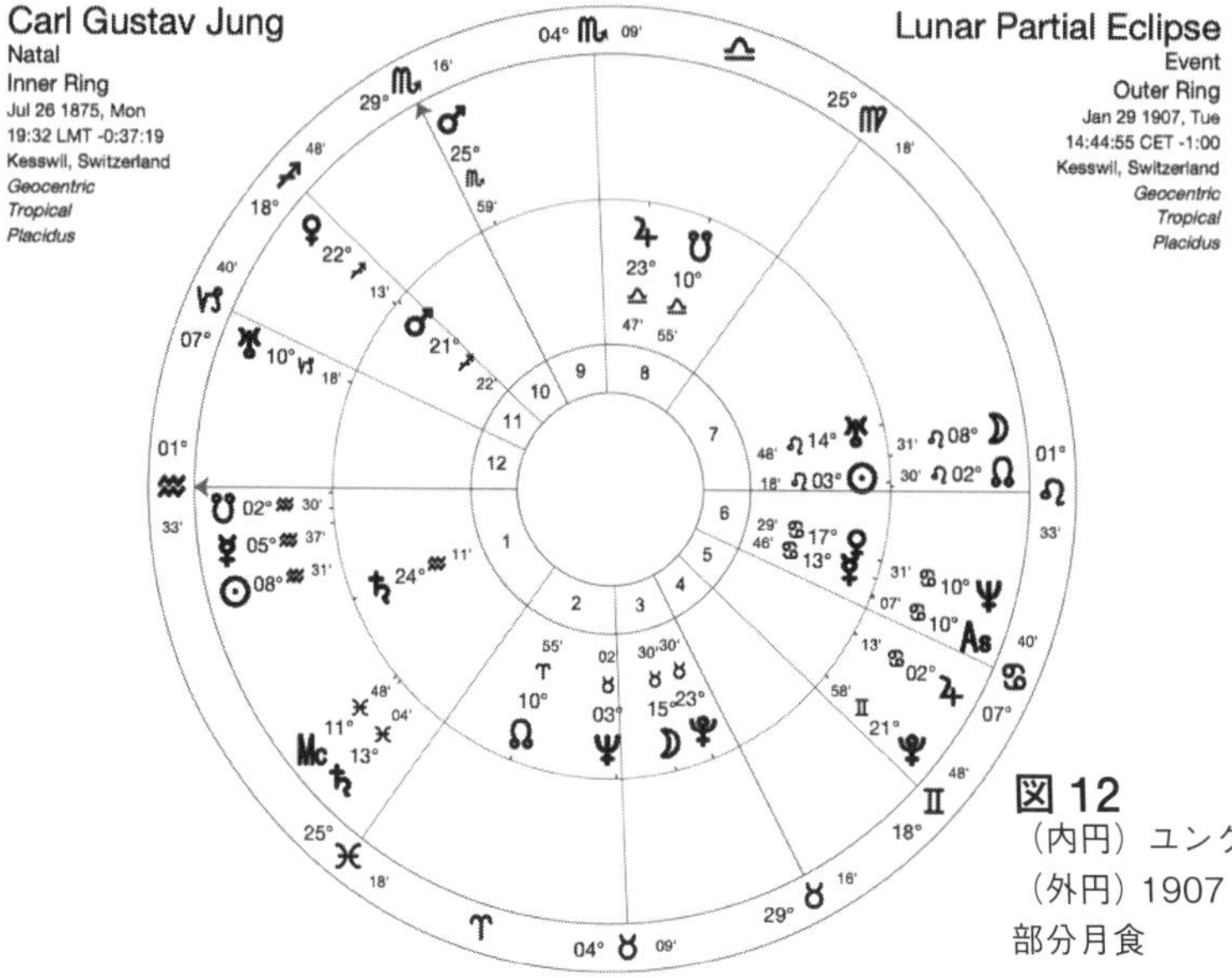

図12
（内円）ユングの出生
（外円）1907年1月29日の部分月食

実践検証

ここでは、ユングのチャートの重要な感受点において、日食が起きたタイミングとユング自身の人生において何があったかを紐解いていきます。ユングのチャートに日食が関連する回数は非常に多いのですが、ここでは最も重要なひとつと思われるユングが32歳の時の、初めてフロイトと出会う直前の部分月食を取り上げます（観測地は、オーストリアのウィーンに設定）。

「彼は私を招待し、ウィーンでの我々の最初の会合は、1907年2月に行われた。我々は午後一時に落ち合い、実に13時間の長きにわたって休みなく話しつづけたのである。フロイトは、私の出会った最初の真に重要な人物であった」[13]

13　カール・グスタフ・ユング『ユング自伝1　思い出・夢・思想』河合隼雄訳、みすず書房、215-216頁

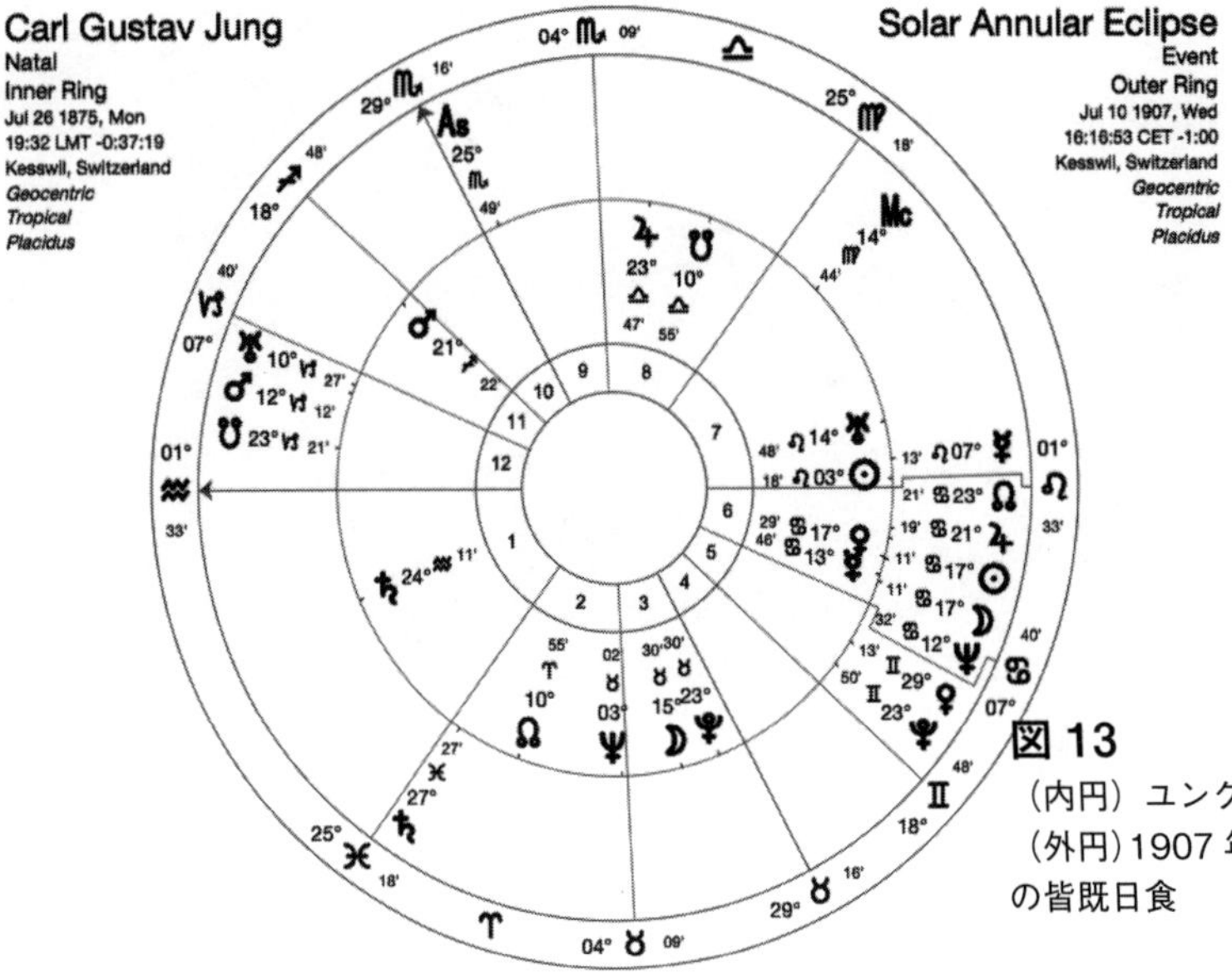

図13
（内円）ユングの出生
（外円）1907年7月10日の皆既日食

私が日食月食に着目を始めた頃、日食よりも月食の方が具現化は弱く、さらに皆既に比べると部分食は弱いと思っていましたが、出生直前の食が月食のユングの場合は、月食チャートも外してはならないことがよくわかりました。フロイトに出会う直前、1907年1月29日の部分月食（獅子座8度）はネイタルチャートの太陽から5度のオーブです。さらにノースノードはネイタル太陽やディセンダントにオーブ1度の位置にあります。ノードだけで考慮しても重要な出会いの時期と言えるでしょう。さらに、この月食は、フロイトのネイタルチャートのアセンダント（蠍座10度）にもスクエアとなっています（図12参照）。

同じ年の7月10日の皆既日食と出生図を重ねたチャートが図13です。ここでは、ユングのネイタル金星に同じ度数（蟹座17度）でコンジャンクションしています。しかもこのチャートでもネイタルチャート、プリネイタル・イクリプスチャートと同様に、オーブは広めですが海王星もアスペクトしています。日食はネイタルの金星へのアスペクトなので、憧れの人物との出会いと解釈することができるかもしれませんが、フロイトが芸術作品に対して何にでも性理論（精神性欲）に結びつけることについて、ユングがすでに疑問を持っていたというのは興味深い点です。この皆既日食の時のノースノードは蟹座の23度にありますが、この位置はフロイトのネイタルのノースノード（牡羊座24度）へのベンディング・ポイントでもあるので、フロイトにとっても人生の大きな局面になる出会いであったのでしょう。

さらに約2週間後、7月25日の部分月食（水瓶座1度）は、ユングのネイタルのアセンダント（水瓶座1度）に同じ度数でコンジャンクションします。動きの遅いノードはこの地点でも、フロイトのノードのベンディング・ポイントにあります。

そしてユングはフロイトとの交流を深め、1909年9月にはアメリカのクラーク大学から招かれて一緒に船で旅行をします。この頃のフロイトとの関係がとても重要であったことを示すように、「1909年という年は私たちの関係にとって決定的であることがわかった」と書かれています。[14]

次ページ（図14）のチャートは、フロイトとユングのシナストリーチャートに、1910年5月の皆既日食をアウターホイールに加えたものです。ユングの自伝には1910年の主だった発言はないのですが、この後1913年の訣別まで強い興味を抱かせたのは、このチャートからも言えるかもしれません。

このシナストリーチャートは、フロイトの太陽（牡牛座16度）とユングの月（牡牛座15度）が、オーブ1度以下でコンジャンクションしています。そもそも二人が強く惹きつけ合うことになるのもわかるのですが、1910年5月の皆既日食はこの太陽と月の真上（牡牛座17度）で起こってい

14　カール・グスタフ・ユング『ユング自伝1　思い出・夢・思想』、河合隼雄訳、みすず書房、224頁

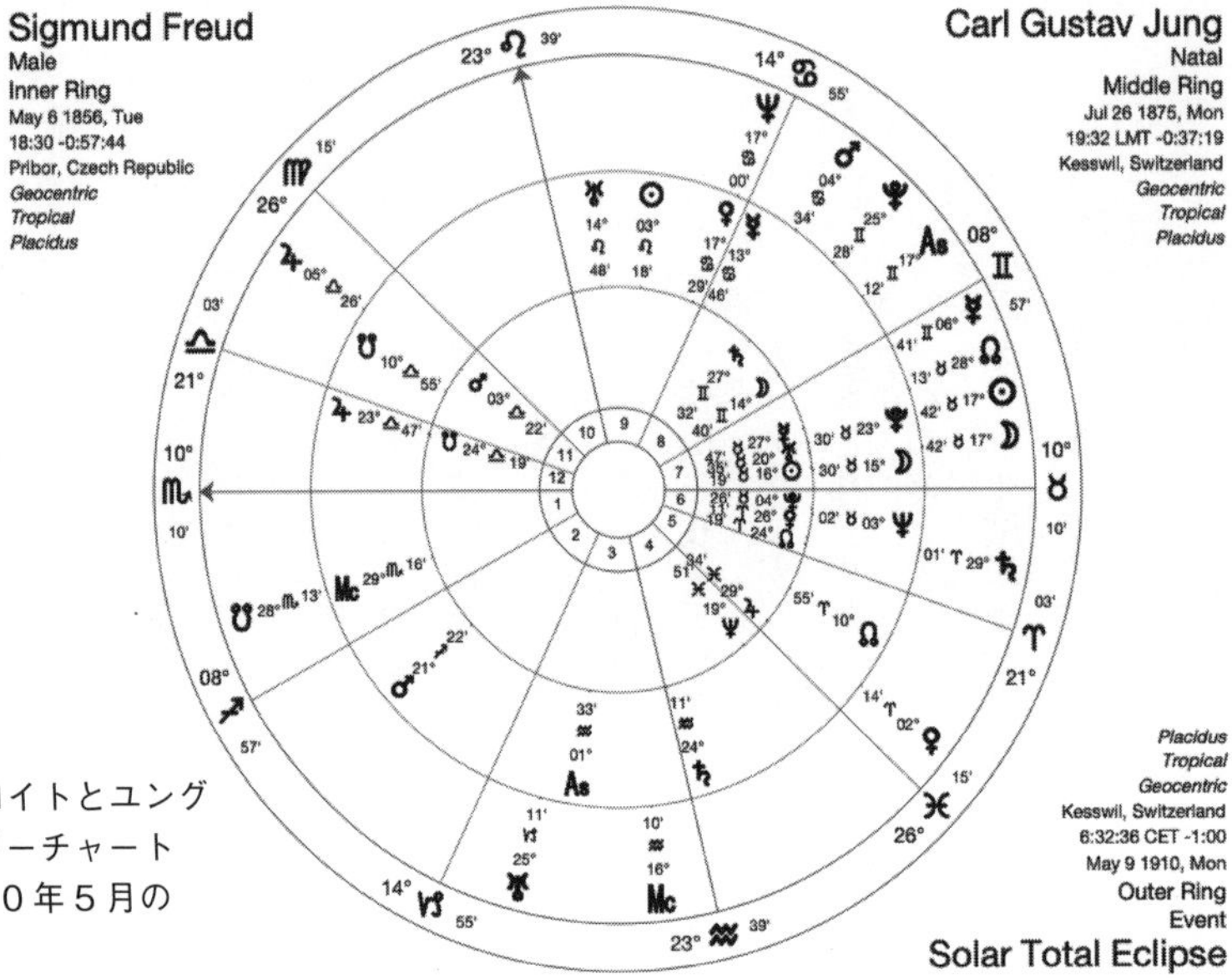

図 14
（内円）フロイトとユングのシナストリーチャート
（外円）1910 年 5 月の皆既日食

ます。さらには牡牛座28度のトランジットのサウスノードは、フロイトのＭＣにスクエア、ユングのＭＣにはオポジションという配置です。それぞれの方向性の違いを、この辺りで明確に察したのかもしれません。太陽と月は、19年暦年で黄道上のほぼ同じ度数で会合します。これをメトン周期と言うのですが、このタイミングで二人がお互いに強い関係性を持っていたというのは、非常に興味深いことです。

ちなみに１９１０年の19年後である１９２９年にユングは、ドイツ人の中国学者であり『易経』の翻訳者でもあるリヒアルト・ヴィルヘルムと、『黄金の花の秘密』について共同研究をおこなっています。[15]

リヒアルト・ヴィルヘルムの太陽も牡牛座19度でユングの月とコンジャンクションしており、１９２９年の皆既日食は牡牛座の18度で起きています。

ほかにもユングのチャートは、その経歴と日食が人生のさまざまなところで関連を持っています。以下に記載しますの

15 カール・グスタフ・ユング『ユンク自伝２ —思い出・夢・思想』河合隼雄訳、みすず書房、１９８２年、12頁

で、興味のある方はチャートをリーディングしてみてください。

1879年1月22日
水瓶座2度で金環日食
（アセンダント1度にコンジャンクション）
ユング一家の引越し。

1900年11月22日
蠍座29度で金環日食
（ＭＣ29度にコンジャンクション）
スイス、チューリッヒのブルクヘルリツ精神病院で勤務を開始。

1909年12月12日
射手座20度で部分日食
（火星21度にコンジャンクション※ＭＣ支配星）
フロイトとアメリカ旅行。
クラーク大学から法学の名誉博士号を授かる。

1938年11月22日
蠍座28度で部分日食
（ＭＣ29度にコンジャンクション）
インドのイギリス政府から招かれインド旅行。
オックスフォード大学より名誉博士号を授与。

1944年1月25日
水瓶座4度で皆既日食
（アセンダント1度にコンジャンクション）
心筋梗塞と足の骨折で危篤状態となり、臨死体験をする。

1948年5月9日
牡牛座18度で金環日食
（月15度にコンジャンクション）
チューリッヒにユング研究所を開設する。

1955年12月14日
射手座21度で金環日食
（火星21度にコンジャンクション※ＭＣ支配星）
妻エンマ・ユングが亡くなる。
チューリッヒの連邦工科大学より名誉博士号を授与。

参考文献

Alan Leo, *Esoteric Astrology*, Destiny Books
Jean-Baptiste Morin, *Astrologia Gallica Book22 Direction*, Amer Federation of Astrologers Inc
Dane Rudhyar, *Person Centered Astrology*, Aurora Press, Inc.
Dane Rudhyar, *The Astrology of Personality*, Aurora Press, Inc.
Vettius Valens, *Anthology. Book1*, Andrea Gehrz, Inc
Bruno Huber, Louise Huber,*Moon Node Astrology*, Hopewell
Melanie Reinhart, *Incarnation*, Starwalker Press
Kindle Kathy Allan, *When Worlds Collide*, Pollux Press
Celeste Teal, *Lunar Nodes*, Llewellyn Worldwide Ltd
Naomi C Bennett, Carl Payne Tobey,*Moon Wobbles and Eclipses in Astrology*, BonAmi Publishing
Bernadette Brady, *Predictive Astrology*, Weiser
ニコラス・キャンピオン『世界史と西洋占星術』鏡リュウジ監訳、柏書房、２０１２年
S・J・テスター『西洋占星術の歴史』山本啓二訳、恒星社厚生閣、１９９７年
マギー・ハイド『ユングと占星術』鏡リュウジ訳、青土社、２０２１年
ケヴィン・バーク『占星術完全ガイド』伊泉龍一訳、株式会社フォーテュナ、２０１５年
ウィリアム・リリー『クリスチャン・アストロロジー 第1書&第2書』田中要一郎監訳、田中紀久子訳、太玄社、２０１８年
カール・グスタフ・ユング『ユング自伝 1&2―思い出・夢・思想』河合隼雄ほか訳、みすず書房、１９８２年
ウォルター・アイザックソン『スティーブ・ジョブズⅠ&Ⅱ』井口耕二訳、講談社、２０１１年
「スティーブ・ジョブズ」フリー百科事典『ウィキペディア（Wikipedia）』最終更新２０２３年10月7日（土）1時32分

もう一つのコンジャンクションが示す可能性

パラレルとデクリネーション

Da・i・k・i

はじめに

英語圏の占星術師がホロスコープを解読するとき、しばしば「デリニエイト（delineate）」という言葉が使われます。元々の言葉は、「輪郭を描く」や「絵で表現する」という意味があり、ものごとを描写するときに使われるものです。この言葉がホロスコープを解読するという行為を表すのに適していると感じるのは、占星術師はホロスコープに現れるさまざまな象徴を多角的に見て、その意味を汲み取り、表現しているからです。絵を描くときも、描く対象を平面的に捉えるだけではなく、多角的に捉えることが描写を豊かにしていきます。ホロスコープの解読も同じく、惑星、サイン、ハウス、アスペクトだけでなく、ディグニティやミッドポイントなど、さまざまなツールを用い、多角的に見ていくことで、チャートに現れる象徴をより豊かに描くことができます。

この章では、「デクリネーション（declination）」という考え方を紹介していきます。デクリネーションとは、赤緯という意味です。赤緯を簡単に表現するならば、各惑星がどのくらいの「高さ」にあるかを示していると言って良いでしょう。チャートを見るとき、各惑星が牡羊座14度、双子座25度にあるなど黄経が用いられています。黄経は、黄道（太陽の通り道）のどのポイントに惑星があるかを示しているものです。黄道12宮とも言われるように、サインは、黄道にそって地球の周りに円を描くように取り囲んでいます。黄経はその円、３６０度のうち惑星がどこにあるかを示しているので、「横」（水平）のラインと考えても良いかもしれません。通常、私たちはこの黄経をもとに、「太陽が牡羊座15度にあるから、牡羊座の生まれ」ということや、「水星が双子座12度、金星が天秤座12度でトラインとなっている」と確認し、その要素を判断していきます。しかし、それらの惑星がどれくらいの高さにあるかということは、今まであまり気にしていなかった方も多いのではないでしょうか。本章では、黄経の横のラインだけでなく、デクリネーション（赤緯）の縦のラインも合わせて見ることによって、目の前のチャートを多角的にデリニエイト（描写）していく方法を紹介していきたいと思います。

惑星の「高さ」が地球に影響を与える

この地球に一番の影響を与えている惑星があるとしたら、それは太陽ではないでしょうか（天文学的には恒星となりますが、ここでは占星術的扱いとして惑星とします）。ニコラス・キャンピオン（Nicholas Campion, 2009）によれば、私たちの祖先が、1日の劇的な出来事である「太陽が昇っている」ということに気がつき、その出来事を熱と光の体験として関連づけていったことが、今で言う天文学の始まりだと言っています。そして、その現象に意味づけをし始めたのが占星術の始まりとしています。日が昇る、日が沈むという地球上での一連の出来事は、私たちの祖先にとって、印象に残るものだったのでしょう。それは、古代エジプトの宇宙観を示す神話において、太陽神であるラーが舟に乗り、毎日天と地を巡る物語においても垣間見ることができるでしょう。

地球の四季は、この太陽の「高さ」（高度）によって変わっていきます。北半球においては、太陽が高い位置にあれば、夏になり、太陽が低い位置にあれば、冬となります。太陽は春分から高く上がり始め、夏至の日が頂点になり、そこから下がり始めます。そして、秋分の日には春分と同じ位置になり、そこから下に下がっていき、冬至の日が一番下になります。そこからまた上昇していくというサイクルを繰り返しているのです。太陽の動きでは、この春分、夏至、秋分、冬至という4つのポイントが重要になります。マンデン占星術という占星術の技法がありますが、これは、国家や社会、世界情勢などを星の配置から読み解いていくという試みです。そのときに重視されるのが、春分図や秋分図になります。もしかすると、どこかで目にしたことがある方も多いのではないでしょうか。特に春分図は、国のこれからの1年を占うという時に用いられています。マンデン占星術の中でも、太陽の高さによるこの4つのポイントが意識されています。太陽の惑星が高さによって、地球に季節を生み出すという直接的な影響を与えていますが、占星術では、この高さに対して、どのような意味づけがされてきたのかを見ていきましょう。

デクリネーション（赤緯）の考え方

デクリネーション（赤緯）とは、ホロスコープで使われる惑星の位置を特定するための方法になります。デクリネーションとは、天の赤道と言われる、地球の赤道を天に投射したポイントに対する緯度（高さ）を表したものです。それは、通常のチャートで私たちが見ているものとは異なります。通常のチャートでは、惑星が黄道（上）のどこにあるかという黄経（経度）が表示されています。これは牡羊座○度、天秤座○度と表示されているもので、チャート（惑星の位置）を平面に見ていると言えるでしょう。しかし、実際に外に出て天体を見てみると、そこには四方八方に星が散りばめられているので、横軸だけでは捉えられないことに気がつきます。だからこそ、惑星を平面だけで考えるのではなく、高さも考慮し、立体的にチャートを捉える（惑星を捉える）というのが、

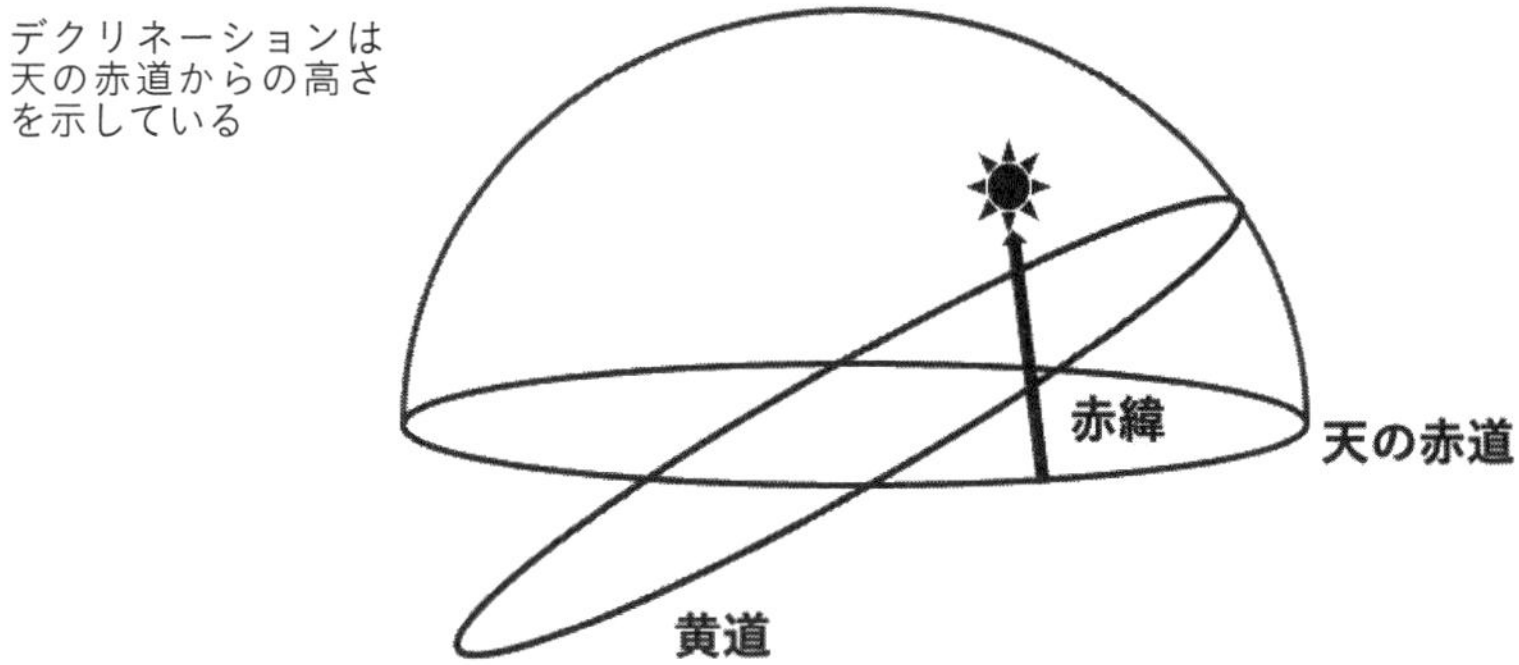
デクリネーションは
天の赤道からの高さ
を示している
赤緯
天の赤道
黄道

このデクリネーションの試みになります。

デクリネーションの考え方については、2世紀に活躍した天文学者のクラウディオス・プトレマイオス（Claudiu Ptolemaeus、英語名 トレミー、Ptolemy）の著書である『テトラビブロス』の中でも触れられています。『テトラビブロス』は占星術史における貴重なテキストで、占星術における星の性質などが著されているものです。例えば、本の一部で「天文学から得られる知識」として、太陽や月が地球に与える影響について語られています。その中でも、それぞれの惑星が織りなす配置は、相互に影響し合いながら、多種多様な変化を与えると言っており、太陽が主に優勢になるとしながらも、他の星の働き方は、その星の見え方や、掩蔽《えんぺい》（月が他の惑星を隠す現象）になっているか、またデクリネーションによって決まるとしています（『テトラビブロス』より）。このような記述からも、デクリネーションの占星術における影響を垣間見ることができると思います。

ここまで黄道を基にしている黄経は「横」、一方、デクリネーションは「高さ、縦」という考え方をしてきました。少し、この考え方について天文学的に考えていきましょう。まず、黄道とは、太陽の通り道を指しています。西洋占星術では、この黄道上にある12星座を用いて、黄道12宮（サイン）としています。それに対して、デクリネーションとは天の赤道からどれくらいの高さにあるかを示したものです。地上の赤道をそのまま天球に伸ばしていった線が天の赤道です。惑星の位置は、黄経とデクリネーション（赤緯）の2軸で指し示すことができるのです。

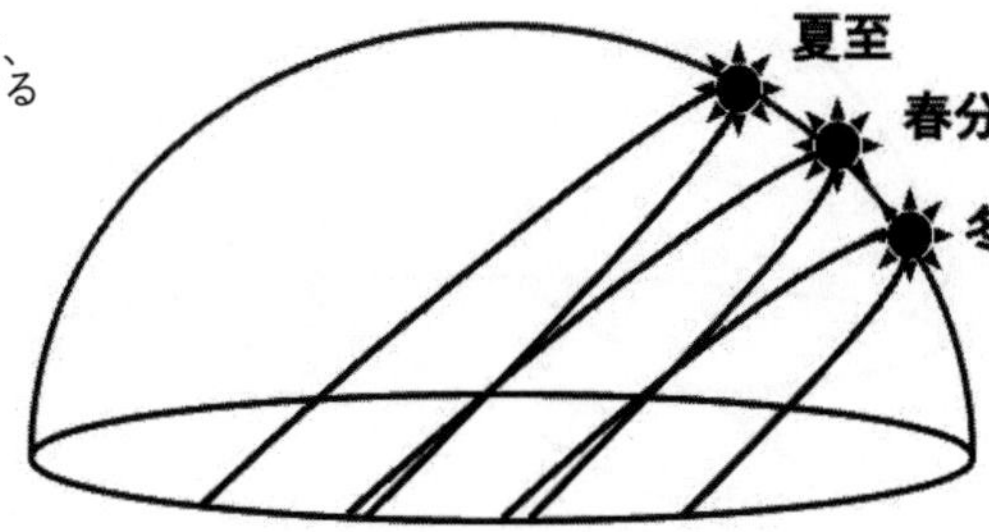
季節の移り変わりは、
太陽の高さが影響する
春分、秋分
冬至

そして、この天の赤道から太陽がどれくらいの高さ（または低さ）にあるかで、季節が変わります。春分と秋分では、太陽のデクリネーションが0（ゼロ）度となり、昼と夜の長さが同じになる。夏至は太陽の高さが、天の赤道の北側に対して最高の度数（23度26分）となり、冬至は、南に最高の度数となる日になります。だからこそ、マンデン占星術でも今後1年という運勢の切り替わりを占うのに活用されているように、これらの点は、季節が変わるということもあり、ものごとが切り替わるメタファーになりうるのです。

実際に、デクリネーションが記載されているエフェメリス（天文暦）を見てみると、デクリネーションの動きを追うことができます。太陽のデクリネーションを確認してみましょう。3月21日は、春分となるため、赤緯はほぼ0度になっています。そして、そこから日が経つと、どんどん値が大きくなっていくのを確認することができるでしょう。そして、夏至の日、6月21日には最大値（23度26分）となります。そこから、値は小さくなり、秋分の日（太陽が天秤）になると、0度になる。そして、そこから南に移動し始めていきます。実際にこのように太陽が動いている（高さが変わっている）ということを確認するには、定点で観測する必要があります。ウェブ検索で「太陽　定点観測」と検索すると、定点カメラで太陽の動きを追っている映像などを見ることができます。

ここまで、デクリネーションとは何かについてお伝えしてきました。それでは、実際の鑑定において、どのようにこのデクリネーションを活用することができるかについてお話ししていきます。

Day	☉	☽		☿		♀		♂		♃		
	decl	decl	lat	decl	lat	decl	lat	decl	lat	decl	lat	d
W 1	7s46	27n30	4n 4	14s36	2s 7	3n36	0s40	25n24	2n25	3n40	1s 7	12
T 2	7 23	27 37	4 37	14 3	2 9	4 7	0 38	25 25	2 24	3 46	1 6	12
F 3	7 1	26 27	4 57	13 28	2 9	4 38	0 35	25 26	2 23	3 51	1 6	12
S 4	6 38	24 7	5 5	12 51	2 10	5 9	0 32	25 27	2 23	3 56	1 6	12
S 5	6 14	20 45	5 0	12 14	2 10	5 39	0 29	25 28	2 22	4 2	1 6	12
M 6	5 51	16 30	4 42	11 35	2 9	6 10	0 27	25 29	2 21	4 7	1 6	12
T 7	5 28	11 35	4 10	10 55	2 8	6 41	0 24	25 30	2 20	4 13	1 6	12
W 8	5 5	6 10	3 27	10 13	2 7	7 11	0 21	25 31	2 20	4 18	1 6	12
T 9	4 41	0 27	2 34	9 31	2 5	7 42	0 18	25 32	2 19	4 23	1 6	12
F 10	4 18	5s21	1 33	8 47	2 2	8 12	0 15	25 33	2 18	4 29	1 6	12
S 11	3 54	11 3	0 26	8 1	1 59	8 42	0 12	25 34	2 18	4 34	1 6	12
S 12	3 31	16 23	0s44	7 15	1 56	9 11	0 9	25 34	2 17	4 40	1 5	12
M13	3 7	21 4	1 52	6 27	1 52	9 41	0 5	25 35	2 16	4 45	1 5	12
T 14	2 43	24 45	2 56	5 39	1 48	10 10	0 2	25 35	2 16	4 51	1 5	12
W15	2 20	27 7	3 52	4 49	1 43	10 39	0n 1	25 36	2 15	4 56	1 5	12
T 16	1 56	27 50	4 35	3 58	1 37	11 8	0 4	25 36	2 14	5 2	1 5	12
F 17	1 32	26 43	5 2	3 6	1 31	11 37	0 7	25 36	2 14	5 7	1 5	12
S 18	1 9	23 49	5 10	2 13	1 24	12 5	0 11	25 37	2 13	5 13	1 5	12
S 19	0 45	19 20	4 58	1 20	1 17	12 33	0 14	25 37	2 12	5 18	1 5	12
M20	0 21	13 39	4 26	0 25	1 10	13 1	0 17	25 37	2 12	5 24	1 5	12
T 21	0n 3	7 12	3 37	0n30	1 1	13 28	0 20	25 36	2 11	5 29	1 5	12
W22	0 26	0 26	2 34	1 26	0 53	13 55	0 24	25 36	2 11	5 35	1 5	12
T 23	0 50	6n14	1 22	2 22	0 43	14 22	0 27	25 36	2 10	5 40	1 5	12
F 24	1 14	12 25	0 7	3 19	0 33	14 49	0 30	25 35	2 9	5 46	1 5	12
S 25	1 37	17 51	1n 7	4 16	0 23	15 15	0 34	25 35	2 9	5 51	1 5	12
S 26	2 1	22 15	2 14	5 12	0 13	15 41	0 37	25 34	2 8	5 57	1 4	11
M27	2 24	25 28	3 13	6 9	0 2	16 6	0 41	25 33	2 7	6 2	1 4	11
T 28	2 48	27 22	4 2	7 5	0n10	16 31	0 44	25 33	2 7	6 8	1 4	11
W29	3 11	27 54	4 39	8 0	0 21	16 56	0 47	25 32	2 6	6 13	1 4	11
T 30	3 35	27 6	5 2	8 55	0 33	17 20	0 51	25 31	2 5	6 19	1 4	11
F 31	3n58	25n 5	5n13	9n48	0n45	17n44	0n54	25n29	2n 5	6n24	1s 4	11

astro.com の2023年のエフェメリス（天文暦）より
３月の各惑星のデクリネーション

デクリネーションによるアスペクト
――パラレルとコントラ・パラレル

デクリネーションで重要となるのが、デクリネーションの度数によるアスペクトです。通常、私たちが使うアスペクトは黄経をもとに成立しています。火星が双子座12度にあり、金星が天秤座12度にあるときにトラインを形成するなど、1惑星の位置を基準にして、ある惑星がその位置より60度離れているか、90度離れているか、120度離れているかなどの位置関係を示しているのがアスペクトです。デクリネーションにも、このアスペクトと似た考え方が存在します。それが、「パラレル」と「コントラ・パラレル」と呼ばれるアスペクトです。

簡単に言うと「パラレル」は、惑星同士が、同じデクリネーションの度数を持ち、かつ同じ半球にあること（天の赤道から北、または南）、「コントラ・パラレル」は同じデクリネーションの度数を持つが、それぞれが違う半球にあるときです（ひとつが天の赤道より北にあり、もう一方が南にある場合）。通常、パラレルはコンジャンクションと同じ意味を持ち、コントラ・パラレルはオポジションと同じ意味を持つとされています（ただし、コントラ・パラレルの意味については占星術師の中でも意見が分かれているところになります）。実際の星空を観測してみると、占星術のチャートではコンジャンクションとなっている場合でも、それらの2つの惑星が近い場所に見えていないときがあります。それは、デクリネーションが異なるため、ひとつの惑星がもうひとつの惑星のかなり上にあるか、下にある状態だからです。また、パラレルとなる惑星は、同じ高さにはありますが、黄経が違うため惑星同士が同じ場所に輝くことはありません。実際に、惑星同士が近くに見えるときは、チャート上でコンジャンクションになり、なおかつデクリネーションでもパラレルとなっている状態です。木星と土星のコンジャンクションは約20年ごとに起こり、占星術の中でこのコンジャンクションは重要視され続けています。その理由のひとつは、この2つの惑星がコンジャンクションとなるときに、デクリネーションも近くなり、目視でも二つの惑星が近くに見えるため、この2つの惑星の力は集中し、増幅されると考えられているからだと言われています。(ポール・F・ニューマン、Paul F. Newman, 2006) ネイタル・チャート(出生図)においては、惑星がコンジャンクションになり、かつパラレルとなっている場合、それが人生の大きなテーマを占める可能性があります。

それでは、パラレルとコントラ・パラレルについてさらに具体的に解説していきましょう。

パラレル

・2つの惑星が同じデクリネーションの度数にあり、同じ半球にある場合、パラレルとなります。

例=火星が北(N)12度、金星が北(N)12度

2つの惑星がパラレルとなる場合、それはコンジャンクションと同様の意味を持ちます。ですので、そのパラレルとなる2つの惑星は、お互いに影響し合い、その性質を強めていく傾向にあります。通常、コンジャンクションは同じサインで起こるため、そのサインの性質を高めていくと考えることができますが、パラレルでは2つのサインにまたがる可能性もあるため、その点を考慮して鑑定していく必要があります。

コントラ・パラレル

・2つの惑星が同じデクリネーションの度数にあるが、違う半球にある（北と南）場合、コントラ・パラレルとなります。

例＝太陽が北（N）20度、土星が南（S）20度

2つの惑星がコントラ・パラレルとなる場合、基本的にはオポジションと同様の意味を持ちます。ただし、占星術師の中には、よりコンジャンクションに近い影響を与えると解釈する人もいます。ポール・F・ニューマンによれば、コントラ・パラレルは単にオポジションと考えるのではなく、コントラ・パラレルを形成することによって、北半球にある惑星と南半球にある惑星の意味が相互に作用していくのを許すと言っています。それは、オポジションという反対側に対立している状態とは異なると解釈しているのです。ただし、本書では主流の考え方を基にしてコントラ・パラレルをオポジションと同義として捉え、考察していくことにします。

コントラ・パラレルの技法を活用すると、例えば、トラインのアスペクトでもコントラ・パラレルとなる可能性があります。黄経で見れば、トラインだとしても、デクリネーションがコントラ・パラレルとなる可能性があるのです。この場合は、トラインの要素に加えて、コントラ・パラレルがどのような働きをしているかを考慮する必要があります。例えば、太陽と土星がトラインで、なおかつコントラ・パラレルだとしましょう。太陽が土星とトラインであることで、責任感があり、成功に対して着実に働いていくことができる資質があるとします。しかし、コントラ・パラレルにな

っていることで、着実に働いてくことに対して外部からの制限を感じてしまうという側面も持ち合わせているかもしれません。一見すると、着実に働いてることで順風満帆に見えるかもしれませんが、そこに「隠れたチャレンジ」を持ち合わせていることもあるのです。

オーブについて

ここまで、デクリネーションのアスペクトを見てきましたが、アスペクトを考える上で重要なのはオーブ（度数の許容範囲）でしょう。パラレル、そしてコントラ・パラレルになっているかを確認する際に、どれくらいのオーブをとることができるのでしょうか。デクリネーションのオーブの考え方については、占星術師によって見解が異なりますが、多くの場合、オーブを1度でとっています。1度のオーブでデクリネーションのアスペクトを見つけていくことは、初めてデクリネーションを鑑定に取り入れてみる人にとっても扱いやすいでしょう。見解が分かれるところでは、デクリネーションの度数によって、オーブを変えるという占星術師もいます。チャールズ・ジェーン（Charles Jayne, 2009）によれば、デクリネーションが0度に近くなればなるほど、惑星の動きが速くなっていくので、オーブを広くとり、より23度に近づけば惑星の動きが遅くなっていくので、オーブを狭めるという手法を提唱しています（デクリネーションが10度以下になっている場合、1度以上のオーブをとっています）。ただし、通常のアスペクトと同様に、どのような方法をとったとしても、オーブが狭くなればなるほど、その影響はあると考えてください。

アスペクトを確認する

デクリネーションのアスペクトがあるかどうかを確認するためには、デクリネーションの度数が記載されている表が必要となります。占星術で使用するチャートを表示するソフトウェアには、通常チャートに各惑星の黄経が表示されて記載されています。

デクリネーションを確認するためには、各惑星の詳細な位置を表示できるか確認する必要があります。ソフトウェアによっては、惑星ごとの黄経とデクリネーションを表示できるものも多いので確認してみましょう（ソフトウェアに機能がない場合は、ウェブでの確認方法を別途記載していきます）。

まずは、デクリネーションの度数を確認して、度数が近い惑星がないかを確認します。ここでは、太陽から土星までの惑星を対象に考えます。土星以遠（トランスサタニアン）の惑星は、動きが遅く、長期間にわたりデクリネーションがさほど変化しません。トランスサタニアンの惑星は、より世代に影響があるためここでは取り上げません。パラレル、コントラ・パラレルの理解が深まったときに、トランスサタニアンの惑星を考慮していっても良いでしょう。太陽から土星を確認し、度数が1度以内の惑星があれば、それぞれ北半球なのか、南半球なのかを確認します。同じ半球にあれば、パラレルとなり、違う半球にあれば、コントラ・パラレルとなります。

また、アスペクト表などを表示できる機能がある場合[1]は、アスペクト表に惑星が、パラレルとなるか、コントラ・パラレルとなるかが記載されていることもあります。パラレルとコントラ・パラ

1　占星術ソフトウェアであるAstro Goldに搭載されている機能。各惑星のデクリネーションを確認することができます。

レルとなるアスペクトの記号はそれぞれ、縦線二（パラレル）と縦線二つに横線一本（コントラ・パラレル）となっています。

アスペクト記号

//	パラレル
#	コントラ・パラレル

Listings　Point　Basic Details

Pnt	Longitude	Declination	House
☽	15°Ta30'28''	19°N15'05''	3rd
☉	03°Le18'37''	19°N25'52''	7th
☿	13°Cn46'07''	20°N31'03''	6th
♀	17°Cn29'55''	22°N33'07''	6th
♂	21°Sg22'20''	27°S53'27''	11th
♃	23°Li47'56''	08°S09'22''	8th
♄	24°Aq11'43''	14°S44'52''	1st
♅	14°Le48'18''	17°N01'30''	7th
♆	03°Ta02'32''	10°N52'55''	2nd
♇	23°Ta30'43''	04°N48'02''	3rd
⚷	26°Ar24'07''	10°N50'47''	2nd
☊	10°Ar55'33''	04°N19'38''	2nd
☋	10°Li55'33''	04°S19'38''	8th
As	01°Aq24'56''	19°S51'36''	1st
Ds	01°Le24'56''	19°N51'36''	7th
Mc	29°Sc10'30''	19°S59'21''	10th

Jung, Carl

	☽	☉	☿	♀	♂	♃	♄	♅	♆	♇	⚷	☊	☋	As	Ds	Mc	Ic	⊗
☽		// 0A10												# 0A36	// 0A36	# 0S44	// 0S44	
☉														# 0A25	// 0A25	# 0S33	// 0S33	
☿	⚹ 1S44													# 0S39	// 0S39	# 0A31	// 0A31	
♀	⚹ 1A59		☌ 3S43															
♂																		
♃					⚹ 2S25													
♄					⚹ 2A49	△ 0A23												
♅	□ 0S42				△ 6A34													
♆		□ 0S16									// 0S02							
♇	☌ 8A00				⚻ 2A08	⚻ 0S17	□ 0A41					// 0S28	# 0S26					
⚷					△ 5A01	☍ 2A36	⚹ 2S12		☌ 6S38									
☊		△ 7A36	□ 2S50					△ 3S52		∠ 2A24								
☋			□ 2S50							⚼ 2A24								
As		☍ 1A53							□ 1A37							// 0S07	# 0S07	
Ds		☌ 1A53							□ 1A37							# 0S07	// 0S07	
Mc		△ 4A08	⚼ 0S24				□ 4S58			☍ 5S39				⚹ 2S14	△ 2S14			
Ic			∠ 0S24				□ 4S58			☌ 5S39				△ 2S14	⚹ 2S14			
⊗	☍ 1A53		△ 0A09	△ 3A53				□ 1A11										

占星術ソフトウェアであるAstro Goldに搭載されているアスペクト表。
太陽と月がパラレル（縦線二つの記号）になっているのがわかります。

アウト・オブ・バウンドという考え方

デクリネーションを考える上でもうひとつ重要な要素は、アウト・オブ・バウンド（またはアウト・オブ・バウンズとも呼ばれる）と言われているものです。パラレルとコントラ・パラレルでは2つの惑星の度数の関係性（アスペクト）を見ていきましたが、このアウト・オブ・バウンドでは、惑星の位置そのものに着目していきます。

アウト・オブ・バウンドは、バウンド（範囲）を超えるという意味です。では、この範囲は何の範囲を指しているのでしょうか？　それは、太陽のデクリネーションの範囲です。太陽は、夏至と冬至にそれぞれデクリネーションの最高度数に到達します。その度数が約23度26分となっており、この度数（太陽の領域）を超えて位置する惑星のことをアウト・オブ・バウンドとしているのです。

アウト・オブ・バウンドとなる惑星は、太陽の影響を受けずに、その惑星本来の性格や特徴を表現することができると言われています。太陽が宇宙の中心ということや、占星術においても太陽が重要な位置を占めているということから、その影響を受けずに純粋にその惑星の性質を発現できるということでしょう。

パラレル、コントラ・パラレルと異なり、このアウト・オブ・バウンドは比較的新しい考え方になります。１９８０年代にK・T・ボーハー（K. T. Boehrer ベアー）というアメリカの占星術師によって提唱されました。彼女は『デクリネーション、もうひとつの次元　*Declination: The Other Dimension*』という本を執筆し、その中でアウト・オブ・バウンドを紹介しています。アウト・オブ・バウンド（範囲外にある）というのは、太陽が通る範囲（最高度数）の外にあり、黄経では説明ができない通常とは異なる惑星の性質を持っている状態と言っています（Boeher, 2018）。スティーブン・フォレストやポール・ニューマンという占星術師がこのアウト・オブ・バウンドの考え方をより深めており、多くの占星術師がデクリネーションを取り入れる際に、アウト・オブ・バウンドを採用するようになりました。

アウト・オブ・バウンドの性質

占星術では太陽は、力や何かしらの権威の象徴であると考えられています。従って、その範囲を出るということは、その権威の支配から外れるということを表しているのです。惑星の性質は、制限からは自由であり、その性質を最大限に表現することができると考えられるでしょう。また、通常のルールや慣習から自由であると考えても良いかもしれません。例えば、火星がアウト・オブ・バウンドである場合は、その戦略性であったり、行動性であったりが周りの人よりも著しいことを示しています。また、周りの誰よりも速くことを成し遂げたり、ゴールしたりするでしょう。

アウト・オブ・バウンドを持っている人、またはその人の特徴となることは、周りから見るとどこか通常とはかけ離れているという印象を与えることです。しかし、当の本人にとっては、それは「自然であり」、なぜそれが周りの人の目をひいてしまうのか、時として「批判されてしまうのか」に疑問を持つ傾向にあります。けれども、それをその人のひとつの特性、強みとして認識することができれば、社会やビジネスシーンで飛び抜けることができると言われています。また、アウト・オブ・バウンドの性質は常識とは外れた発想を得意とするところがあるので、問題に対して、新しい発想で問題解決ができるともされているのです。

太陽のデクリネーションは最大で約23度26分となります。これが、太陽の勢力範囲となり、これ以上の度数をデクリネーションで持つ惑星はアウト・オブ・バウンドとして見ることができます。月は最大で28度、水星は26度、金星は28度、火星は30度、木星と天王星は24度、冥王星は30度まで達するのでアウト・オブ・バウンドの惑星になる可能性があります。ただし、土星と海王星は23度26分に達しないため、この2つの惑星はアウト・オブ・バウンドにはなりません。

アウト・オブ・バウンドになっているかを確認するためには、各惑星のデクリネーションを確認する必要があります。各惑星のデクリネーションを確認し、その度数が23度26分以上であれば、アウト・オブ・バウンドとしてカウントし、その意味を通常の鑑定に加えていきます。エッセンシャル・ディグニティで示される惑星の強弱に加えて、あなたのチャート解釈を豊かにするためのひとつのツールとなるでしょう。

デクリネーションを確認する

それでは、ソフトウェアでどのようにデクリネーションを確認できるか見ていきましょう。

デクリネーションを確認するには、チェコ共和国のPetr Souralが運営している占星術サイトAstro Seekが便利です（https://www.astro-seek.com/）。

占星術の鑑定をする際に必要なホロスコープ計算はもちろん、エフェメリスも提供しているので、活用することができます。

まずは、サイトにアクセスしてみましょう。現在、日本語での提供はありませんが、手順通りにステップを踏んでいただければ、デクリネーションを確認することが可能です。

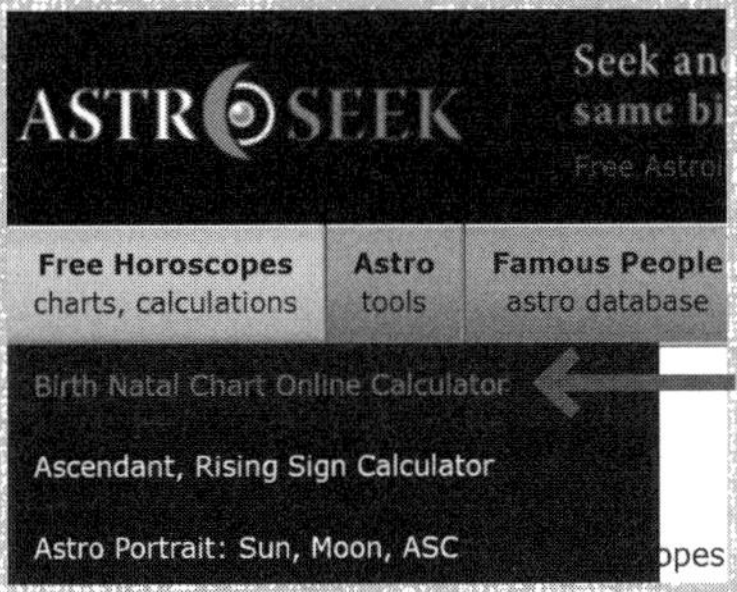

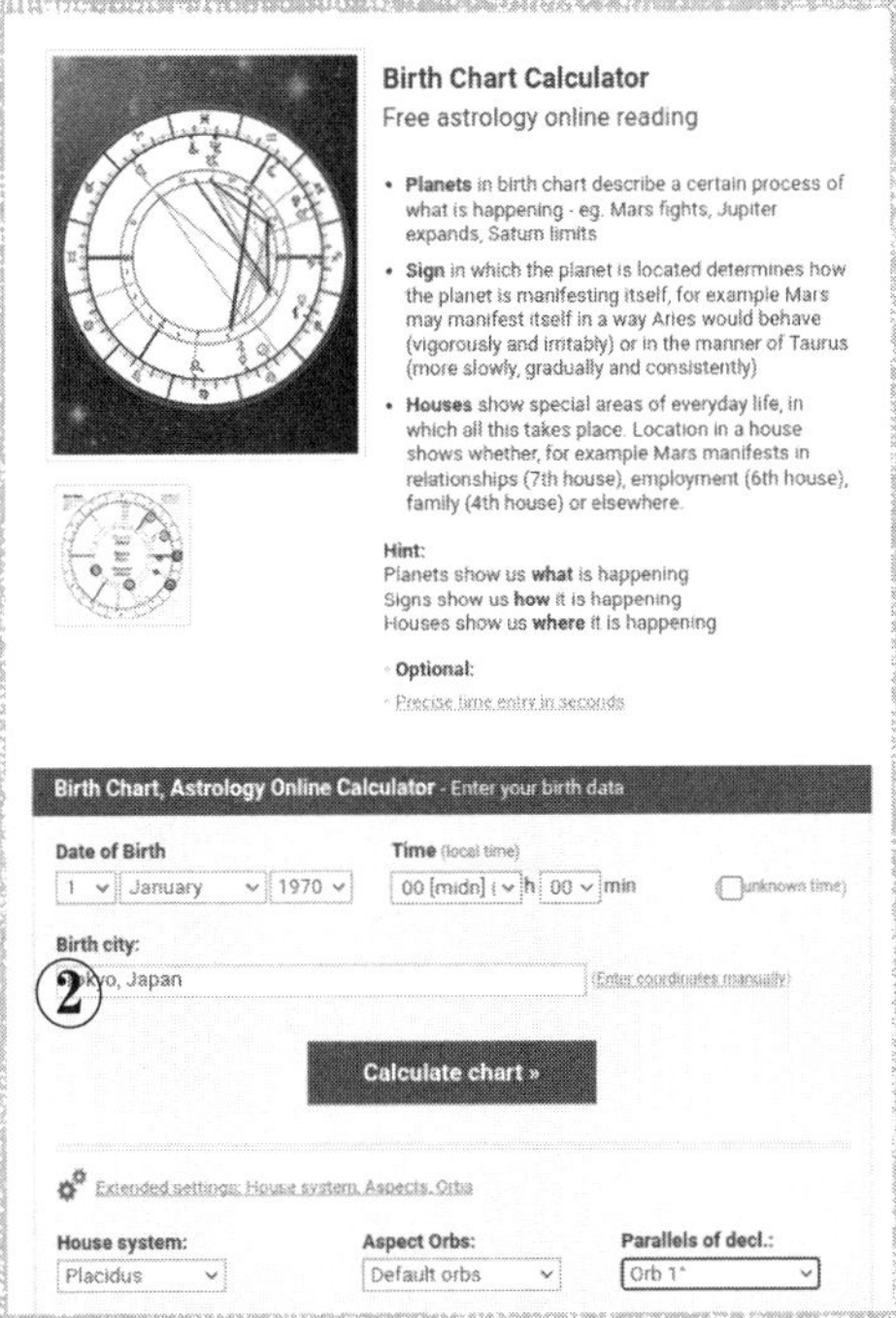

※「Calculate chart」の下に「Extended settings: House system, Aspects, Orbs」という文字があります。それをクリックすると、ハウスシステムなどより詳細に設定することが可能です。パラレルのオーブの初期設定は1.2度となっています。ここでオーブを設定できますので、よりアスペクトを絞り込みたい場合は、1度に変更してから計算をしましょう。

①サイト左上のバーにある「Free Horoscopes　charts, calculations」にカーソルを合わせ、「Birth Natal Chart Online Calculator」を選択します。

②「Birth Chart Calculator　Free astrology online reading」というページが表示されます。
下にスクロールしていくと「Birth Chart, Astrology Online Calculator - Enter your birth data」という欄があります。

ここにあなたがデクリネーションを確認したい生年月日、出生時間、出生地を入力します。
※月の動きが速いので、デクリネーションを確認するためには「出生時間」まで入力することをお勧めします。

「Date of Birth」には生年月日を、日、月、年順に、「Time (local time)」には出生時間をプルダウンで時、分の順に、「Birth city」には出生地を入力してください。

入力すると、候補がプルダウン形式で表示されますので、対象の地をクリックします。

ここでは1970年１月１日０時、東京として入力しました。

すべての入力が完了したら、「Calculate chart」をクリックします。

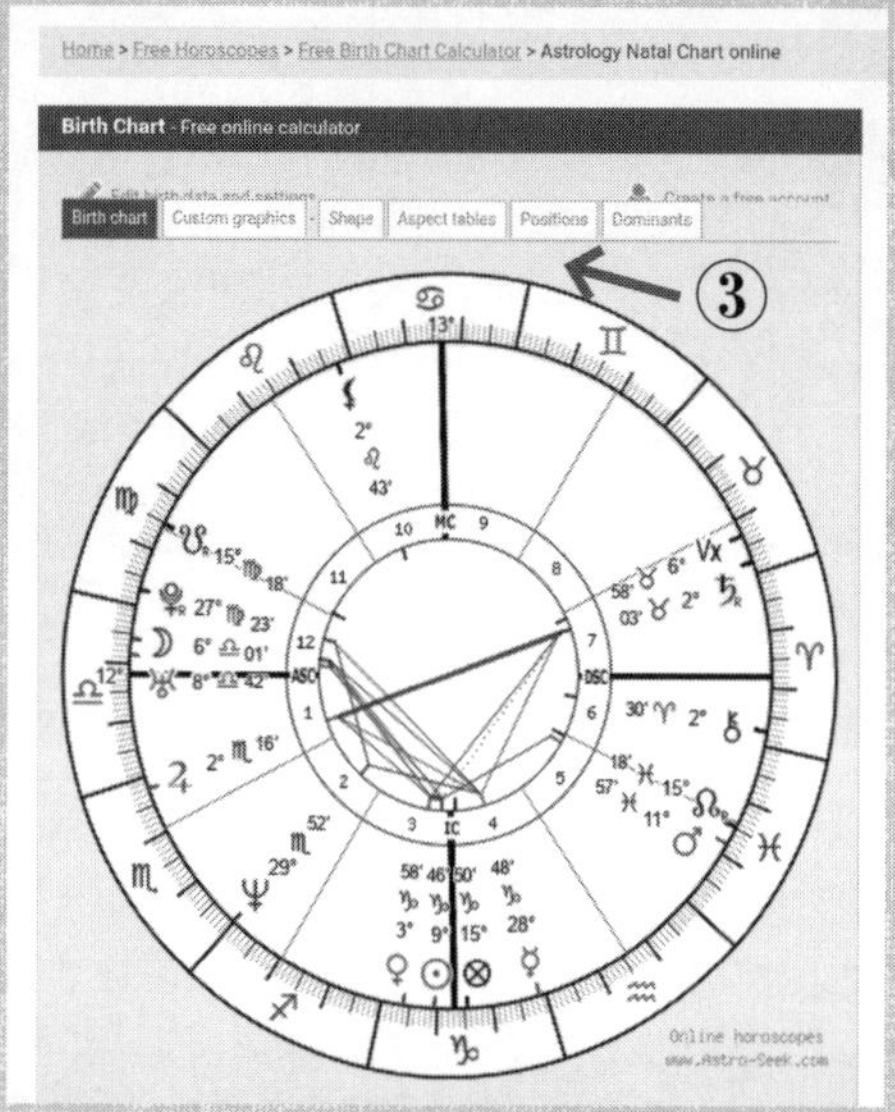

③次のページであなたが入力したデータのチャートが表示されます。チャート図の上に、タブが表示されますが、その中で「Position」というタブをクリックします。

すると惑星（またはポイント）ごとの位置が表示されます。大項目「Equator」にある「Decl」と表示されている列が、デクリネーション（赤緯）の表示になります。各惑星がどの度数になるか、近い度数（アスペクトをとるもの）があるかを確認してみましょう。また、度数横に（oob）と記載されているものはアウト・オブ・バウンドの惑星となります。

④

Birth chart | Custom graphics | Shape | Aspect tables | Positions | Dominants

Planet		Ecliptic		Equator		Speed
		Long	Lat	RA	Decl	
ASC	ASC	192°05'25"	0°00'00"	191°07'06"	-4°46'48"	-
MC	MC	103°24'16"	0°00'00"	104°33'40"	22°46'05"	-
☉	Sun:	279°46'26"	0°00'00"	280°38'03"	-23°05'07"	1°01'09"
☽	Moon:	186°01'05"	-1°54'30"	184°45'59"	-4°08'37"	12°25'08"
☿	Mercury:	298°48'02"	-0°35'53"	301°03'46"	-20°59'27"	0°36'54"
♀	Venus:	273°58'53"	-0°14'44"	274°20'47"	-23°37'52" (oob)	1°15'29"
♂	Mars:	341°57'23"	-0°49'03"	343°40'30"	-7°50'05"	0°44'44"
♃	Jupiter:	212°16'24"	1°12'29"	210°30'41"	-11°07'52"	0°08'15"
♄	Saturn:	32°03'52"	-2°31'34"	30°46'15"	9°49'16"	-0°00'22"
♅	Uranus:	188°42'58"	0°43'10"	188°17'24"	-2°47'43"	0°00'43"
♆	Neptune:	239°52'27"	1°39'07"	238°03'26"	-18°30'51"	0°01'50"
♇	Pluto:	177°23'32"	15°48'25"	184°03'35"	15°30'19"	-0°00'02"
☊	Node:	345°18'24"	0°00'00"	346°28'24"	-5°47'31"	-0°03'10"
⚸	Lilith:	122°43'23"	3°29'12"	125°52'13"	22°56'55"	0°06'40"
⚷	Chiron:	2°30'51"	2°45'46"	1°12'24"	3°32'06"	0°00'57"
⊗	Fortune	285°50'47"	-	287°11'28"	-22°30'08"	-
Vx	Vertex	36°58'14"	0°00'00"	34°37'46"	13°50'34"	-

④次に、「Aspect tables」のタブをクリックすると、アスペクト表を確認することができます。デクリネーションは北にある場合は正数で、南にある場合は－（マイナス）がついて表示されます。上記表では、金星がアウト・オブ・バウンドとなっています。

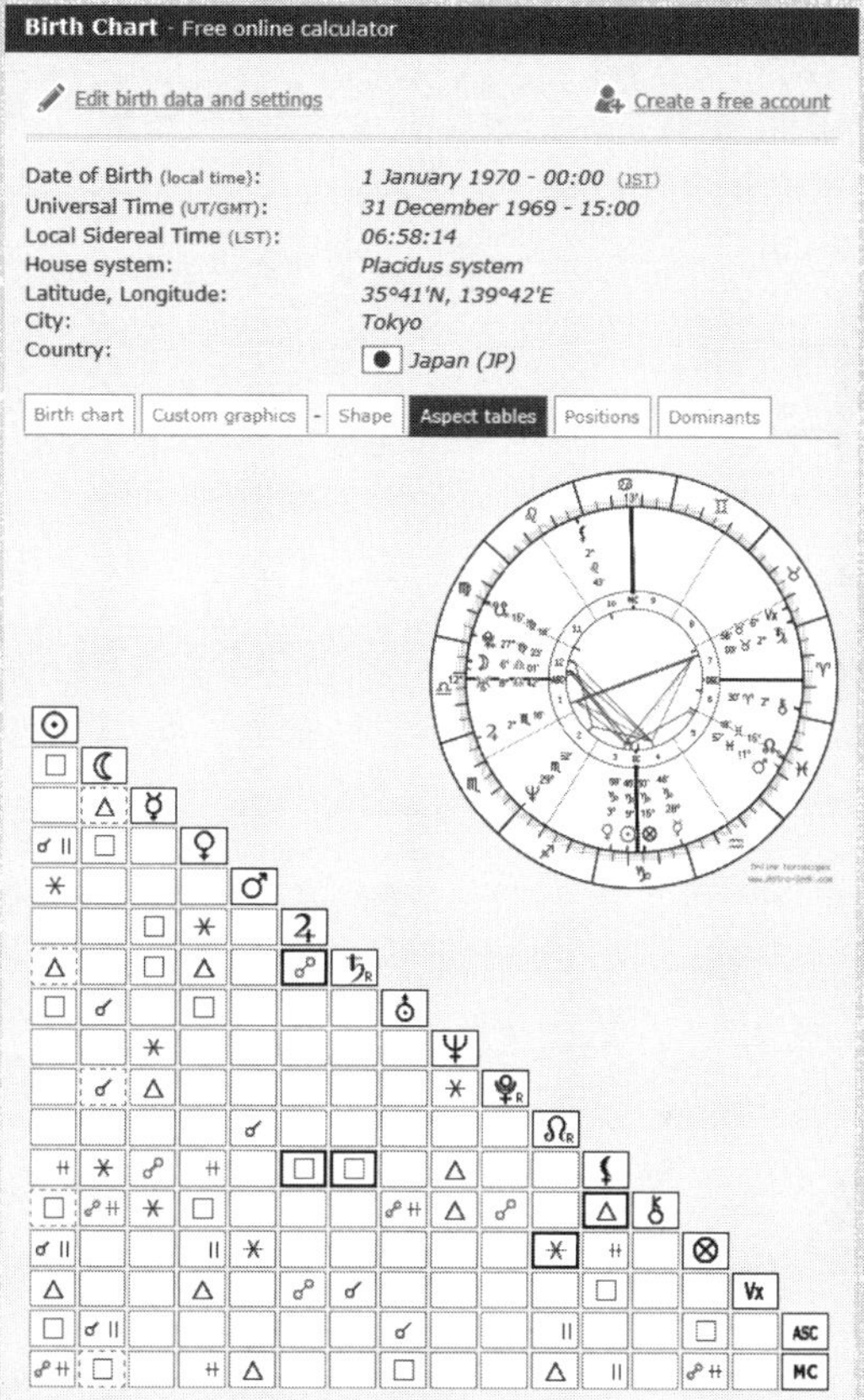

※上記は1970年１月１日０時、東京のチャート。太陽と金星がコンジャンクションかつパラレル（縦二本線）になっている。

通常のアスペクトの他に、見慣れない記号があると思います。それが縦線二つと、縦線二つに横線一本通っている記号です。これがパラレルとコントラ・パラレルのアスペクトを表してる記号になります。縦線二つはパラレルを縦線二つに横線一本はコントラ・パラレルを表しています。

エフェメリス(天文暦)で動きを確認する

デクリネーションの鑑定を始め、よりデクリネーションについて理解を深めたいと思うとき、エフェメリスを使ってその動きを確認したいときがあるでしょう。

ここではエフェメリスの確認方法をご紹介します。エフェメリスの確認は、Astro seek（https://www.astro-seek.com/）にて確認することができます。

① まず、Astro seek（https://www.astro-seek.com/）にアクセスしてください。
サイト左上のバーにある「Free Horoscopes charts, calculations」をクリックし、「Free Horoscope Online」というページに移動します。

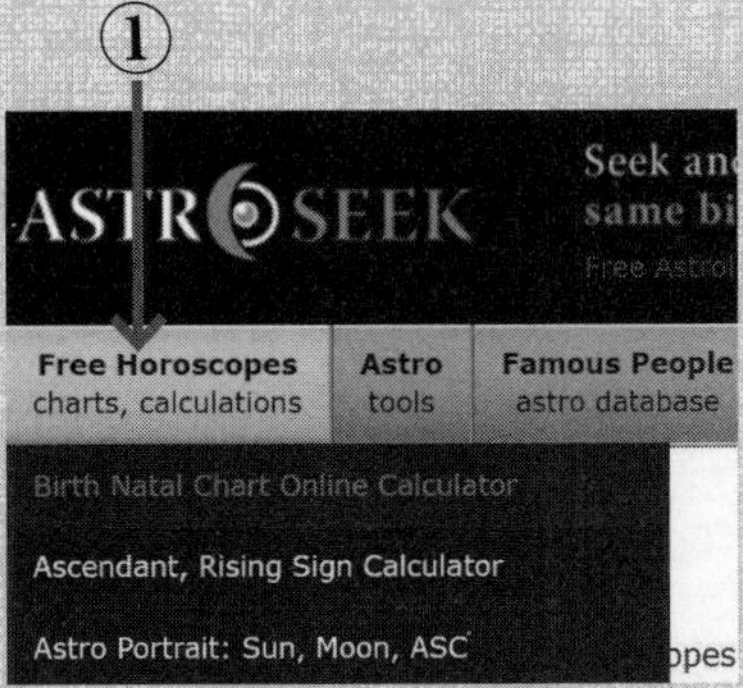

② 下にスクロールしていくと表示される「Free Astro Calendars」から「Ephemeris Tables 20XX」（※XXは検索したときの年が表示されています）をクリックします。

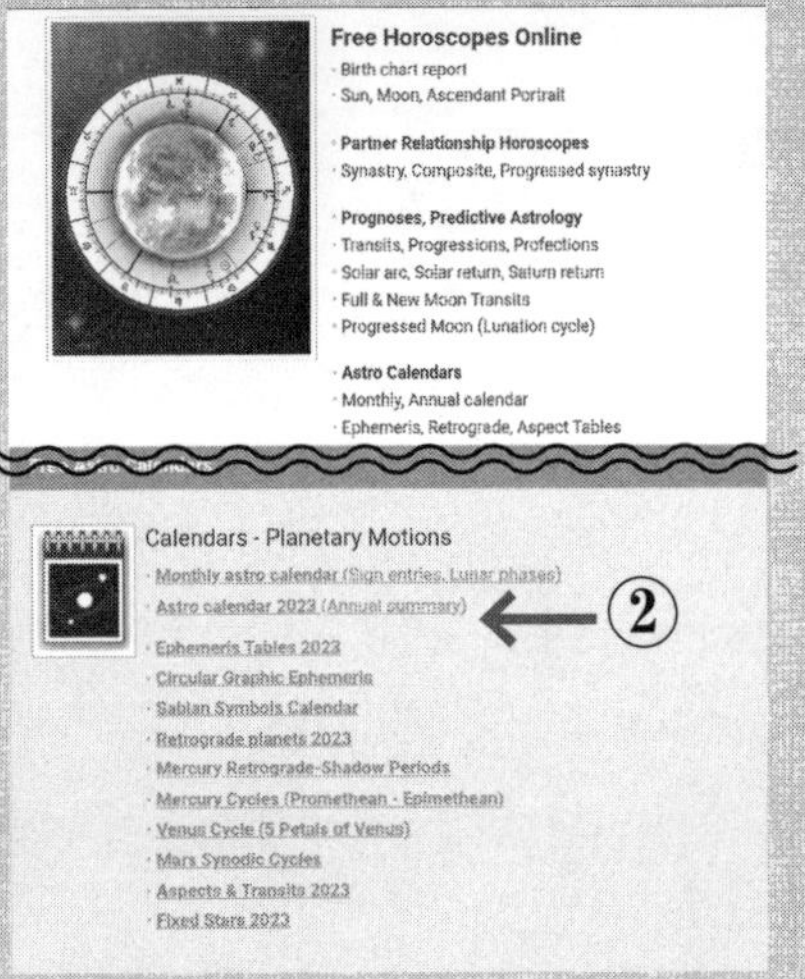

③エフェメリスが表示されます。

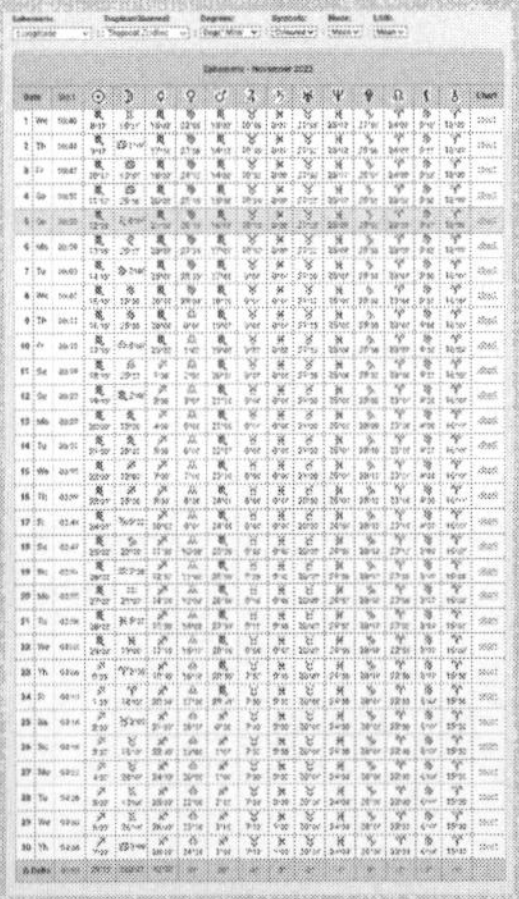

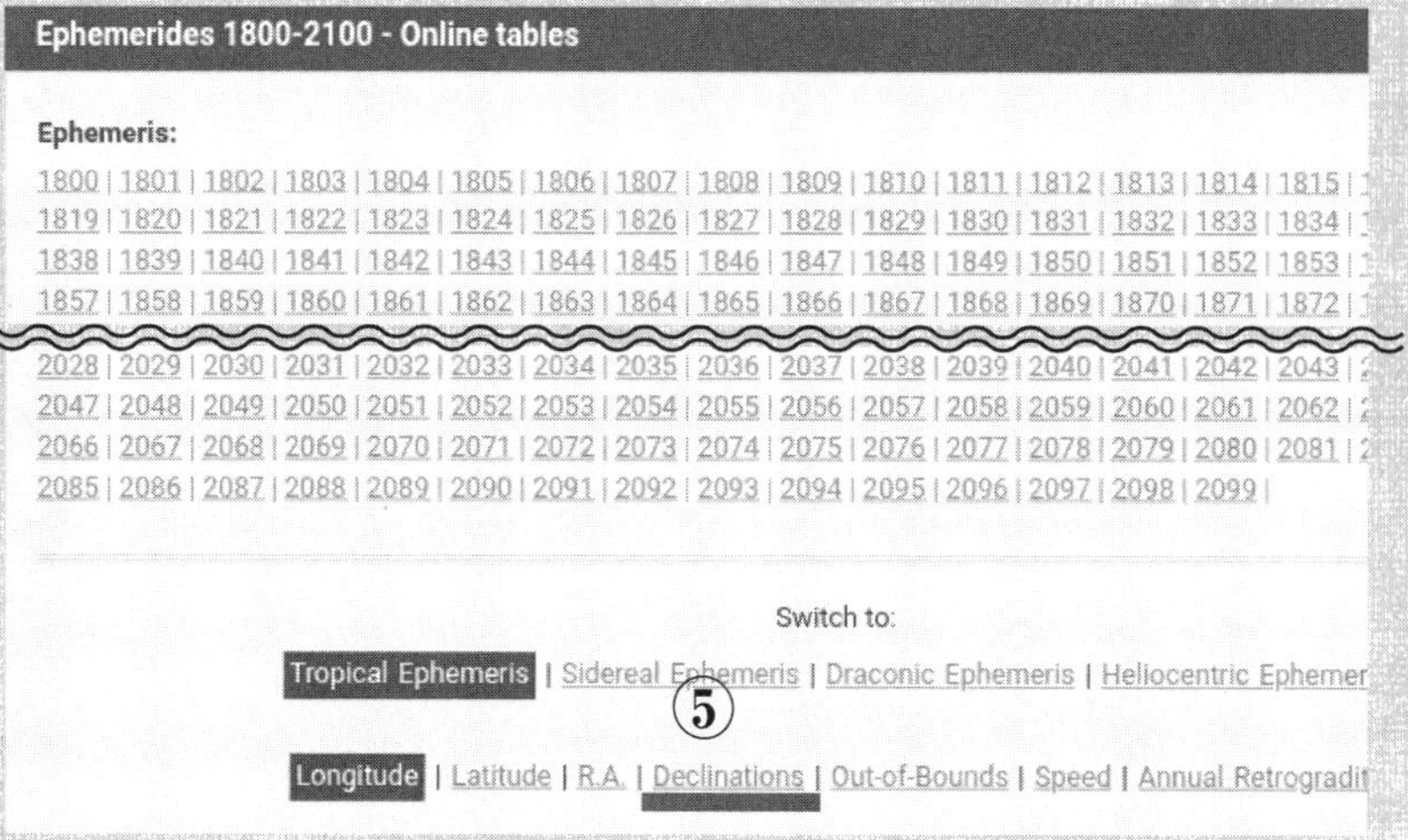

④　③のページ下部に「Ephemerides 1800-2100 - Online tables」という項目があり、これをクリックすると1800-2100年のエフェメリスを確認することができるようになっています。

⑤　また、その下に「Switch to:」という項目があります。初期設定では「Tropical Ephemeris」「Longitude」と表示されているので、「Longitude」の箇所は「 Declinations」を選択します。

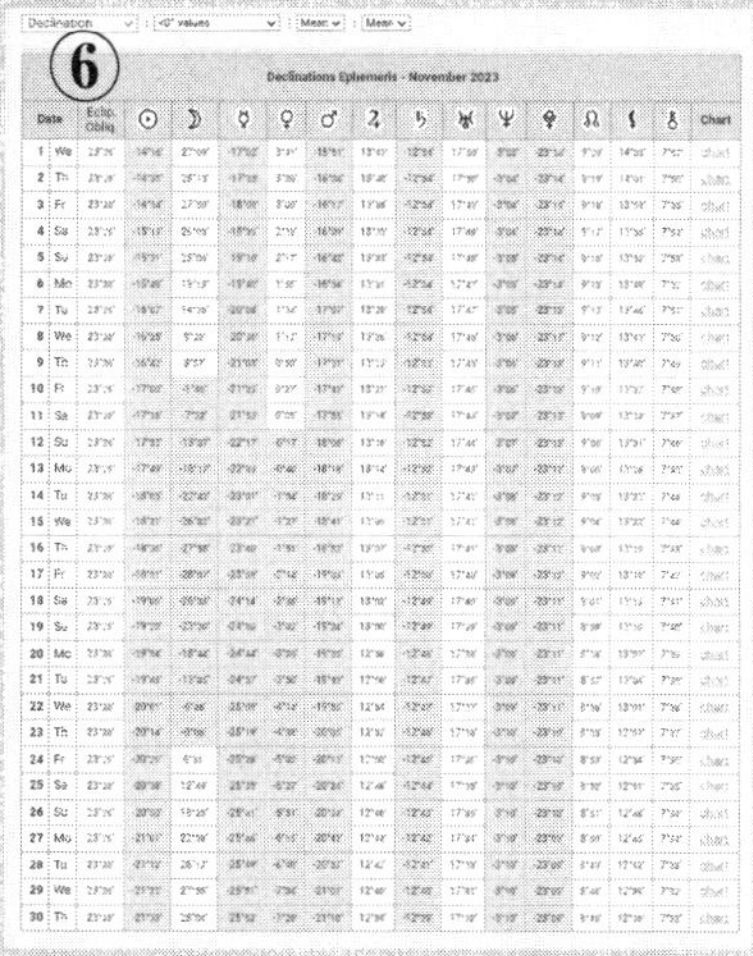

⑥　するとデクリネーションが載っているエフェメリスが表示されます。（※南の度数にある場合は、グレーにマイナス記号で表されています）

ユングのチャートをデクリネーションで分析する

デクリネーションの技法を使って、実際にチャートを読んでいくことにしましょう。デクリネーションという技法を使うことにより、今まで見えていなかった側面に対して、考察することもできるかもしれませんし、今までチャートについて判断したことをさらに強める要素が見つかるかもしれません。ここで注意したいのは、デクリネーションの技法で明らかになったことが絶対なわけではなく、あくまでもチャートを複合的な視点で見ることができるということです。

カール・ユングのチャート

それでは、カール・ユングのチャートの考察を行っていきましょう。[2] 精神科医として活躍したカール・ユング。ユングの功績は、元型（アーキタイプ）という理論を精緻化したことにあります。また、その理論を追求することこそ、彼自身が活動する主な動機だったのかもしれません。彼の原型論は、人間の体験を構造化し、さらに集合的無意識の表現についても述べています。彼は自身の人生をどのように見つけ、そして、歩んだのでしょうか。彼が興味を惹かれて、人生を追求し、そして、後世に影響を与えた学問はチャートに表れているのでしょうか。実際に彼のネイタルチャートを見ながら考察していきましょう。

2　出生データ＝１８７５年７月26日19時32分（ＬＭＴ）、スイス、ケスヴィル生まれ　使用ソフトウェア＝IO Edition（アセンダントは水瓶座１度33分）

まず、最初に着目したいのは、彼のアセンダントです。アセンダントには水瓶座が上昇しており、支配星は伝統的には土星、また副支配星は天王星となります。土星は、第1ハウスにあり、ディグニティを得ています。土星が第1ハウスにある場合、「強い性格を持っている場合、これは障害を克服するために、何かを達成しようとする個人の動機がある場合」と20世紀の占星術の礎を築いたホーンは解釈します（マーガレット・ホーン、Margaret Hone, 1951）。特に、自身のハウス（第1ハウス）にある土星は、自身が制限されることにより、人生においてなんらかの物足りなさを誘発しているのではないでしょうか。ディグニティを得ている土星は、その物足りなさを埋めていくように動いていくと思われます。

一方、副支配星である天王星は第7ハウスに位置しています。土星とは約10度のオーブがありますが、対立しているようにも見えます（オポジションのようにも見えます）。天王星が第7ハウスにあること自体は、慣習に囚われない対人関係を示しており、また太陽と一緒に獅子座に位置しているところから鑑みても、彼はその関係性の中で自身を見出そうとしています。または、人との関係性の中で自由になりたいという衝動も見えます。まさにこれは、集合体で生きる私たちがいかにその中で自身（アイデンティティ）を見つけるかという衝動にも見えます。

また、アセンダントの支配星である土星と副支配星である天王星が対立するサイン（星座）にあることからも、他者との関係性のなかでバランスをとるというのも、ユングの性質のエッセンスとして重要かもしれません。

また、ユングは彼の集合的無意識の元型を追求するために、エジプトやバビロニア、ギリシアなどの文化史を遡り、そこで芸術の中に表現される普遍的なシンボル（象徴）に触れていきました。神話や想像力を司る海王星は、太陽ととてもタイトな（1度以下の）スクエアのアスペクトとなっています。スクエアは緊張のアスペクトであり、彼にとって、そのようなシンボルに触れることは、葛藤を生み出すかもしれませんが、彼自身のアイデンティティを確立するためにも重要だったと言えます。また、これは彼の心理療法にも現れているかもしれません。能動的想像法（Active imagination）のように、無意識からイメージを浮かび上がらせ、そのイメージにつきしたがって、意識と無意識の対話を促す方法はまさにこのアスペクトを感じさせます。つまり、無意識のイメージ（海王星）を創造的な方法（獅子座）で表現することによって、自我（太陽）を見出していくのです。

もうひとつ、ユングを語る上で重要なポイントは、オカルト的な側面ではないでしょうか。彼の家庭環境については、父親がキリスト教の牧師であったが、母親は異教的な側面を持っていたということは有名な話です。もちろん、家庭環境からの影響もありますが、彼自身はネイタルチャートにどのような要素を持っているのでしょうか。神秘的なこと、オカルトを表す第8ハウスには木星が滞在している。また、第1ハウスの土星ともタイトなアスペクトを形成しています。ユング心理学に詳しい占星術家マギー・ハイド氏は下記のように述べています。

第8ハウスの天秤座の木星はオカルト哲学を示すものである。またそれは無意識の補償的な性格、つまり意識の態度（第1ハウスの土星）によって引き起こされるアンバランスを修正する（天秤座）という、ユングの理論の重要な要素としても現れている。

（マギー・ハイド、2021）

また、第8ハウスの木星についてもうひとつ考察したいことは、火星とのアスペクトです。火星は蠍座の支配星であり、蠍座はユングのネイタルチャートでは第10ハウスを支配しています。第10ハウスは、天職のハウスとされています。火星が第11ハウスにあるときは、「精神的なもの、物質的なもの、個人的なもの、どのような考えや目的についても、一度熟考して選択すれば熱心になる」（マーガレット・ホーン、２０１０）とされており、彼がオカルト的要素についても追求したことを後押しする内容になるでしょう。

また興味深いのが、第10ハウスは「伝統的に母親を示すとされている」（デボラ・ホールディングス Deborah Houlding, 2006）ことです。母親が異教的な考え方を持っていたことが、彼の考えにも影響を与えたのでしょう。

ここまでが、通常、ネイタルチャートを判断するときの主なポイントでしょう。もちろん、他の惑星やハウス、アスペクトを確認することも重要ですが、ここでは、デクリネーションという観点を持つことによって、今まで見てきた内容に新たな視点があるのか、より意味合いを強める内容はあるのかを考察していきたいと思います。

ユングのチャートのパラレルとコントラ・パラレル

まず、パラレルとコントラ・パラレルを探していきましょう。ここでは、太陽〜土星までの赤緯を確認し、パラレルやコントラ・パラレルとなる惑星があるかを見ていきます。ユングのチャートでは、太陽と月がパラレルになっていることがわかります（太陽は北19度25分にあり、月が北19度15分にあります）。

太陽と月がパラレルになっている場合は、その個人の人生にとって感情の拠り所となる土台が大切であることを意味しています。特に、幼少期にどういう経験をして、どのような感情を持ったか、どのような家に生まれて、親の影響を受けてきたかが人生を読み解くためのきっかけになります。それは、幼少のときに彼自身が、感情の統合の面で何かしらの困難を抱えていたことを示唆するものかもしれません。それが彼にとって、精神科医を目指すポイントのひとつになっていたと思われます。これは前述した通り、彼の研究の背景には、彼が育った家庭環境の影響が大きいと思われます。マギー・ハイド氏は、彼の研究についてこう述べています。

キリストの象徴に関するユングの研究は、彼の生涯にわたる宗教心理学への関心が頂点に達し実を結んだものであった。父親と八人の伯父たちが全て牧師であったユングにとって、宗教の問題は何にもまして重要なものであった。このような宗教的な影響が子供時代に果たした役割や、彼を取り巻いていたキリスト教徒たちが、実は神の働きを本当には知らないことに気づいたときに抱いた、教会に対する異教的な、秘められた反抗心についてユングは自伝の中で幾度となく言及している。

（マギー・ハイド、２０２１）

太陽と月がパラレルになっているユングは、人生で多くのことを成し遂げていくためには、この相反する宗教観（キリスト教徒と異教）に向き合う必要があったのかもしれません。それは太陽と月がコントラ・パラレルにあると、２つの間で揺れ動くという意味があり、さらには、太陽は公的宗教、月は異教的宗教の象徴とも読み解くことができるからです。また、彼自身が自分の感情の拠り所を探していたとも考えることができます。ただ、このパラレルを持っている個人は、一度決めたことはどこまでも追求していくという性質を持ちます。70歳を過ぎても、著書を出版し続けていたことからも、彼の研究に対する熱意が見えます。

ユングのチャートのアウト・オブ・バウンド

また、もうひとつの要素であるアウト・オブ・バウンドになる惑星があるかも確認していきます。デクリネーションの表で、惑星の位置を確認すると、火星が南27度53分にあり、アウト・オブ・バ

	Long.	Lat.	Decl.	R.A.
☉	03 ♌ 18 38	00 N 00	19 N 26	125 37
☽	15 ♉ 31	02 N 53	19 N 15	042 09
☿	13 ♋ 46	02 S 14	20 N 31	104 43
♀	17 ♋ 30	00 N 15	22 N 33	109 00
♂	21 ♐ 22	04 S 43	27 S 53	260 16
♃	23 ♎ 48	01 N 10	08 S 09	202 28
♄	24 ♒ 12 ℞	01 S 22	14 S 45	326 58
♅	14 ♌ 48	00 N 39	17 N 02	137 28
♆	03 ♉ 03	01 S 46	10 N 53	031 26
♇	23 ♉ 31	14 S 17	04 N 48	054 40
⚷	26 ♈ 24	00 N 42	10 N 51	024 14
⚴	09 ♌ 06	16 S 29	02 N 04	127 14
⚵	12 ♌ 35	05 S 15	12 N 00	133 33
⚳	21 ♌ 27	07 N 12	21 N 10	146 19
⚶	02 ♌ 28	01 N 38	21 N 12	125 09
AS	01 ♒ 33	00 N 00	19 S 50	303 48
MC	29 ♏ 16	00 N 00	20 S 01	237 03

火星が南27度53分にあり、アウト・オブ・バウンドとなる。

ウンドとなっていることがわかります。火星がアウト・オブ・バウンドとなっている場合、自身のエネルギーを発するときに、他の人とは違うアプローチをすることが多いと言われています。先ほど見た通り、火星はユングのチャートの第10ハウス（天職のハウス）を支配しています。この火星がアウト・オブ・バウンドになっていることにより、自分の分野において、従来の慣習とは異なるアプローチをすることができる、または新たな発想を持つことができると読み取れるのです。また、アウト・オブ・バウンドとなる火星は、その人を勇敢にするともされており、何度打たれても立ち上がる精神を持ち合わせているという意味があります。

黄経をもとにしてチャートを見ていくだけでも多くの情報を読み取ることができますが、さらにデクリネーションを採用すると別の角度から深いインサイトを得ることができます。それは、黄経で見てきたものを、さらに説明してくれるものもあれば、また違った側面を映し出してくれるかもしれません。ぜひ、鑑定のときにデクリネーションも活用して、チャートが生み出す物語を読み解いてみてください。

パラレルとコントラ・パラレルの解釈

ここでは、惑星ごとにパラレルとコントラ・パラレルがどんな意味を持つのかを紹介していきます。前述のように基本的な見解としては、パラレルはコンジャンクションと同じ意味合い、コントラ・パラレルはオポジションと同じ意味合いがあります（ただし、コントラ・パラレルの捉え方は占星術師によって異なります）。

また、本書では、世代に影響を与えるトランスサタニアンの惑星は取り扱わずに、より個人の性質を見るための惑星（太陽から土星）のパラレルとコントラ・パラレルに焦点を当てていきます。

まずは本章で述べられていることを手がかりに、あなたがこの象徴的な組み合わせから感じられることを拡げていっていただけると嬉しいです。

太陽と月

パラレル

感情の土台が重要となる

太陽と月がパラレルになっている場合、あなたの人生にとって、感情の拠り所となる土台が大切であることを意味しています。特に、幼少期にどういう経験をして、どのような感情を持ったか、どのような家に生まれて、親の影響を受けてきたかが人生を読み解くためのきっかけになるでしょう。より多くのことを成し遂げていくためには、自身の感情に向き合い、その感情の動きにうまく対処していく必要がありそうです。または、感情の拠り所となるものがとても重要でしょう。それは、心身に良い習慣かもしれませんし、心地良い生活環境かもしれません。一度、それが見つかれば、あなたは人生の目的や目標に向かって突き進み、結果を残していくことができるでしょう。

コントラ・パラレル

あなたの中のバランスをとる

太陽と月がコントラ・パラレルになっている場合、2つの間で、あなた自身が揺れ動くという可能性を示唆しています。例えば、「あなたがこれをやりたい！」ということと「でも、周りの人のことを考えると……」ということの間で悩んだり、「やりたいことがある」のにもかかわらず、なかなか「乗り気がしなかったり」という経験をするかもしれません。もしかすると、それはものごとの両面を直感的に感じ取っているからでしょう。あなたの中で、どのようにその2つの側面を統合し、自ら決定して、進んでいくことができるか見出せれば、それは、目標を達成するための素晴らしいエネルギーとなっていきます。

太陽と水星

パラレル

自意識と知性

太陽と水星がパラレルになっている場合、あなたの人生において、身体と心のバランスをどのようにとっていくかがひとつのポイントになります。このパラレルを持っている場合、あなたの人生においては、精神面がとても重要な位置を占めています。知的な側面もあるので、世の中の問題や自身の問題について、鮮やかな解決方法を見出すことができるでしょう。しかし、頭の中だけでシミュレーションし、すべてが完結してしまい、その問題について興味を失うということもあるかもしれません。そうなっている場合は、そのバランスをうまく見出してあげる必要があります。自分も行動したいと思えるようなアイデアを生み出すことができれば、それは他人にも影響を与えるビジョンになっていくでしょう。

コントラ・パラレル

自分を表現することを学ぶ

太陽と水星がコントラ・パラレルになっている場合、あなたは他者とのコミュニケーションを通じて、自分を表現するすべを学ぶことが大事になります。コミュニケーションは一方通行ではありません。どのようにしたら相手に伝わるのか、1対1と1対多数でコミュニケーションをどのように変えていけば良いかなどを考えることが、あなたの人生を豊かにしていくきっかけとなります。それは話すことも、書くことにも当てはまるので、常にあなたのコミュニケーション能力や表現の方法をブラッシュアップしていくように心がけてみましょう。また、多様な価値観に触れるのも大事なことです。ものごとを異なった角度から見ることによって、これまで考えもしなかったような洞察を得ることもできます。

太陽と金星

パラレル

品の良さを身にまとう

太陽と金星がパラレルになっている場合、あなたは生まれ持って品の良さを身にまとっていると言えるでしょう。自分自身や、あなたの周りの環境を洗練されたものにしたいという気持ちを持っています。それは自身のセンスを活用することで容易に達成できるでしょう。ものごとの調和やバランス、美を求めるので、常識に反することや、下品なことには拒否反応が出てしまうかもしれません。あなたは汗水垂らして何かを追い求めるより、自分自身の魅力で惹きつけようとするでしょう。なので、恋愛に関しては、好きな人がいても、その気持ちが相手から返ってこないと、あまり積極的になれないかもしれません。

コントラ・パラレル

価値観を定期的に見直す

太陽と金星がコントラ・パラレルになっている場合、あなたにとって、人生の節目に一度立ち止まり、価値観を見直すことがとても重要になります。もしかすると、他人との関係性において、どのように接したら良いかわからないということがあるかもしれません。相手のことを思って、自分をなかなか出すことができなかったり、または自分のことをなかなか伝えられなかったり。相手とのバランスを見つけるということがあなたにとってとても大切なプロセスとなりそうです。また、周りとの関係性を考えることが、あなたの価値観を見直すことにもつながります。あなたにとって何が大事なのか、譲れないものはなんなのかにフォーカスすると良いでしょう。

太陽と火星

パラレル

原動力の根源に目を向ける

太陽と火星がパラレルになっている場合、あなたはとても行動的で、何事に対しても意欲的に取り組むことができることを示しています。周りから反対意見を言われたとしても、負けずに我が道を突き進むことができますし、失敗をしたとしても、それをバネにしてすぐに行動を再開することができるレジリエンス(回復力)も持ち合わせています。しかし、それが行きすぎると軽率な行動をとってしまう可能性もあります。だからこそ、あなたは自分の行動力の根源、何を人生で経験し、達成したいのかに常に立ち戻りながら、エネルギーをコントロールすることに意識を向けてみると良いでしょう。それはあなたの一生の力になっていきます。

コントラ・パラレル

アイデンティティを大切に

太陽と火星がコントラ・パラレルになっている場合、自身のアイデンティティに疑問を感じている可能性があります。それは、あなたのアイデンティティを確立するための試練なのかもしれません。例えば、「こうなりたい」と思っていても、親や周りの人から「あなたらしくない」「もっとこうしたほうが良い」という意見を押し付けられて、あなたのなりたい姿になかなかなれないということもあるでしょう。そんな状況の中で、あなたは自身のアイデンティティを磨いていく必要があります。ときには自分の主張を通しながら、ときには妥協点を探しながら、あなたのアイデンティティを確立していくことで、実りの多い経験をすることができそうです。

太陽と木星

パラレル

前向きな姿勢がカギとなる

太陽と木星がパラレルになっている場合は、あなたが前向きな姿勢をとることによって、人生で多くの実りを得ることができると示唆しています。前向きで楽観的な姿勢が、あなたが行うプロジェクトや仕事などを良い結果に導くきっかけになっていきます。だからこそ、常にものごとの明るい面を見出すように意識をしてみると良いかもしれません。目の前に困難やトラブルがあったとしても、「それをどのように解決することができるか？」と楽しみながら取り組んでいくことで、創造的な解決方法を思いつきそうです。このパラレルを持っている人は、心構えとどのように行動するかが、人生のカギになっていきます。

コントラ・パラレル

理想を追求する

太陽と木星がコントラ・パラレルになっている場合、あなたは理想を追い求める傾向にあります。あなたは抽象的な「理想」を追い求めているのかもしれません。それが何かは言語化できていないかもしれないですが、あなたが感じ求めている「何か」に向かって進んでいるでしょう。それを達成するためには、多少の犠牲を払ってもいいと思っているかもしれません。周りも「そんなことに挑戦するの⁉」「あなた一人でやるの⁉」と驚いてしまいそうです。それはあなたが達成したいと思う何かのための道筋です。常識や既成概念に囚われることなく行動するあなたは周りの目にはときには勇敢に見えたり、ときには無謀に見えたりするかもしれません。

太陽と土星

パラレル

目標に向かって突き進む

太陽と土星がパラレルになっている場合、目標に向かってたんたんと仕事をこなし、その達成に向けて突き進んでいくでしょう。あなたは思慮深い傾向があります。目の前のことに細心の注意を払ったり、あらゆる角度から検証しようとするかもしれません。しかし、生産的にものごとを捉えようとしているのなら良いですが、それが行きすぎて不信感や悲観が強まってくると、自分自身で自らの可能性を狭めてしまう危険もあります。だからこそ、あなたは目標をきちんと定めることによって、その思慮深さを、目標達成のために使っていくことが大事になります。そうすることで、エネルギーを、着実に正確な仕事をするように使ってゆけるでしょう。

コントラ・パラレル

人生を楽しむルールを決める

太陽と土星がコントラ・パラレルになっている場合、あなたは、人生において、外からの抵抗力を強く感じる可能性があることを示唆しています。例えば、あなたが何かをやろうと思っていても、直前になって周りからの反対が生まれてしまったり、環境や状況が変わってしまって頓挫するということもあるかもしれません。なので、常に周りから「止められている」という感覚を得る人も少なくありません。だからこそ、この「制限」に対して、うまく自分なりの対処を考える必要があります。それは、あなたの人生をどのように楽しむことができるか、止められることに対してどのようにうまく対処できるかという、独自のルールや信念を決めてみると良いでしょう。

月と水星

パラレル

あらゆることを吸収する

月と水星がパラレルになっている場合、あなたは周りの環境や状況からあらゆる情報を吸収できることを示しています。それは本やインターネットからの情報はもちろんのこと、友人や同僚からも、話している内容、その背景なども自然と感情レベルで理解することができるでしょう。だからこそ、周りの人には、あなたは「あらゆることに関心がある」という風に認識されるかもしれません。また、それは情報を得るだけでなく、あなたの発信することにも影響を与えます。トピックの幅が広いだけでなく、どんなことを発信したとしても、そこにあなたの「感情」が乗るので、自ずとあなたらしさを感じる内容になりそうです。

コントラ・パラレル

決断を見出していく

月と水星がコントラ・パラレルになっている場合、あなたは人生のいくつかの場面において迷いが生じる可能性があります。それは、頭で考えていることが正しいのか、それとも心で直感的に感じていることが正しいのかという問いの間での迷いでしょう。または、時として自分自身を疑うこともあるかもしれません。しかし、この葛藤を抱くような状況にいるときは、あなたにとって自分を見つめるチャンスになります。頭で考えていること、心で感じていることの2つをどのようにバランスをとりながら決定し、行動していくのかを考えてみてください。その2つに対して、あなたなりの対処の仕方が見えてきたら、頭と心、それぞれの強みを活かしていくことができそうです。

月と金星

パラレル

アートから喜びを得る

月と金星がパラレルになっている場合、人生や自分を取り巻く環境を楽しく、美しいものにしたいと思っている傾向があります。だからこそ、あなたが身を置く環境はとても大事です。それは、部屋の中に置いてあるものという物理的な環境かもしれませんし、あなたが付き合う人々という精神的な環境かもしれません。どちらにしても、快適だと感じ、楽しいと思える環境を創り出していくことが、あなたの心の安定にもつながっていきます。それは、あなたが置かれた状況を本能的に読み取っているからです。その能力は、芸術や音楽、自然を鑑賞するときにも発揮されます。それらに触れることで、あなた自身も喜びを感じられるでしょう。

コントラ・パラレル

自分と他人のニーズの間で揺れ動く

月と金星がコントラ・パラレルとなっている場合、あなたは自身のニーズと、相手や周りのニーズの間で揺れ動く可能性があることを示唆しています。あなたは、相手がどのように感じているのか、自分にどうして欲しいのかを直感的に感じることができます。もちろん、自分と他人のニーズが一致しているときは問題はないですが、それらのニーズが背反する場合、葛藤を感じるかもしれません。また、周りが考えていることがわかりすぎてしまい、気分が落ち着かないということもありそうです。そんな状況にあった場合は、周りの人との関係性において、健全なバランスを見つけるよう心がけてください。ときには、自身を優先することも大切です。

月と火星

パラレル

感情の力を利用する

月と火星がパラレルとなっている場合、あなたの中に強い感情の波を感じるときがあるかもしれません。突如湧き起こってくる感情に、自分自身も戸惑いを感じ、それが結果として怒りとなって外に表現されることもあるでしょう。あなたの感情の力はとても強いので、頭で考えずに感情が動けばすぐに行動するという側面もあります。だからこそ、この感情の力をうまく活用していくことが大事になります。感情が動くようなことに突き進んだり、行動に突き動かしていることを探ったりすると、その力を自身で活用できるようになるでしょう。そうすると、誰かの後をついていくのではなく、自ら先頭をきって、道を切り拓いていくことができるでしょう。

コントラ・パラレル

感情をコントロールする

月と火星がコントラ・パラレルになっている場合、あなたが多くの状況で、緊張してしまうということを示しています。感情が緊張してしまうと、どのように振る舞えばいいのか、どう行動したらいいのかに迷うというときも多いでしょう。そして、ときに優柔不断になってしまったり、あなたが行動しないことで、周りからは「冷たい」と勘違いされてしまうこともありそうです。ただし、それはあなたが自分の感情にどのように向き合ったら良いかわかっていないことが原因かもしれません。もし、そのような状況に自分が置かれているとことに気がついたら、まずは落ち着くことから始めてみてください。そうすれば、そこから道筋が見えてきそうです。

月と木星

パラレル

変化に身を投じる

月と木星がパラレルになっている場合、あなたは変化を通じて、人生に良い結果がもたらされるということを直感的にわかっています。だからこそ、周りの人がためらってしまうような変化にも積極的に身を投じていくことができるでしょう。そのように変化に前向きで積極的な姿勢は、あなたの人生に新しい風を呼び込みます。そして、そこから恩恵を受けることができるでしょう。もし、行き詰まっているなと感じる場合は、自ら変化を起こすのも良いかもしれません。まだ行ったことない土地に旅行に出向いてみるのも、あなたの人生に新しい視点をもたらし、状況を打破していくエネルギーが湧いてきたり、ヒントを得たりすることができそうです。

コントラ・パラレル

あなた自身を信じてあげる

月と木星がコントラ・パラレルになっている場合、あなたは自分の判断や能力を、つい疑ってしまう傾向があるかもしれません。または、自分に過度に甘い傾向として現れるときもあります。どちらの場合も、自分自身を客観的に判断することはとても重要になります。そして、あなたには、あなたの目標を達成するための能力があると信じることも重要です。あなたのコンフォートゾーン（居心地が良いという場所）から、一歩踏み出し、成長するために行動しましょう。行動し、成果を得ることができれば、あなた自身をより信じてあげることができるでしょう。

月と土星

パラレル

あなた自身に正直になる

月が土星とパラレルになっている場合、あなたが自身の能力や将来に対して不安や否定的な気持ちを持つことがあると示唆しています。それは、なんとなく感じていることであり、言語化するのが難しい気持ちかもしれません。そういった気持ちが芽生えてきたら、視点を自分ではなく、他人に向けてみてください。他人への心遣い、気配りに意識を向けることによって、「誰かのためにしたい」という気持ちが起こり、あなたを行動へと駆り立てます。そうすることで、漠然とした不安や心配を忘れて、進んでいくことができるでしょう。あなたが自分に正直に行動することが、成功のきっかけにもなります。

コントラ・パラレル

あなた自身を愛してあげる

月と土星がコントラ・パラレルになっている場合、あなたは人生において、愛を感じることが少ないと思っている可能性があります。時として、愛する人から見放されているという感覚を得ることもあるかもしれません。例えば、どんなに頑張ったとしても、どんなに愛を注いだとしても、あなたが必要とする気遣いや温かさを得ることができないと感じてしまうのです。もしかすると、それは、あなたが自分自身を愛してあげていないことが原因かもしれません。それがきっかけとなり、人との触れ合いのなかでも、いつも何か物足りなさを感じている可能性があります。だからこそ、まずは、あなた自身を大切にし、愛し、自尊心を育て、自己肯定感を上げていくことが大切です。

水星と金星

パラレル

美的センスを発揮する

水星と金星がパラレルになっている場合、あなたには美的センスが備わっていることを示しています。それはあらゆる場面で発揮することがあるでしょう。例えば、芸術を鑑賞するときに、人が感じる以上のことをその作品に見出すことができたり、人と話すときには、その会話の内容から知的でセンスがある人という印象を周りに与えるでしょう。それらの周りに与える印象は、あなたが魅力のある人という風に周りの人の目に映るでしょう。だからといって、もっとコミュニケーション能力を磨かなければと思う必要がありません。あなたが意識することはただ、その会話や時間を楽しむということだけでいいのです。

コントラ・パラレル

自分と他者とのバランスが重要

水星と金星がコントラ・パラレルになっている場合、相手のことにも気が向かい、自分のコミュニケーションも客観的に見ることができるため、コミュニケーションをスムーズに行っていくことができる素質があります。ただし、相手の気持ちを尊重しすぎてしまうこともあるため、相手の意見と自分の気持ちのちょうど心地よいバランスを見つけるのがとても重要です。他者との交流を重くとらえずに重ねていくことにより、そのバランスも見つかっていくでしょう。また、言葉以外で自分を表現することも、あなたにとっては重要な可能性があります。芸術的な表現、詩や音楽を通じてどのように自分を表現できるかがキーになっていくでしょう。相手のことを理解しようとする姿勢が、自然と備わっているため、自分の気持ちをどのように表現したら良いかを心得ています。

水星と火星

パラレル

知識を探求していく

水星と火星がパラレルになっている場合、あなたは熱心に知識や自己を探求していくことに興味があることを意味します。いろいろなことを知りたい、ひとつのことを深めていきたいというように行動を駆り立てられるときもあるでしょう。また、火星の影響により、闘争心もあるため、「あの人に知識で負けたくない」という気持ちがモチベーションにもなるかもしれません。あなたは学ぶだけでなく、行動にも移してゆける性質を持っているため、得た知識をもとに人と話しあったり、知識を活かして行動したりすることができそうです。ディベートなどに参加することも向いているでしょう。自己批判することも、あなたの思考プロセスを深めることに寄与します。

コントラ・パラレル

言葉遣いを意識する

水星と火星がコントラ・パラレルになっている場合、あなたの主張が強くなってしまいがちになることを示唆しています。もしかすると、あなたの中に、どうしても伝えたいことが大きくあるのかもしれません。それが言葉として出るときに、相手にとって強い言葉として伝わってしまうのでしょう。だからこそ、自分が意識していなくても「言葉が強い人、意見が強い人」として認識されてしまいがちです。もちろん、そのように自分の主張を貫いていくことも大事ですが、ときには、コミュニケーションの中で妥協点を見出すことも重要です。相手はどう考えているのか、どのような言葉で伝えているのかを観察し、学ぶことは、あなたのコミュニケーション能力を磨く上でも大切になります。

水星と木星

パラレル

哲学的な理解を深める

水星と木星がパラレルになっている場合、あなたはあらゆる状況から学びを深めていくことができる性質を持っています。あなたが行うプロジェクトや仕事、どんなことでもあなたの知性を磨いていくきっかけになっていくでしょう。ときには、「なぜこんな状況に置かれるのか？」「なぜこんなことが起こるのか？」ということもあるかもしれません。そんな状況に置かれたのなら、「ここから学べることは何か？」であったり、「なぜ私にこのようなことが起こっているのか？」と少し哲学的に自分に問いかけてみましょう。あなたなりの意味をそこに見出すことができたのなら、本来の楽観的な姿勢を蘇らせることができるしょう。

コントラ・パラレル

地道に進んでいく

水星と木星がコントラ・パラレルになっている場合、あなたは物事を達成するために地道に進んでいくことが求められる可能性があります。あなたが思い描いているように、一足飛びには目標を達成することが難しいかもしれません。だからといって「なぜ成果が生まれないんだ」と焦る必要はありません。地道に実績や経験を築いていくことによって、それらが土台となり、いつしか大きな山（＝成果）になっているでしょう。だからこそ、あなたはどのようにしたら継続していくことができるか、目標を達成するためのマイルストーン（小さな目標）は何かということを考えてみると良いでしょう。それがあなたのモチベーションを保つきっかけになります。

水星と土星

パラレル

大きな視点でものごとを見る

水星と土星がパラレルになっている場合、あなたには注意深い側面があることを示唆しています。もしかすると、目の前の状況に対して注意深く観察し、考えるせいで、必要以上に深刻に考えてしまうこともあるかもしれません。もし、あなたがそのように深刻に考えすぎてしまって、創造的に考えることができなかったり、行動できなくなったりしている場合は、現状から一歩引き、より大きな視点で眺めてみてください。そうすると、深刻だと考えていたことを別の視点から見ることができるでしょう。その視点を得ることができれば、あなたはあらゆる状況においても、ものごとを達成するための道筋を得ることができそうです。

コントラ・パラレル

自分を表現する

水星と土星がコントラ・パラレルとなっている場合、ときとして自分自身を表現することが難しいと感じることがあるかもしれません。もしかすると、小さい頃に自分を表現したときに傷ついてしまったということもあるでしょう。しかし、あなた自身をどのように表現するかということは、あなたの人生においても重要な位置を占めています。大人になるにつれて、自分はどういう人間なのかという理解も深まり、自分がこうしたいという信念も見えてくるはずです。そして、一度、その信念や自分の軸を立てることができたら、それを基に自分を発信していってください。あなたが発信することに耳を傾け、賛同してくれる人がいることに気がつくでしょう。

金星と火星

パラレル

ロマンスが大事に

金星と火星がパラレルとなっている場合、ロマンスがあなたの人生にとって重要な位置を占めている可能性があります。あなたはロマンティックなことと、性的なことに対して魅了されるかもしれません。また、それらを得るために行動したりすることもあるでしょう。周りの人から見ると、情事に振り回されているように映るかもしれませんが、あなたにとっては人生を彩る要素なのです。だからこそ、もし、仕事に対して意欲が湧かない、やる気が起こらないということがあれば、自身の性的な側面を探求するのも良いでしょう。それがきっかけとなって、仕事へのやる気も生まれていきます。

コントラ・パラレル

パートナーとのバランスを見る

金星と火星がコントラ・パラレルとなっている場合、あなたは自分自身のニーズと、パートナーを求める心で揺れ動くかもしれません。例えば、想っている人と親しくなりたいという気持ちがあるけれど、その人と付き合うことで自分のニーズを後回しにしたり、諦めなくてはいけなくなったらどうしようと思う気持ちもあることを示唆しています。あなたの中のどこかにはパートナーに縛られずに自由にしていたいという気持ちがあるのかもしれません。しかし、人と付き合うためには、ときとして自身のニーズを後回しにしなければいけないこともあります。だからこそ、あなたは、どのように自分と相手とのバランスをとっていけばいいかを考えることが大切になるのです。

金星と木星

パラレル

選択と集中で成功する

金星と木星がパラレルになっている場合、あなたには、どんな状況においても能力を発揮できるという資質があります。それは、金星と木星はどちらもベネフィック（吉星）なので、あなたの人生にとって良い影響をもたらしているからです。どんな状況においても、能力を発揮できますが、焦点がないと、あなたのエネルギーが分散してしまうかもしれません。だからこそ、あなたが向かいたい方向性をきちんと定めておくことが良いでしょう。あなたの人生にとって何が大切なのか、何を達成したいのかを考えることは、この配置を持った人には有益になります。選択と集中をすることで、周りの人がなかなか達成できないことを成し遂げてゆけるでしょう。

コントラ・パラレル

自立することを心がける

金星と木星がコントラ・パラレルになっている場合、あなたにはついつい人に頼ってしまうという傾向があるかもしれません。もちろん、必要なときは人に頼ることも重要ですが、人に頼りすぎてしまうと、その人がいなくなったときに行動できなくなったり、自分の能力を見失ったりする可能性もあります。だからこそ、あなたができること、できないから周りに頼ることをしっかりと分けて考えておく必要があります。この配置の人は、社会的地位や経済環境を向上させていきたいという思いもあるので、その気持ちをうまくモチベーションにして行動していくのが良いでしょう。

金星と土星

パラレル

決めたことを守る

金星と土星がパラレルになっている場合、もしかすると心から楽しいと感じたり、喜びに対して100％身体を委ねたりすることを難しいと感じるかもしれません。なぜなら、あなたには冷静で、現実的な側面があるからです。または、何かしらの制約がかかって自分を表現しきることができないと感じるときもあるでしょう。しかし、一度、それを受け入れることができれば、あなたはその中で、自分自身で決めたことを守り、達成する力を見出していきます。もしかすると、あなたは自分のためではなく、他人を幸せにするように動き始めるかもしれません。そうしたときに、あなたの幸せは、実は他人を幸せにすることにあると気づくはずです。

コントラ・パラレル

思いやりを学ぶ

金星と土星がコントラ・パラレルになっている場合、他人を信頼することの難しさを感じる可能性があります。もしかすると、人と関係性を築くのに人よりも時間がかかるかもしれません。だからこそ、じっくり時間をかけて人とコミュニケーションをとっていくことを心がけてみると良いでしょう。そこで出来上がった関係性は長く続いていくものになるでしょう。また、あなたは年上の人や、経済的・精神的な安定を与えてくれる人と関係を築いていくほうが楽に感じられるかもしれません。そうした関係性の中で、あなた自身の価値観というものを確立していくことができます。それが確立できたら、自分も相手も大切にすることができます。

火星と木星

パラレル

エネルギーが溢れ出る

火星と木星がパラレルになっている場合、あなたには生まれ持った力強さがあります。もしかすると、いつもエネルギーに溢れている状態で、そのエネルギーをどこに向けていけば良いかわからないと感じるときもあるでしょう。しかし、一度、その向かう先を見出すことができたら、そこに対して集中してあなた本来のエネルギーや熱意を向けていくことができます。あなたの前に立ちはだかる障害も、乗り越えようとする気概があります。一方、あなたに行動したいことややりたいと思えることがない場合、そのエネルギーは贅沢をするという方向に向かいそうです。人生を楽しむことも大切ですが、浪費をしないために、生産的なことにエネルギーを向けていきましょう。

コントラ・パラレル

衝動的な傾向を持ち合わせる

火星と木星がコントラ・パラレルになっている場合、あなたの中には大きなエネルギーがあることを示しています。しかし、そのエネルギーが衝動的な行動につながる可能性もあります。あなたには冒険好きな一面もあるため、常にどこに自分のエネルギーを向けようか無意識に探しているのかもしれません。平凡な生活では満足できない傾向にあるため、あなたの独自性を活かせる分野を見つけてみると良いでしょう。しかし、あまりにも熱中しすぎると周りが見えなくなってしまう傾向があります。だからこそ、常に自分の欲求を満たすことと、他者を思いやることとのバランスを見失わないようにしていきましょう。

火星と土星

パラレル

他の人のために行動する

火星と土星がパラレルになっている場合、あなたは他人のために行動するという傾向を持っています。誰かが困っていたら、放っておくことができないかもしれません。時として、自分を犠牲にしてでも目の前の人を助けようとして動くでしょう。人を助けることは大切ですが、あなた自身がきちんと自分の人生を歩むことも大切です。ときには自分がなぜそのような行動を取るのか、自分を犠牲にしていないかを振り返る機会を持ちましょう。そのように、内省する時間を持つことが、あなたが人生の目標に向かって着実に前進し続けるきっかけになります。また、あなたにとっては実際に身体を動かすことも重要です。身体を動かすことで、自分の感情をコントロールできそうです。

コントラ・パラレル

自分の力をコントロールする

火星と土星がコントラ・パラレルになっている場合、あなたは自分の力や権威をどのように外に表現するかについて考える必要があることを示しています。もしかすると、生まれ持ったパワフルな一面があり、あなたは自分の言動が周囲に与える影響に対して気づいていないことが多いかもしれません。だからこそ、なぜ相手がそう感じるのか、思うのか、行動するのかについて理解できないことがあるでしょう。それは、あなたの言動が影響しているからとも考えられます。あなたが自分の力をどのように表現したいかを理解し、そして、感情をコントロールできれば、あなたのその無意識的な力を最大限に活用していくことができるでしょう。

木星と土星

パラレル

集中し、結果を生み出す

木星と土星がパラレルになっている場合、あなたに集中力があることを示しています。ものごとに対して一途な側面もあるため、あなたが進んでいる方向に対して良い結果を生み出しやすい傾向にあるでしょう。しかし、目の前のことにただのめり込んで行っているわけではありません。この2つの惑星がパラレルになっているということは、集中して取り組みながらも、どこか俯瞰的な視点を持っていることを示しています。そのことに対しての2つの視点が良い結果を生み出すのを手助けしていると考えても良いでしょう。また、あなたには哲学的な側面もあるため、「なぜ」ということを深掘りしても良いかもしれません。

コントラ・パラレル

2つの間で揺れ動く

木星と土星がコントラ・パラレルになっている場合、あなたが情熱と制限との間で揺れ動く可能性を示唆しています。あなたの中に2つの性質があるため、情熱を傾けたいと思っても、もうひとりのあなたが冷静にそれを見ているということがあるかもしれません。自分一人でものごとに取り組もうとするとこの性質が浮かび上がってきます。だからこそ、あなた自身のスタンスをどのように持つかがカギとなります。木星的に自ら進んで広げていくために行動するのか、それとも土星的に管理や組織化をしていくために動くのか。そのスタンスを決めると、あなたの心が楽になっていくでしょう。もうひとつの役割は誰か他の人に担ってもらいましょう。

アウト・オブ・バウンドの解釈

アウト・オブ・バウンドとなる惑星をどのように解釈すれば良いかを解説していきます。基本的な解釈としては、太陽の領域を外れるということにおいて、その惑星の性質が顕著に、その個人の人生において発揮されると考えて良いでしょう。ここでは、太陽から木星におけるアウト・オブ・バウンドの惑星をそれぞれ解説していきます。土星については太陽の領域（23度26分）の外に出ないため、省きます。

トランスサタニアンの惑星は、アウト・オブ・バウンドとなる期間が長く、世代に影響を与えるので、ここでは土星から木星までの惑星に焦点を当てていきます。

月

月のアウト・オブ・バウンドは、占星術師の間では出生図でもとても重要な位置を占めると考えられています。この個人は、とてもユニークであり、周りの人と比べても際立った素質を持っている傾向にあります。もし、アウト・オブ・バウンドとなる惑星が月以外にもあるとき、月とあわせてその惑星の性質がより一層際立つこととなるでしょう。ボーハーによれば、アウト・オブ・バウンドになる月は、幼児期に母より愛が受けられなかった可能性を示すとしています。大人になるにつれて、得られなかった埋め合わせをするかのように、成功を成し遂げたり、財を成す人が多いそうです。

水星

水星がアウト・オブ・バウンドになっている場合は、通常の常識や枠組みには囚われない発想をすることができるとされています。周りの人がどう考えているか気にすることなく、自由な発想を追求していくでしょう。この個人から出てくるアイデアは、今までにないような斬新なものになる傾向もあります。また、水星が象徴している分野（コミュニケーション、ビジネス、交通など）で、その才能を発揮する可能性が高いです。

金星

金星がアウト・オブ・バウンドになる場合は、金星が支配している領域において、その人とは違うセンスを発揮することが多いとされています。その分野とは、美的なことであったり、芸術、アート、ものごとを鑑賞する視点、味覚、または、相手を魅了することや、愛し方となります。そこに対してこの個人のセンスが顕著に表れるでしょう。また、恋愛の仕方についても、慣習などに囚われない形で関係性を築いていくかもしれません。

火星

火星のアウト・オブ・バウンドがあると、その人自身のエネルギーを発するときに、他の人とは違うアプローチをすることが多いとされています。仕事に対して、とてもストイックに取り組んでいく傾向があるでしょう。また、身体を動かすような仕事にも、あなた本来の能力を発揮することができるでしょう。火星のアウト・オブ・バウンドは、その個人を勇敢にしていくため、リーダーシップにおいても顕著な能力を発揮することができるでしょう。この個人は、性的なことがらに対して前向きで、打たれても立ち上がる精神を持ち合わせています。

木星

木星がアウト・オブ・バウンドになることはほとんどありません。しかし、木星がアウト・オブ・バウンドになっているときに生まれてきた個人は、世界の見方や、その個人の哲学において、通常とは違う考え方、アプローチを行う傾向があります。

おわりに

ここまで、デクリネーションを活用した占星術（赤緯の占星術）について見てきました。通常の、12サインのどこに惑星が位置しているかという横の視点から、それぞれの惑星がどの高さにあるか（縦）の視点を取り入れることによって、さらにホロスコープというチャートがより立体的に見え、新たな解釈の視点を手に入ることができたのではないでしょうか。

私たちは、現実の惑星やサインを象徴として見ています。太陽の高さの違いが、地球に温かさ、寒さという直接的な影響を与えるのですから、惑星の高さの影響を象徴としてとらえないほうが不自然というものでしょう。デクリネーション、特にアウト・オブ・バウンドという言葉は占星術史の中でも最近生み出されたものです。これからも、デクリネーションという考え方が、それぞれのチャートの象徴をデリニエイト（表現する）なかで、どのように解釈されていくかをとても楽しみにしています。また、今回、この章を執筆するにあたり、さまざまな資料や文献を参照しました。日本語で読めるものはまだ少なく、海外の書籍になりますが、最後に参考文献として挙げておきます。あなたのこれからの鑑定や研究についての一助になれば嬉しいです。

参考文献

Boehrer, Kt., *Declination: The Other Dimension*, American Federation of Astrologers, 2018.
アウト・オブ・バウンドを提唱したK・T・ボーハーによる書籍です。著者が観察してきたアウト・オブ・バウンドの影響を事例とともに解説しています。

Campion, Nicholas, *A History of Western Astrology* Volume I, Continuum, 2009.
占星術の歴史について解説している一冊です。占星術の変遷が時系列で説明されています。

Hone, Margaret E, *The Modern Text-Book of Astrology*, Astrology Classics, 2010.
現代の占星術家である、マーガレット・ホーンによる占星術の一般的なテキスト。デクリネーションについても触れられており、初学者にもわかりやすい図式を交えて説明されています。

Houlding, Deborah, *The Houses: Temples of the Sky*, The Wessex Astrologer, 2006.
ハウスの歴史の説明に特化している一冊。各ハウスの象徴を伝統的、現代的な観点から説明しています。

Jayne, Charles, *The Best of Charles Jayne*, Amer Federation of Astrologers Inc, 1996.
チャールズ・ジェインの論集になっている一冊です。本書の中には、「Parallels : Their Hidden Meaning」という論文の中でデクリネーションのアスペクトであるパラレルについて触れています。

Newman, Paul F, *Declination in Astrology: The Steps of the Sun*, The Wessex Astrologer, 2006.
アウト・オブ・バウンドについて紹介がされていますが、私たちが文化的、神話的にどのように太陽という存在を認識したのかを絡めて紹介されています。

Tebbs, Carol A, *BEYOND BASICS: Tools for the Consulting Astrologer*, ONLINE College of Astrology, 2003.
本章では触れませんでしたが、プログレス（進行）のデクリネーションの扱い方について触れている一冊です。

マギー・ハイド『ユングと占星術』鏡リュウジ訳、青土社、２０２１年
ユングのチャートを分析するときに参照した一冊です。考察で触れた以外にもユングの背景やチャートの他の要素についても触れられています。

サビアン占星術の来歴と
その使い方について

SUGAR

Ⅰ．サビアン・シンボルの誕生と発展

サビアン・シンボルとは、12のサインに分類される黄道360度一つ一つの度数を、「海から上がってきた女性をアザラシが抱きしめている」（牡羊座1度）といったように、象徴的なビジョンを描いた詩文のような言葉で表したもので、そこに特定の意味や解釈が与えられていく。

こうしたサビアン・シンボルないしそれを用いたサビアン占星術の歴史を振り返ってみると、発想としては古代エジプトで考案されたサインを3つに分割する「デーカン decans」や、古代ローマのマニリウスが紹介したサインを12分割する「ドデカテモリー dodecatemory」などにさかのぼることができるだろう。

その後も、獣帯のさまざまな度数に付随する特別な属性や性質はさまざまな仕方で研究され、少なくとも西洋においては、ヘレニズム期に獣帯それぞれの度が特定の惑星に割り当てられたモノモイラという体系や、16世紀の占星術家ヨハネス・アンゲラスによって恒星の解釈に基づいて記されたアンゲラス度、エリファス・レヴィと密接な関わりがあったとされるP・クリスチャンという人物によって作られたテーベのカレンダーなどが知られている。

ただ、現代において知られているサビアン・シンボルに最も近い形で360度それぞれに固有の意味を見出そうとしたという意味では、ウェールズ出身の神秘家チャルベル（1826～1908）の考案した度数シンボルおよび、占星術師セファリエル（1864～1929）によって翻訳・紹介されたアントニオ・ボレリ（年代不明）なる人物の La volasfera に直接的な起源を見出すことができる（これらの二つの度数シンボル体系は1898年に刊行された本の中でともに収録されていた）。

特にチャルベルの度数シンボル体系は、彼の弟子で近代における占星術の普及に大いに貢献したアラン・レオ（１８６０〜１９１７）が、自身が編纂した「*Astrologer's Magazine*」誌の記事（１８９３）や占星術教科書『*ALAN LEO'S ASTROLOGICAL MANUALS*』（１９１０）などで度数シンボルを紹介して日の目を見るようになったが、それが歴史に埋もれることを免れたのは、ひとえにオカルティストで占星術家、また映画シナリオライターとしても活躍したマーク・エドモンド・ジョーンズ（１８８８〜１９８０）によるところが大きい。[1]

　ジョーンズはチャルベルの度数シンボルを検証した結果、吉凶の強調が強すぎて実占への適用は困難であるという結論を下した。しかしジョーンズはそれに留まらず、より新しい時代にふさわしい度数シンボルの考案を企図し、車椅子にのった透視能力者エルシー・ウィーラー（１８８７〜１９３８）の助けを得ることで、１９２５年についにオリジナルの度数シンボルを作り出し、（古代カルデア人に連なるサービア人の霊からインスピレーションを得たという）ウィーラーの透視に基づいてこれを「サビアン・シンボル」と名付けた。

　この実験的な試みは、公園内にとめた車の中で星座記号と1から30までの数字がランダムに書かれたカードをウィーラーが受け取り、湧き上がるイメージをジョーンズが記録するというものだった。わずか8時間ほどで３６０度すべての度数の作業を終えたと報告されているから、単純計算でも1シンボルにつき10分程度、それが立て続けに３６０個得られたことになる。この事実だけでも、すさまじい創造力と言っていいだろう。

　ジョーンズは実験で得られたシンボルを仔細

1　彼がシナリオライターとして関わった映画としては、「The Cowardly Way」(1915)、「The Birth of Character」(1916)、「Tears and Smiles」(1917)、「Skin Deep」(1922) などがある。

に検証した上で、「人間が誕生してから死に至るまでに、その都度さまざまな心の動きがあって、それを〈点〉として捉えた場合、この動きにはこういう意味が込められているということを一度一度が示しており、牡羊座から始まり魚座に終わる12サインの流れがまさに人間の一生涯の心の動きを表している」ものと結論付けた（*The Sabian Symbols in Astrology*,1956）。

その後、ジョーンズの弟子に当たるディーン・ルディア（１８９５〜１９８５）が、各度数のシンボル内容を基本的には継承しつつも、ジョーンズに不足していたサビアン・シンボルの構造性に対する考察をさらに補足していく形で発展させた*An Astrological Mandala*（１９７３）を刊行し、それが当時のヒッピーカルチャーやニューエイジのムーブメントに迎え入れられたことで多くの読者を得ていった。

じつは、こうした度数ごとに象徴的な意味解釈を有するサビアン・シンボルは、ジョーンズ-ルディア版以外にも、数多くの占星術家の手によってオリジナルの詩文が与えられ、考案されてきた。例えば、70年後半に執筆されたゴールドスミス版ではシンボル自体もその解釈も、現代人にとって比較的わかりやすいものになっている。以下に、いくつかのバージョンの牡羊座1度のサビアン・シンボルを併記するので、自分の眼で見比べてみてほしい。

・BORELLI版（年代不明）：「ひとりの強い男が立っている。皮をまとい、あるいは重く、ゆったりとした、粗い素材のものを。肩がほぼ丸裸であり、手には棍棒を持っている。この人物はヘラクレスを暗示している。（A strong man standing, , dressed in skins , or heavy , loose , and coarse material ——the shoulders almost bare. In his hand he bears a club. The figure suggests a Hercules.)」

・CHARUBEL版（19世紀末）：「無限の平原のただなかを耕している男(A man ploughing in the midst of a boundless)」

　これはひとりの人間が莫大なる個性と独自性を所有していることを示している。あらゆることにおいて一番であらんとする熱意を持ち、ライバルには非常に嫉妬深く、他の誰かに容易に同調することがない。

・KOZMINSKY版（20世紀初め）：「虹をこえて飛び出す火の玉(A ball of fire bursting across a rainbow)」

・JONES版(1953)：「女が水面から浮上する。アザラシも浮上し、彼女を抱きしめる。（A woman rises out of water,a seal rises and embraces her.）」

　Keyword：Realization（あらわれ、顕在化）

・RUDHYAR版(1973)：「女がほんの今海からあがってきた。アザラシは彼女を抱きしめている(A woman just risen from the sea. A seal is embracing her.)」

　Keynote：新しいカタチの現われと意識の（膨大な）可能性の浮上

・GOLDSMITH版（70年代末）：「巨大な軍艦のタラップをくだって、反乱軍の指揮官が突撃を導く（Rebel commander leads a charge down the gangplank of a huge warship.）」

・MCCLUNG版(2004)：「神秘的な力の印が刻まれた指輪（Occult signet Ring)」

　Keyword：Establishment（創立、確立、証明、身を固めること）

・CARELLI版(2004):「土を耕す剛勇な体格の武装戦士(An armed warrior of ferculean build tilling the soil)」

ここに挙げた以外にも多くの度数シンボルが考案されているが、解釈の緻密さや奥行きという点でも、そしてより多くの人に受け入れられてきたという点においても、ジョーンズ＝ルディア版が代表的なサビアン・シンボルであるという事実は、おそらく今後も当面は揺らぐことはないように思われる。

そして、それに一役も二役も買っているのが日本でのサビアン・シンボルの受容であり、より直接的には日本に初めてサビアン占星術を紹介した直居あきら（１９４１〜２０１７）、そして直居と情報交換しつつもサビアン・シンボルを独自に応用・展開させてきた松村潔（１９５３〜）の存在だろう。

Ⅱ．ルディアの影響とその日本での受容と展開

・直居あきらによる紹介

ルディアは神智学に傾倒し、「水瓶座の時代」への移行を唱えたアリス・ベイリーに学び、ユング心理学にも多大な影響を受けつつ、それらを自身の占星術に融合させていったが、直居はルディアと直接交流し、その秘教的とも言える奥深い思索のエッセンスを自身の体験を通して記述・紹介してきた。

特に、ルディア初期の集大成的な著作で、サビアン・シンボルも取り入れた *The Astrology of Personarity*（１９３６）から後期の集大成である *An Astrological Mandala*（１９７３）にいたるまでの内的プロセスに直居は着目し、その間にルディアはサビアン・シンボルの中に完璧な内的宇宙の構造を見出し、そこで「宇宙の創造

のリズム」としか言いようのないものをつかんだものと見ていた。そして、それはシンボル相互の意味的な構造の正確さ〈より以上のもの〉であると考えざるを得ず、それゆえに、彼のサビアン解釈には「何か魂を鼓舞するトーンがある」のであって、直居はサビアン・シンボルそのものよりルディアの解釈の方が重要なのだとさえ書いている(『定本サビアン占星学』魔女の家BOOKS、1997年)。

ルディア自身、すでに『アストロロジー・オブ・パーソナリティ』の時点で、円周率のいつまでも割り切れない剰余数のごとき〈より以上〉の部分こそが、地球の公転と自転や人間の意識と無意識を含めたあらゆる統合的プロセスにおける「不確定性の係数」であると同時に、「魂の自由」の表れなのだと述べていた。このあたりについては、彼が1920年代にはすでに音楽家として演奏するだけでなく、脈動する音に埋め込まれた不協和音に関する理論についての本『不協和音のハーモニー *Dissonant Harmony*』を書き、先の統合プロセスにおける予測不可能性についても音楽的に言えば長音階の「導音 leading tone」に当たると述べていたことなどもその背景になっている。

そこから『アストロロジカル・マンダラ』を書き上げるまで、ルディアは旺盛な絵画活動などと並行させながら、エサレン研究所(ヒューマン・ポテンシャル運動の拠点)などとの繋がりを通して、次第に占星術へのヒューマニスティックでホリスティックなアプローチを確立していき、1969年にはICHA (International Committee of Humanistic Astrology) を設立した。ルディアがそこで何を広めようとしていたのかは、例えば1971年に書かれた *Person Centered Astrology* の前書きの中の次のような箇所からもうかがえる。

「私は今日において多くの人々、特に若い世代の人たちが占星術に魅了されながらも、実際には科学的で分析的なアプローチが彼らに与えることのできなかった何かを求めているのだということを知っている。彼らは、自分が繋がっている宇宙との関係性に何か建設的な意味を与えられるであろう生き方やその方法を求めていた。彼らは「いかに」を知るよりも、新しい、宇宙的な仕方で、「なぜ」自分たちが存在しているのかを認識したがった。彼らは全体として一つになりたかったのであり、それを叶えるための最善の方法を見つけたかったのだ」

続けて、事物志向で科学的なアプローチに対抗して人間志向なアプローチを広めようとした目的について、次のようにも言及している。

「私の唯一の目的は、われわれ西洋文明にとって非常に悪い予兆となる現代の、人間から個性を奪い非人格化しようとする潮流に立ち向かうべく、私たち自身を占星術になじみのあるものにし、その中心に据えることだった。私は人間そのものに関心を持っているのであって、システムであったり専門的な仕事に関心がある訳ではない。そして、最大限の可能性の実現に向かって生き、苦労している者は、過去でも未来でもなく〝いま〟に生きているのだ」

こうしてルディアは占星術そのものを「ヨガやサイコシンセシス（統合心理学）の一種」と位置づけるようになり、また出生チャートを「making whole（全体化、癒し）」という目的のもと自分自身を統合していく際に生じるダイナミックな運動を図式化したもの、すなわち〝マンダラ〟のようなものとも見なすようになっていった。

また、360のシンボルとして描写された光景のうちのいくつかは、人類の共有している経験にまだ十分に深く根付いたものではなく、それらのシンボルは普遍的でも、いきいきともしていないが、その構造的なリズムがさまざまなレベルの解釈的研究を通してよりクリアになって、シンボルが洗練・改良されていきさえすれば、やがて「サビアン・シンボルは易経の64のシンボルに匹敵するようになる」とも信じて疑わなかったようだ。

こうしたルディアの占星術観や考え方に大いに影響を受け、自分なりに継承しようとしたであろう直居は、サビアン・シンボルの取り扱いをめぐって「単によく当たる占星術技法として用いようと」したり、「占い師的なセンスや奇妙な神秘主義で見ようとすると、シンボルはどんどん死んでゆく」、「当たることは当たってもその先はシールドが張られるように閉じられてしまう」のだと釘をさしているが、これは占術の実践者としては実に厄介なところであり、サビアン占星術の実践を深めていくことの難しさをよく言い表してもいる。

というのも、実際にサビアン・シンボルを使っていると、出生チャートの惑星やアングルの意味を拾い出そうとして、シンボルやその解釈を羅列していくうち、それらをどう総合させて読んでいけばいいのかわからなくなってしまったり、いつの間にかどうでもいい細部の解釈にはまり込んでしまうといった場面に幾度となく直面していくことになるからだ。

直居がサビアン解釈において「カルマ」や「過去生」、「アストラル体」、「振動率」といった言葉を繰り返し使っていたり、誕生時の出生チャートだけでなく、誕生前のプレ・ネイタルチャート、誕生後のアドヴァンスド・ネイタルチャート(いずれも出生時から日数を戻して or 進めていって、出生の太陽の位置に天文暦上の月がコンジャンクションかオポジションをとる時のチャート)の三つセットでその全体を出生チャートと捉えることを強く推奨しているのも(プレは精神的目的、ネイタルは具体的な現象、アドバンスは時間的展開やノウハウを表すとされる)、おそらくこうした実占者に訪れるであろう混乱状態に対する配慮に基づいてのことだろう。

ただ結果的に、直居のアプローチは熱心な読者を生んだものの、サビアン占星術の間口を大きく広げるまでにはいたらなかったと言える。

・松村潔による紹介

それに対して、松村はサビアン占星術をさまざまな形で展開させることで、サビアンという言葉が人口に膾炙するのに大きく貢献してきた。

松村自身はサビアンについての最初の著作である『神秘のサビアン占星術』（1991）の中で、ルディアの原典を改めて研究するところからサビアン占星術の研究をスタートさせたと書いているが、その際にいささか抽象的すぎるルディアの解釈法をいかにかみ砕いて応用化していくかに特に苦心したとも述べており、90年代以降数多く刊行された氏のサビアン関連の書籍のなかで、さまざまなユニークな取り組みを行ってきた。そのアプローチをざっと挙げてみると、①エニアグラムやカバラの生命の樹との組み合わせ、②年齢域との組み合わせ、③度数の数字による数理システム化、④5度組の重視、⑤サビアンのカード化など、これだけでも実に多様な試みがなされていることがわかる。

①のエニアグラムとは、アルメニア出身の神秘思想家グルジェフが世に広めたもので、今日では主に性格分析で用いられるこの図を、松村は『神秘のサビアン占星術』の中で太陽系の惑星の配置図に応用し、視覚化している。

同様に、カバラの生命の樹も太陽系の配置図に応用しており、『決定版サビアン占星術』（2004）では「惑星を役割的に分類するのに一番便利な図式はカバラの生命の樹です。あるいはまたエニアグラムをよく使います」とも説明しており、実際2000年代前半に筆者が学生だった頃、はじめて参加したサビアン・シンボル関係の勉強会で教わったサビアン・シンボルの使い方もこうした松村式のマトリックス図展開だった。

以下、松村の体系を筆者なりにまとめながら解説していこう。

生命の樹にしろエニアグラムにしろ、太陽系において中心的な役割を果たすのは冥王星、土星、太陽、月であり、人間が実感を持って生きている意識の領域より広大な〝上〟の次元との接点でありフタの役割を果たしているのが冥王星で、より物質的で閉じられた〝下〟の次元との接点であり扉の役割を果たしているのが月である。そして、そのあいだで己を奮い立たせ前進していく力の太陽と、社会における自己を客観視し逆算していく力の土星がせめぎ合うことで、人生が意味のある活動になっていくという縦軸がある。

では、他の惑星はというと、個人的領域、社会的領域、世代的ｏｒ時代的領域という惑星の公転周期の大きさに応じた各領域における「翼」になっている。つまり、世代的ｏｒ時代的領域の潮流の「目的」である冥王星として、その両脇には「可能性の拡大（＋）」を担う海王星と「決定（－）」を担う天王星がいて、同様に社会的領域の「目的」である土星の両翼には木星と火星がいて、肉体的ｏｒ私的な内面領域の基礎である月の両脇には金星と水星があり、３つの領域において３つの役割が繰り返され、それらを総合する中心に太陽があるという図式で、それぞれにサビアン・シンボルを配置し眺めていくことで、出生チャートがいかに働いているかをイメージやリズムを通してつかんでいくことができるという訳だ。

なおこの図式は、公転周期の小さい方から順になぞれば、そのまま②の年齢域ごとの受け持ちの惑星の交替による人生の流れとして読んでいくこともできる。この年齢域（The Age of Man）という考え方は古典期からあるものの、今では特に日本で広く受け入れられ、一般的なものとして解釈に取り入れられており、そこには

【サビアンシンボル書き込みシート】

目的：0⇒1へ
（意志を抱く）
統合作用

Name：

機能：⇒

決定：−（マイナス）
（決断して決定する）
左脳的

可能性：+（プラス）
（材料を増やす）
右脳的

♇ 冥王星（死後）根底の意志・血の業
座　　度：

霊的レベル
70代以降から

♅ 天王星（70〜84歳）常識の突破口・開放作用
座　　度：

♆ 海王星（84歳〜）集合的な夢やファンタジー
座　　度：

♄ 土星（55〜70歳）人生のゴール・良心の拠所
座　　度：

社会的レベル
30代〜60代まで

♂ 火星（35〜45歳）積極的な否定原理・自己主張
座　　度：

♃ 木星（45〜55歳）共存的発展原理・受容力
座　　度：

☉ 太陽（25〜34歳）本質的な喜びの源泉
座　　度：

個人的レベル
30歳前後まで

☿ 水星（7〜14歳）興味関心の持ち方や伝え方
座　　度：

♀ 金星（15〜25歳）感受性や魅力の発揮の仕方
座　　度：

☽ 月（0〜7歳）なじみやすい記憶や感覚
座　　度：

松村の影響も少なからず関係しているように思われる（ただし各惑星によって年齢をどう区切るかには諸説ある）。

・サビアンの数理化のよしあし

こうした一連の松村独自のアプローチの中でも、特に注目したいのが③の各サインの度数の数字のみを扱うことによるサビアン・シンボルの数理化であり、ジョーンズやルディアによって付加された言葉にひもづいたイメージの脱色の試みだろう。

もともとサビアン・シンボルには「中国人」や「退役軍人」、「インディアン」など、どうしても考案者の時代的偏見が強く残留していて、受け取り手がそれらの言葉の印象に振り回され過ぎたり、誤解してしまったりする弊害が指摘されてきた。そこで松村はサインの度数は思いのほか規則性が高いことに着目し、サビアン解釈の硬直化を避けるべく、すべてのサインに共通する度数ごとの特徴を抜き出し、強調するようになった。これは特に２０１０年代以降に色濃く著作に反映されるようになっている。

「数が骨であり、シンボルはその周囲に付着した肉」であるという言葉の通り（『完全マスター西洋占星術Ⅱ』２０１６）、この観点では各シンボルはあくまで補足的な位置づけにあり、実際「どのサインでも9度はそのサインの持つ基本的な姿勢、哲学を打ち出す」「30度ではサインにまつわるまとめや吐露が行われ、最終的な離脱がはかられる」といった骨組みに立脚していくことは、サインごとのそれぞれの度数を考えていくに当たって、変に言葉や連想をこねくり回すことなく、比較的平易に理解する手だてにもなるはずだ。

しかし、松村のサビアン占星術に対するアプローチにおいてもこのサビアンの数理化は白眉であると同時に、最も注意しなければならない難所でもある。『ディグリー占星術』（２０１２）

において、松村は各サインの21度までの度数について、例えば13度はタロットの大アルカナの13番目の「死神」と対応させ、19度は19番目の「太陽」と対応させるなど、かなり踏み込んだ解釈法を取り入れているが、こうした解釈は少しでも手つきを間違えれば過剰な飛躍や混乱のもとにもなりかねないだろう。

それに松村自身も言及していることだが、サビアン占星術を実践していると、しばしば「サビアンの示す現象が、象徴的にではなく、そのまま言葉どおりにあらわれることがあるという事情」に直面することがあり、それはそれで占いの持つ共時性であり、一種のマジカルな性質でもあるため、実践が深まるほどに一概にシンボルをすべからく無色透明にしてしまえばいいとまでは言えなくなってしまうところがある（『牡羊座について　サビアン・シンボルと度数の意味2007年版』）。

例えば筆者の個人的な体験で言うと、たまたま旧友から名付けを頼まれホロスコープを見た双子の赤ん坊の月の数え度数が乙女座10度「影の向こうを見つめる二つの頭」で、自分の出生の金星の度数とまったく同じだったり、職場の人間関係の相談でホロスコープを見ていた粘菌研究者の方の出生図のＭＣが蟹座17度「知識と生命に成長する微生物」だったこともあった。こうして文字にしてしまうと何でもないような偶然なのだが、実際の現場では言う方も言われる方も「あっ！」とか「えっ！」とか思わず変な声が出たり、どちらともなく笑いが起きたものだった。しかし、何かしら運命が孕まれる瞬間というのは、過去にあったもの（イメージ）が目の前の現実において再現されたり、今たまたま口にした言葉が先人の遺した言葉の中に再発見されたりと、そういう劇的な緊密さとカタルシスとがない交ぜになっていく時に迎えるものなのかも知れない。

この「度数か、シンボルか」という問いについては、占星術研究家の石塚隆一が『決定版サビアン占星術』に収録された「幾何学の象徴とサビアン」の中で「卵が先か、にわとりが先か」という問題に等しいと指摘しており、思考の袋小路に入らないためにも「一番効率的に利用できる方法で利用していくのがよいのではないか」と妥当な着地点を示している。とはいえ、サビアン占星術の研究や実践を進めていこうとすると、「サビアン・シンボルとは何か、度数とは何だろうか?」という問いに定期的に突き当たっていくことになり、これを避けては通れない。

ルディアという原典に立ち返ってみると、ルディアはまず一つのサインを二つに分け、15度ずつの度数のまとまりを「シーン(情景)」と呼び、人間経験の一大叙事詩としての獣帯を24のシーンで構想していた。さらに、ルディアはこの15度が「habit → emotional → mental」という3段階に分けられ、物質から霊への進化と関連しているという発想を持っていたが、松村もまたこのアイデアを採用し、シーンの内部をやはり「本能的」「情緒的」「文化的」の3つに分割し、一つのサインを経験するためには計6種類の5度組が進行していく必要があるという考え方を導入した(これは東アジアで伝統的に用いられてきた二十四節気七十二候とも通底するが本稿の趣旨から逸れるためここでは詳述は避ける)。

「サインの本質を端的に示す」第1グループ、「サイン特有の感受性を育む」第2グループ、「大胆な実験を試みる」第3グループ、「対向サインの性質を導入し調整する」第4グループ、「サインの力を最大限に開花させる」第5グループ、「次のサインを意識して引継ぎをする」第6グループといったように、獣帯全体だけでなく一つのサイン内の構造を明確化させる観点は、松村のサビアン解釈法のベースとなっていったと同時に、5度組ごとに獣帯72に分け、『旅する72星座占い』（２００４）や『72星座でわかるウンケミ相性占い』（２００６）のように広く一般向け書籍のコンテンツにもなっていった。

　また、⑤のサビアンのカード化の試みとして、『超霊力（パワー）サビアン占い』（１９９１）という本の付録として5度組ごとに72枚のカードが作られ、デッキとして遊べるものが考案されたが、これも④の5度組の重視の延長線上にあるものと言える。

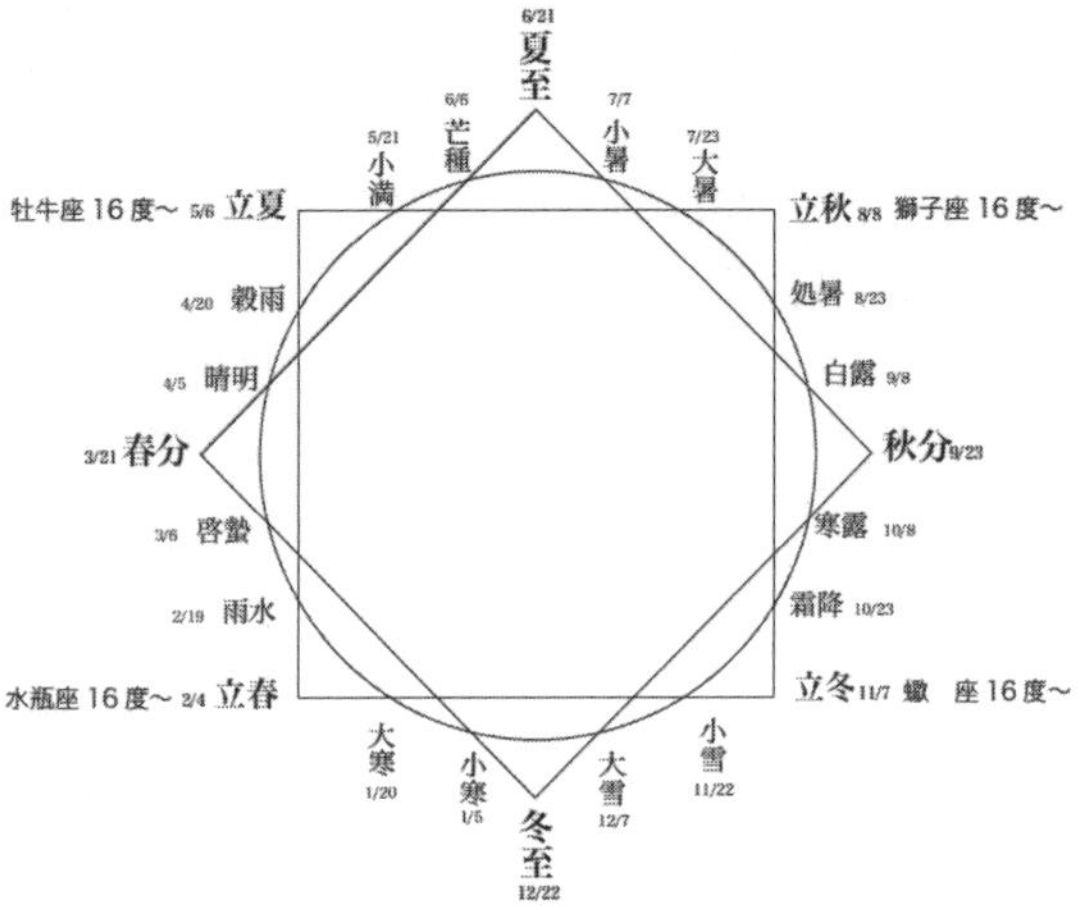

二十四節気とサビアン・シンボル

　ここまで直居、松村両氏のアプローチを概観してきたが、こうして原稿をまとめていると、改めて彼らの日本へのサビアン占星術の紹介と展開の歩みそれ自体が先の5度組の第1〜3グループに重ねられるように思えてならない。あるいは、すでに第4〜6グループにいたるプロセスやその萌芽を両氏は著作や言説のなかで示していたり、それらに気付いて実践・研究している読者もいるかも知れないが、少なくともその前半シーンが両氏の功績によるものだったということは忘れてはならないだろう。

Ⅲ．基本的な技法に合わせて使う時のポイント

　さて、ここからはカール・グスタフ・ユング（１８７５年7月26日19時32分（LMT）ケスヴィ

ル生まれ）を事例に、ホロスコープを読んでいく際にサビアン・シンボルをどう取り入れ、また何に注意したらいいのかを簡単にではあるが確認していきたい。

最初にすべきは、少なくとも太陽系のすべての惑星のサビアン・シンボルをざっと眺めることである。サビアン・シンボルを、他の見方では導き出せなかった答えや解釈を一点突破的に引き出すための辻褄合わせの道具にしないためにも、どれか一つの惑星だけでなく、ぜひすべての惑星のサビアン・シンボルを眺めて、シンボル間に何かしら一致や繋がりがないか確認していくのだ。

ユングの場合、月が牡牛座16度「年老いた教師が生徒に伝統的な知識に興味を持たせることに失敗する」、水星が蟹座14度「老人が北東に拡がる広大な暗闇を見つめている」で、「老人」が出てくることで共通している。また、木星が天秤座24度「蝶の左側の第三の翅」、土星が水瓶座25度「より完璧な形をしている蝶の右側の翅」で、いずれも「蝶」が出てくる。これで老人と海ならぬ、「老人」と「蝶（古ギリシャ語のプシュケーは蝶、そして魂を意味する）」というモチーフがそれぞれ強調されていることがわかった。

なお、一般的にはアスペクトの種類に対する解釈もここに代入していきたくなるところだが、サビアン占星術ではそれはいったん脇において、アスペクトを構成するサビアン・シンボルのテーマ性こそが中心的な問題となる。

月は幼児期に刷り込まれた潜在的な性質や、具体的な生活の中でどんな欲求を繰り返し抱くかなどを表すが、ユングの場合、月は冥王星とコンジャンクションをとっている。冥王星は巨大な力を取り込んでいこうとするため、連動する月も気を溜めて溜めて溜めて溜めて、ときどき感情を爆発させたり、危機状態を経験したりすることで、やっと発散されていく傾向が考えられるが、はてさて、この冥王星は牡牛座24度にあって「戦利品としての頭皮つきの長い髪の束をつるし、馬にまたがるインディアンの戦士」というサビアンである。

月のサビアンの「年老いた教師」も危機的状況に直面していたが、この度数は土サイン特有の経験主義や神聖視されてきた伝統の中にもはや自分を置いて安住していられなくなり、これまでの自分の在り方がまるっきり変わってしまうような事態を受け入れていくといった、危機を通じた発展や成長と関係しているのだという。そうすると、この「老人」とはユングの人生に定期的に訪れた危機とも関係しているのかも知れない。

月の年齢域はおよそ物心つくまでの幼年期だが、そこで連想されるのは『自伝』の冒頭でも語られた有名な「ファルスの夢」である。これはユングが3、4歳の頃に見た、記憶している限り最初の夢とされるもので、家の周囲に広がっていた牧場の地面に穴を見つけ、石の階段をおりていった先で、長方形の部屋に突き当たり、その奥で玉座の上に4〜5メートルほどの巨大な男根像を目撃する。そのてっぺんには目が一つあって、じっと上を見つめており、頭上には明るい光の放散があったという。当然、夢の中のユングはこわくて動けなかったが、その時、外から母の声が聞こえてきて、母が「そう、よく見てごらん、あれが人喰いですよ」と叫んだところで目を覚まし、我に返ると汗がびっしょりで死なんばかりだったと。

河合俊雄はこのファルス（男根像）ついて、「天にいる精神的なキリスト教の神に対して地下に存在していてそれを補償するような神を象徴して」おり、ユング自身がこの夢を一種の大地での葬式であると述べているのに重ねて、この夢体験は「ユングが異界の存在に食われるイニシエーションであった」と言及している（『ユング　魂の現実性』2015）。

これは先の冥王星のサビアン・シンボルに出てくる「インディアン」が、往々にして自然とともに生きる人々を意味し、戦士が滅ぼそうとしている敵が西欧人や西欧文明であり、キリスト教徒であること、そして実際ユングの父が牧師であったことを考慮すると実に興味深い(月が強力なのに対し、太陽は地平線に沈む配置、海王星とのスクエアで著しく弱体化していることにも注目したい)。

そして水星のサビアンに出てくる老賢者を思わせる老人は、シンボル上で北東を向いていたが、月はホロスコープ上でも北東に位置しており、ユングが『自伝』の中で「あの時、私の知的生涯はその意識的な出発をしたのである」と述べたように、この夢自体にユングが生涯をかけて追究し、結晶化させていった思想がすでに現われているのだと見なすことができる。

なおこのファルスの夢＝ユングが追究していった思想という仮説に関しては、ユングの出生チャート上で、冥王星が木星、土星と複合アスペクトを形成しており、シンボルの連続性についての解釈やそれらが「生涯学習」のアスペクトとも言われている点からも、さらに裏書きしていくことができそうだ。

このように、サビアン・シンボルを解釈に取り入れていく際には、自分たちに都合のいいイメージやキーワードを得るためにサビアンを手軽に利用しようとするのでなく、シンボルの側がおのずと働きかけてくるまで時機を待ったり、質問したり体験を掘り下げていくことでシンボルを育てていくといった姿勢も大切になってくる。

ちょうどフロイトと決別して方向喪失感から精神的危機に陥ったユングが、精神病になったのではないかと自分で疑うくらい、すさまじいファンタジーやビジョンにさらされる中で、自分は過去の神話を研究したり、英雄の本を書いたりしたけれども、果たして自分は現にそれらの神話の中に生きているのか、と自問自答していったことを思い出されたい。ここで重要なポイントとなっているのは、ユングが神話を自分が手に持って処理できるものとしてではなく、むしろそれに包まれているもの、そのなまなましい現実性の中で暮らしているはずのものとして扱っていたということである。それと同様に、サビアン・シンボルに表されたイメージが単に頭の中だけで思い描かれる抽象的な観念としてではなく、その中に自分がいるはずの現実と地続きのものであり、実際に自分が体験している実感やイメージに根拠や論理を提供してくれているのだと見抜くことができた時、私たちは初めて当のシンボルの解釈に成功しつつあるのだと言えるのではないか。

「インディアンの戦士」としての冥王星に圧迫された「年老いた教師」としての月が、近代的自我を犠牲にしたことでフロイトとの繋がりや社会的立場を失ったユングそのものだとすれば、木星と冥王星の１５０度は信じられる神の再建の試みであり、集団的で公的なものを表す木星のサビアンである「蝶の左側の第三の翅」とは、危機に陥ったユングを襲った意味の捉えきれない夢やビジョンであり、この特別な蝶とは、ユング自身であると同時に彼が診てきた印象的な患者たちでもあったはずだ。

おわりに

最後に、ルディアはサビアン・シンボルの唯一の機能は「誰かが新しい自分自身に気付き、内に秘めたすべての可能性の実現者へと近づいていけるよう、助力することにある」と述べていたが、筆者もまたサビアン占星術が、ある人が「何者であるか」を知るためでなく、「何者であろうとしているか」を知ろうとする人には、大きな気付きをもたらしてくれるものと信じている。

こころと身体の占星術

四つの気質——テンパラメント

登石麻恭子

はじめに

古代から中世にかけて、体液のバランスが健康に影響すると考えた「体液病理説」が医学的思想の根幹となっていました。「血液 (blood)、黄胆汁 (choler)、黒胆汁 (black bile)、粘液 (phlegm)」の4種類の体液を人間の基本体液とし、その混合バランスが調和していれば、身体の健康や精神の健康が保たれ、調和が崩れれば病気になるという考え方です。

また身体の中の体液のバランスを西洋占星術的に判断し、気質 (Temparaments) を調べる方法があります。ここで言う気質とは体質的な要素と、体質の影響として性格面に及ぶ要素を含んだものと見ていくことができるものです。医療占星術的に身体の状態を観ると同時に、心のあり方を明らかにしていく手法であり、心と身体を切り分けて考える現代の医学論とは異なる、心身一如なものとしてとらえられるでしょう。

こうした身体の状況が精神に影響するという医学論は、中国の五行説やアーユルヴェーダのトリドーシャ説にも通じ、心と身体をまとめてとらえる視点を持つものとして、あらためて着目すべきであり、価値ある手法と考えられます。

四体液論の歴史

古代ギリシャ

四つの体液のバランスにより身体の状態を観ていく医学論の根源は、古代ギリシャ時代にさかのぼります。四つの体液の混合から観ていく医学的な初期の発想は、ヒポクラテス（紀元前460年頃〜前375年頃）によるものでした。

コス島に生まれたヒポクラテスは、アスクレピオス派と呼ばれる医師団に属し、ギリシャ各地を移動しながら治療している遍歴医として活躍していました。ヒポクラテスは各地を巡っていたこともあり、土地やその土地の気候や食事・季節などの差といった外的な要素が健康に影響するという考え方を持っていたことがわかります（『空気、水、場所について』）。また、ヒポクラテスが著述したと言われる『古い医術について』という文献の中では、「熱・冷・乾・湿」という性質から医学的に判断する「新しい医学」に対して、食餌法や経験知を中心とした「古い医術」も尊重されるべきであると記していました。

またこれらの著述よりも後に書かれたとされる『人間の自然本性について』（ヒポクラテスの娘婿で、弟子であるポリュボスの著作とされています）で、体液の混合バランスによって健康が保たれたり、そのバランスが崩れることから病気になるという考え方がまとめられています。

これらのことから、当初からヒポクラテスが体液論を提唱していたというよりも、「熱・冷・乾・湿」の性質から医学的に判断する医学論があり、その後、「熱・冷・乾・湿」などのうち、いくつかの性質を併せ持つ複数の体液のバランスが健康に影響すると考えるようになった流れがわかるでしょう。

「熱・冷・乾・湿」の四つの基本性質と医学的な見解については、紀元前500年頃、ピタゴラス派の医師であったクロトンのアルクマイオンは「乾いたもの、湿ったもの、冷たいもの、熱いもの、甘いもの、苦いものなど諸性質の均衡が健康を保つ。しかしそれらのうち一つが優勢になると病気を生じる」と記しているので、その時期から考慮されていた要素と考えることができるでしょう。またここで乾いたものと湿ったもの、冷たいものと熱いものなどの対比が見られ、反対の要素を持つものによる均衡が重要だと説かれたことは、古代から中世、近世にかけて定着していた「反対のものは反対のものによって治す」という、性質の対立するものを充てることにより治療する医学的定説のさきがけがこの時期からあったこともわかります。

ヒポクラテスや周辺の人たちの著述した文書をまとめた『ヒポクラテス全集』(『ヒポクラテス集典』とも)はヒポクラテスが亡くなった後、紀元前3世紀頃、アレキサンドリアでまとめられたと言われています。ただ、この著作集はヒポクラテス派(コス派)の文書だけではなく、コス派と対立していたクニドス派の文書も含まれていて、構成する体液について、血液・粘液・胆汁・水と記述していたものもあれば、胆汁・粘液としたものもあり、それらは学派の違いによるものだったようです。

また、体液の変動は季節や年齢においても起こるという考え方があり、季節変化や、人生の四つの期間(幼年期・青年期・中年期・老年期)に結びつくことから、それぞれの人生の時期や季節に特に増える体液なども配当されました。血液(熱・湿)は春・幼年期に増え、胆汁(熱・乾)は夏・青年期に増え、黒胆汁(冷・乾)は秋・中年期に増え、粘液(冷・湿)は冬・老年期に増えるとされ、それぞれの季節や人生の期間でのそれぞれの体液の増加により、それを原因とする病気にかかりやすいとも考えられたようです(158ページの図2参照)。

古代ローマ

古代ローマ時代に入ると、ガレノス（129年頃〜200年頃）がそれまでの医学論をまとめ、ヒポクラテスが提唱した四体液論はガレノスによって医学論としてさらに洗練され、広められていきました。ガレノスはペルガモン生まれのギリシャ人で、剣闘士を治療する医師として働いたのち、ローマにわたり、のちにローマ皇帝の主治医になったと言われている人物です。ガレノスはヒポクラテスを神格化したため、ヒポクラテスの医学的な地位はガレノスによって堅固なものにされたと言ってもよいでしょう。ヒポクラテスから引き継ぎ、ガレノスが集成した四体液論は、その後、アラビア医学に影響し、ルネサンスを経て、ヨーロッパ世界を1500年間、席巻しました。

この頃から、体液が病気の原因だけでなく、体質や性格などにも影響を及ぼすという考え方も見られるようになってきました。ガレノスは自著の『クラーシス（組み合わせ）について』で、四つの基本気質のうち、熱気が身長を高くし、冷気が低くする、湿気が人を太らせ、乾気が痩せさせると記し、さらに性質についても、黒胆汁は穏やかな人には見いだせない、などと記述しています。また別の著作では「精神的な気質は、肉体の中の体液の組み合わせによって決まる」と述べ、体液のバランスが体質や性格にも及ぶことが、この時期あたりから組み込まれていったことがわかるでしょう。

アラビア

ガレノスの四体液論を基盤とした医学論は、5世紀から9世紀にかけてアラビア語に翻訳され（時にはシリア語を経由して）、アラビア世界に伝えられました。こうした翻訳文献をもとに四体液論はアラビア世界の医学に取り入れられていきましたが、これらの優れた文献の知識をもとに9世紀から11世紀にかけて優秀な医学者も輩出されました。

イブン・スィーナー（アヴィセンナ）（980〜1037年）もそうした医師の一人です。10歳でクルアーンを暗唱し、18歳で自然学、形而上学、天文学、医学などのすべての学問を修めたと言われていました。医師として王朝に仕えますが、君主の死により職を失ったり、別の君主に宰相として仕えるなど、時代の隆盛に翻弄されながら波乱万丈の人生を送ったようです。そして哲学や科学などの膨大な著作を書き記しましたが、中でも重要なものは『医学典範（カノン）』と呼ばれる医学書でした。『医学典範』にはガレノスの四体液論を基盤として医学的見解が書きまとめられていますが、ガレノスの学説をそのまま踏襲するのではなく、時には批判を加えたり、インドからの知識を参考にしていたりと、イブン・スィーナー独自の論調も見ることができます。この『医学典範』は12世紀にラテン語に翻訳され、ルネサンス〜17世紀頃まで西ヨーロッパ世界での医学的な土台を支えたものとなりました。

現在のイスラム世界では四体液論による医学は、伝統医学ユナニ医学として継承されています。ユナニとは「ギリシャの（イオニアの）」の意味で、四体液論＝古代ギリシャのヒポクラテスから継承されてきた医学という趣も見て取ることができるでしょう。

ヨーロッパ　4世紀から13世紀頃まで

一方、4〜5世紀のヨーロッパ世界では、修道院が医学の要所であったと言われています。修道院の庭で薬草を育て、独自に医薬品を作り、貧富の差なく治療を施しました。また修道院という閉

『サレルノ養生訓』
12 〜 13 世紀

じられた環境は、医学的知識が継承されるのにうってつけの場でもあったようです。古い医学文献が書き写して保存されていったため、ある意味、医学の図書館という役割も担っていたと言えるでしょう。

この中世の修道院において、ドイツのベネディクト会の女子修道院長であったビンゲンのヒルデガルド（１０９８〜１１７９年）は、医学・薬学に通じた修道女として活躍しました。また音楽や著述の高い才能を持つ才女であり、幻視の能力を持つ神秘家でもあったそうです。ビンゲンのヒルデガルドの著作のうち『自然学』『病因と治療』が医学・薬学・博物学に関するもので、四体液論による、病気の解説や治療法、それに用いる薬草や鉱物・動物などの働きや性質（熱・冷といった傾向）も示されました。

またイタリアの保養所であったサレルノの地には医学に関わる多くの人たちが集まり、9世紀には著名な医師による医学研究もなされていました。10世紀頃にはサレルノ医学校(現在のサレルノ大学の前身）も設立され、中でもヨーロッパ世界を席巻した有名なものは『サレルノ養生訓（*Regimen sanitatis Salernitanum*)』と言われる著作です。書かれた時期は定かではありませんが（おそらく12〜13世紀頃。それよりも早いという説もある）、３００篇の詩からなる健康の教訓書で、時代をわたるにつれ徐々に内容を増やし、様々な言語に翻訳され、18世紀まで人々の間で使用されたと言われます。またノルマンディー公爵のために書かれたという話や、イングランド王にも送られたという逸話もあります。

この詩篇は、毎日の生活における食事や衛生などに関するもので、公共や個人の健康を維持することを目的としたものでした。この中で血液・胆汁・黒胆汁・粘液の四つの体液のバランスや、四つの体液のうちどれが優勢であるかによってその人の気質を示す、血液質・胆汁質・黒胆汁質・粘液質という身体と心の傾向や特徴についても述べられ、人がより良く、より健康に生きていくための方法を提示しました。

一旦の終焉から再注目まで

このようにヨーロッパ世界の医学上の定説となった四体液論ですが、１６２８年に医師のウィリアム・ハーベー（１５７８〜１６５７年）が血液循環説を確立し、血液は心臓から出て、動脈を通って身体の各部にいきわたり、毛細血管を経て静脈を経由し、再び心臓へ戻るといった循環をしていると実験により証明したことから、四体液論は医学論として大きく覆されます。それまでの四体液論では、血液などの体液は循環せず、２系統の血液輸送系統があるとされていました。動脈を通じて空気を含んだ血液によりプネウマ（気やエネルギーのようなもの）が全身に運ばれ、静脈を通じて栄養は全身に運ばれ、それらは身体の末端ですべて使用されると考えられていたのです。それ以前にベルギーのアンドレアス・ヴェサリウス（１５１４〜１５６４年）によって行われた詳細な人体解剖により、ガレノス医学の矛盾は指摘されていましたが、それを証明するものはありませんでした。このハーベーの報告や顕微鏡を使用した医学・科学の発達により、そうした潮流が一気に進み、現代医学が発達していく一方で、四体液論は「過去のもの」「古い医学」として扱われるようになったのです。

しかし現代において、四体液論はあらためて注目されることになりました。それは現代医学の発達により、心のあり方と身体のあり方が乖離したものになってしまったためです。こうしたつながりを取り戻すべく、代替医療の領域でアーユルヴェーダや中医学とともに、四体液論も取り上げられ、関連する著作や知識なども伝えられるようになったのでしょう。

四つの体液と医学論

四体液論の基本は、人の身体に存在する四つの基本の体液である、血液・胆汁・黒胆汁・粘液によって均衡が保たれ、その混合が調和的なものであれば、心身の健康が保たれ、混合のバランスが崩れれば病気になる（身体も精神も）という考え方です。

それは同時に、病気には複数の原因があるのではなく、体液のバランスという一つの要因が病気や健康を左右するという考え方ととらえることもできるため、単一原因論、統一的医学論とも言えるかもしれません。また自然のバランスを回復させるために過剰な体液を排出することは治療であり、浄化につながること、さらに心身を柔和にして、常に快適な自然体であることにより過剰な体液はおのずと排出されるとヒポクラテスは述べています。

またガレノスは、食事を摂取し、胃で消化されたもののうち、不要物は下方に捨て去り（便などとして排出）、良質なものは肝臓へ送られ、肝臓、もしくは静脈で適切な熱を加えられたものが血液で、加えられた熱がより熱ければ胆汁に、より冷たければ粘液になると論じました。また胆汁は脾臓に貯蓄されますが、脾臓の機能が悪い場合は煮詰まったようになり黒胆汁となるとしました。

このように人の健康と病に大きな影響を与えていたとされる四つの体液ですが、まずはこの四体液が身体の中でどんな役割を果たしていたと考えられていたのかを見てみましょう。

・血液

熱くて湿った性質を持つ。摂取した食事の消化が肝臓で適切に行われることによってできる体液。静脈を通って、全身に栄養をいきわたらせ、余ったものは種子（生殖）に用いられる。判断力を養うものであり、肝臓および静脈に主に存在する。木星に支配される。また血液が過剰な場合について、『サレルノ養生訓』には「顔が腫れて、ほほが膨らみ、額はぎらぎら脂ぎってお腹ははちきれそうになる。安眠できず、不可解な夢を見る」とある。

・胆汁

熱くて乾いた性質を持つ。体液を浄化し身体に熱を与える役割。そして消化の際に不要なもの（最終的に便となるもの）を取り除く働きを持つ。また血液が血管を通過しやすいよう血液の粘性を低く保つのにも必要な体液である。精神に対しても直感的な理解力をもたらし、積極的な活動を促し、勇気を出させる。多すぎると精神の過剰な活動や怒りを引き出す。胆嚢に保持され、火星に支配される。また過剰な場合について、『サレルノ養生訓』には「耳鳴り、不眠。口調が乱暴に。いらいら。のどの渇き、胃のむかつきから食欲低下。心臓痛。不整脈。何事も極端。唾液はすっぱくなり、たびたび花火の夢を見る」とある。

・黒胆汁

冷たくて乾いた性質を持つ。保持機能を有し、血液に強さや濃度、粘性、耐久性を与え、骨や髪や爪に栄養を与える。またすっぱく苦い味を持ち、胃において食欲を刺激し、消化を促す働きがあるとされた。精神に対しては記憶力を高め、好色さやいい加減さを制して謹厳な態度をもたらす。しかし過剰であると落ち込みやすさや絶望感にもつながる。メランコリーの語源にもなっている(melas(黒)+chole(胆汁))。脾臓に保持され、土星の支配下にある。また過剰な場合について、『サレルノ養生訓』には「脈は激しく打ち、顔色は黒ずみ不良、分泌液はさらさら、脳は弱々しく空想気味、理由もなく喜んだり、延々と悲嘆にくれる。しばしば白昼夢に脅かされ、悪霊が心に浮かぶ。すっぱいげっぷ、左側の耳がほてってくる」とある。

・粘液

冷たくて湿った性質を持つ。身体を柔らかく柔軟にし、不要物の排出がスムーズに行われるようにする。運動による熱の影響から脳や心臓、全身を冷やし、守る。精神に対しては怒りや熱気を鎮め、心落ち着かせるが、多すぎると怠惰さや精神の緩慢さをもたらす。肺で貯蔵され、月もしくは金星の支配下にあるとされる。また過剰な場合について、『サレルノ養生訓』には「味覚低下、唾液過多、わき腹から腰にかけて痛み、食事に嫌悪感を催して、消化不良、頭も胃も不調。胃の差し込み、頭痛。血管は虚脱、脈はゆっくりで弱い。海や川の夢を見る」とある。

四つの体液と気質(Temparaments)

四体液論では、それぞれ四つの体液のバランスで健康や病気を取り扱っていきますが、体質や性格面や精神のあり方なども、四つのうち優勢な体液によってもたらされると考えられてきました。そして、優勢な体液の名を取って、それぞれの体液にちなんだ体質や性格的な要素を併せ持ったものを**気質(Temparaments)**として示しました。気質のうち、血液が多い気質を血液質(多血質)、胆汁が多い気質を胆汁質、黒胆汁が多い気質を黒胆汁質、粘液が多い気質を粘液質と表します。

また気質には、さらに5つの副次的な気質傾向があるとされています。これは特定の4性質が強く出る状態と、完全にバランスのとれた状態です。特定の4性質が強く出る状態では、例えば、温度的な要素(熱・冷)に差が出ていても、湿度的な要素(乾・湿)は同程度だったり、また逆に温度的な要素(熱・冷)は同程度であっても、湿度的な要素(乾・湿)には差がある場合などがあります。このような場合、特定の2種類の体液が優勢であると考えていくので、熱要素が強く出る場合は「血液質－胆汁質」、冷要素が強く出る「黒胆汁質－粘液質」、乾要素が強く出る場合は「胆汁質－黒胆汁質」、湿要素が強く出る場合は「血液質－粘液質」と表されました。

完全にバランスのとれた状態では、ある意味、体液がバランス良く配合されていると考えられるので、健康面においても、性格的な面においても、非常にバランスの取れた良い状態であるとみなすことができます。ただし、体液の状態は少なからず環境に影響され、季節ごとに変動するものとみなされていたため、常に完ぺきな状態というわけではありません。しかし健康や心の状態においてバランスが崩れにくく、比較的良い状態を保ちやすい性質を持つと考えることができるでしょう。

まずは、四体液論ごとの四つの気質について、『サレルノ養生訓』などを参考に身体と心の傾向について見ていきましょう。

身体については体つきや皮膚の具合、食欲や消化・代謝の傾向など、それぞれの気質傾向ごとに記述されていることが多いようです。さらに四つの体液が特定の臓器と関連があることから、それぞれにまつわる臓器に負担がかかりやすい傾向も読み取れます。

また面白いのは夢についてです。気質ごとに睡眠や見る夢の傾向などが書かれており、それぞれの気質にまつわる精神傾向や元素にまつわる夢を見ることが多いとされています。こうしたことは、現代では笑い話のように取り扱われてしまうかもしれませんが、古い時代では夢はその人の魂や肉体のすべてを反映していると考えられていたようです。例えば、ヒポクラテス全集の「夢について」では、「睡眠中に肉体が感覚することはないが、魂は狭い場所にありながら、目覚めてあらゆるものを認識し、見えるものを見て聞こえることを聞いて、歩行し、触れて、苦しみ、思考する。魂は肉体と魂に従属するすべての働きを睡眠中に行なう」と記され、さらに「これらの徴《しるし》を正しく判断する術を知るものは、知恵の大きな部分を知る」とされました。

また尿について記載されていることも多いのですが、ここでは割愛します。尿の色を観るのは医学的な診断に必要なためで、病気になって医者にかかる際、尿を持参し、医者はそれを観て身体の状態を判断していきました。また中世には尿の色を判断する色付きの図解などもあったようです。

・血液質（多血質）　Sanguine

若い頃はバランスのとれた体格で、ほどよく筋肉がついている。体つきはしっかりと力強く、脈は力強い。明るい顔つきで、ほほは赤みがさす。中年期以降、過食や運動不足から太ることがあり、その場合は内臓脂肪がつきやすい。皮膚は温かみがあり、しっとりしていて張りがあり柔軟、皮脂もいきわたっている。

食欲は旺盛で、しっかりとした食を好む。消化吸収も速いため、大抵の場合は問題ない。ただ過食傾向があり、それにより消化器に負担がかかりやすい。身体の代謝も活発で、ケアや食事療法などをしたときの反応も早い。消化器系の不調、肝臓・泌尿器・生殖器の問題が出やすい。皮膚のトラブルやアレルギーなどが出やすい場合がある。汗をかきやすいが過剰というほどではない。

睡眠についてはよく眠れるし、回復力もある。よく見る夢は愉快な物語や甘いムードのもの、遊びや旅行のような楽しい内容。赤にまつわる夢を見ることもある。

性格面は陽気で明るく前向きな傾向。物事に対して想像力と遊び心を盛り込んで取り組む。社交的で人に共感しやすく、人から相談をされたときは楽観的で前向きな対応をしていく。『サレルノ養生訓』には、図々しさがあり、けんかっ早いが、気前も良く、みんなで騒ぐことや音楽が好きで、楽観的とも書かれている。

・胆汁質　Choleric

筋肉質でしっかりとした体格で、目力がある。運動を定期的に行う場合は、筋肉が発達し、痩せていることが多いが、運動不足だとすぐに脂肪がつきやすい。身体に湿り気が少なく、脈は速くて

四気質の顔立ち、ラヴァーター『観相学断片』（1775年-1778年）より。
左上：粘液質　右上：胆汁質
左下：血液質　右下：黒胆汁質

強い。肌は乾燥しがちだが温かみがあり、肌荒れ・吹き出物・炎症などが出やすい。

食欲はしっかりある方だが、特に怒っていたり、イライラしたりするときに極端に食べるか、もしくは食べないかになる。大食するときは、味の濃いものや、酒類などを多く摂ろうとする。消化力は基本的に強いが、感情の高まりから消化不良や胃の調子が悪くなるときがあり、胸やけや胃液の逆流なども見られる。代謝は活発な傾向で、回復も早く、二日酔いなども少なめ。汗を大量にかく。

睡眠は浅く短い傾向であるが、ストレスがかかると不眠や睡眠時間が短くなるなどトラブルが出やすい。誰かとけんかする夢、競い合う夢や戦いの夢、火が燃えている夢などを見やすい。

運動を好むが、人と競争したり、力をぶつけあったりして優劣を競うようなものの方が意欲的に取り組める。

性格面は前向きで、興味があることに対して熱心に取り組む。勝気な傾向で、集中力があり、勝負する場面では分析力や状況判断力を駆使して戦略を練って勝とうとする。『サレルノ養生訓』には、荒々しい性格で情熱にあふれ、せっかちでプライドが高く野心家であると書かれている。

・黒胆汁質　Melancholic

体型は痩せ型で、骨ばっている。食べてもあまり太れないことが多いが、体重が多い場合、皮下脂肪がお腹周りにつきやすい。代謝は低めで、体温も低く、体調を崩すとなかなか回復しにくい。皮膚は乾燥気味で、ひんやりしている。

食欲はその時々で変わりやすく、食欲がなかったり、急にたくさん食べたりもする。また消化状態も変化しやすく、調子が良い場合もあるが、不調のときは、消化不良、ガス腹などになりやすい。冷えや水分不足から調子を崩すことがある。調子を崩すと、体重減少、栄養不足、食欲不振、便秘、神経質、疲労感、抑うつ傾向などが現れやすい。汗はあまりかかないが、緊張やストレスがかかるときは、冷たい汗をたくさんかく。

睡眠はあまり十分に取れず、浅い傾向。ストレスがかかると、不眠になりやすい。夢は、暗い雰囲気のもの、死や喪失に関連していたり、切羽詰まったムードのものや、追いかけられる夢などを見やすい。

性格面は、真面目で細かいことによく気づく。分析的で、慎重さがあり、着実に物事を実行していく力がある。物事を深く考え、哲学的であり、芸術的な面もある。優れた記憶力を持つ。論理的に物事を考え、現実的だが、何かと考えすぎて人と距離を置きがち。現実的な判断力を持つ一方で、豊かな想像力と空想力を併せ持つ。『サレルノ養生訓』には、勉強好きで、(中略) 注意深く明敏、倹約家であり、憂うつそうな顔つきをしている……とある。

・粘液質 Phlegmatic

ゆったりとした雰囲気で、肥満傾向もある。筋肉は少なめでぽっちゃりとしていることも多い。皮膚はしっとりと柔らかいが、冷たい感触でむくみやすく、肌荒れや炎症などを起こしやすい。代謝は低めで、手足は冷え気味。身体を温めたり、運動したりすると調子が良くなる場合も多い。

食欲はほどよくある。乳製品・炭水化物・甘いものを多く食べ、歯ごたえがあまりないものを好む。消化はゆるやかで時間がかかり、食後に眠くなることも多い。食事が合わないと消化不良を起こしやすい。水分や老廃物が溜まりやすいため、むくみやニキビなどが出やすい傾向。汗は、冷たく湿っていて、軽い運動でもすぐに汗が出る。手足に汗をかきやすい。

睡眠は深く、比較的よく眠れるが、眠りすぎる傾向もあり、昼間の居眠りなども多め。肥満からいびきをかくこともある。夢は穏やかな雰囲気のもの、海や川、雨など水にまつわるテーマのものを見る。

性格面は穏やかで、行動もゆっくりとしているが、興味を感じるものに対しては徹底的に取り組んでいく。忍耐強く物事をやり通す力がある。記憶力も高い。他者に対して優しく、愛想良く振舞う。場の調和をもたらす調停者になりやすい。やりたくないことに対しては、てこでも動かないし、気分が乗らないときは怠惰になりやすい。『サレルノ養生訓』には、苦労を嫌い、精神的に不活発だが、公正であるといった内容が書かれている。

さらに複合的な気質についても見ていきますが、二つの要素が合わさった面も出てくるので、それぞれの気質のところも参考にしてください。

・血液質ー胆汁質(「熱」要素が強い場合)

体格が良く、筋肉も多く、体温は高め。食欲は活発で消化も良く、しっかりした食事を好む。気持ちが盛り上がるようなときは食べすぎ・飲みすぎに注意が必要。肌は弾力があり、温かみがある。

代謝も良く、疲労や不調から素早く回復する。

性格面は、活気があり前向き。実行力があり、新しいことにも意欲的に挑戦する。人と盛り上がることが好きだが、自分のやりたいことや個人の活動も大切にする。その一方で落ち着きがなく、人の気持ちを察するのは苦手。

・黒胆汁質ー粘液質(「冷」要素が強い場合)

中肉中背だが筋肉の量は少なめで、体温は低め。食欲はほどよくあるが、落胆や気鬱から食欲が落ちたり、消化不良気味になったりする。代謝はあまり活発ではなく、特に身体を冷やすと調子が悪くなりがち。

性格面は落ち着いていて、周りの人たちの状況を見ながら現実的に物事に対応していく。人の気持ちを察しながら、必要な行動を打ち出していける。記憶力も高い。感情の起伏もそれほど大きくないが、落ち込みやすかったり、消極的な傾向が出てきたりして動けなくなってくる。粘液質の人よりも知的なことに興味を抱きやすい。

・胆汁質ー黒胆汁質(「乾」要素が強い場合)

体格は比較的痩せていて締まった身体つきをしている。食欲や消化も悪くなくしっかり食べて栄養を摂取していくが、気持ちの安定に左右される傾向がある。腹を立てたり落ち込んだりすることから、食欲不振、消化不良などに陥りやすい。代謝はほどほどに良いが、身体を冷やしたり、水分補給を怠ったりすると、調子が悪くなりがち。

性格面では自立的で、単独行動も多め。論理的に物事を判断し、現実に照らし合わせながら適切に決断し、実行に移すことができる。目的意識が強く、決めた目標に向けて着実に物事を進めていく。人付き合いはあまり良くなく、一人でいることを好む場合も多い。

・血液質—粘液質（「湿」要素が強い場合）

体格はしっかりしているか、ふくよかなことが多い。食欲は旺盛で、消化も活発だが、冷たいものや水分の多いものを食べすぎると調子を崩しやすい。皮膚はほどよい柔らかさで弾力がある。代謝は問題なく新陳代謝も良いが、運動不足であったり、冬場や身体を冷やしすぎると代謝も落ちてくる。

性格面は、人当たりが良く、人との関わりを大切にする。その一方で、寂しがり屋な面もあり、他者の言動から影響を受けやすい。本当にやりたいこと以外については、なるべく困難を避け、楽な進め方を求めていく傾向もある。

・バランス型（すべての性質の度合いが同じ場合）

すべての性質が同じ程度にある場合、すべての体液がバランスよく配合されている状態とみなすことができるため、健康面、性格面において、とても良い状態であると考えられている。

消化も良く、ほどよい肉づきで、筋力もある。代謝も良く、季節変化に左右されにくい。

性格面もバランスが取れていて、温厚で人付き合いも良いが、必要なときに積極性を発揮したり、自己主張もできるし、相手の気持ちを察しながら、やるべきことをこなすことも得意。

四気質 Temperaments	血液質 / 多血質 Sanguine	胆汁質 Choleric	黒胆汁質 Melancholic	粘液質 Phlegmatic
優勢な体液	血液	胆汁	黒胆汁	粘液
四元素	風	火	土	水
座（Seats）	肝臓	胆嚢	脾臓	肺
性質	熱・湿	熱・乾	冷・乾	冷・湿
天体	木星	火星・太陽	土星	月・金星
季節	春	夏	秋	冬
年齢期	幼年期	青年期	中年期	老年期

表１：四体液と関連付けられる様々な事象

四つの気質と四つのエレメント

各気質はそれぞれの体液の四つの性質（熱・冷・乾・湿）によって構成されますが、それに関連して同じ気質を持つ四つの元素（火・土・風・水）とも結びつけられました。

そもそも四つの元素はエンペドクレス（前４９０年頃～前４３０年頃）によって提唱されたもので、あらゆるものは火・土・風・水で構成されていると考えら

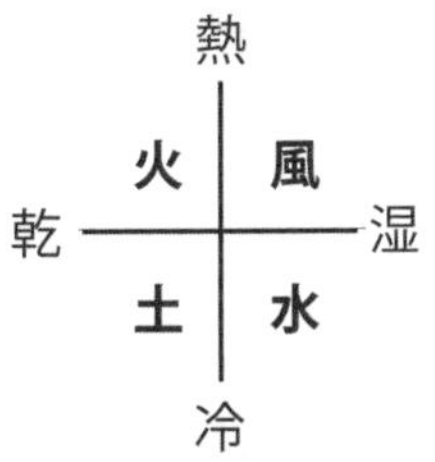

図１：四つの性質と四つの元素

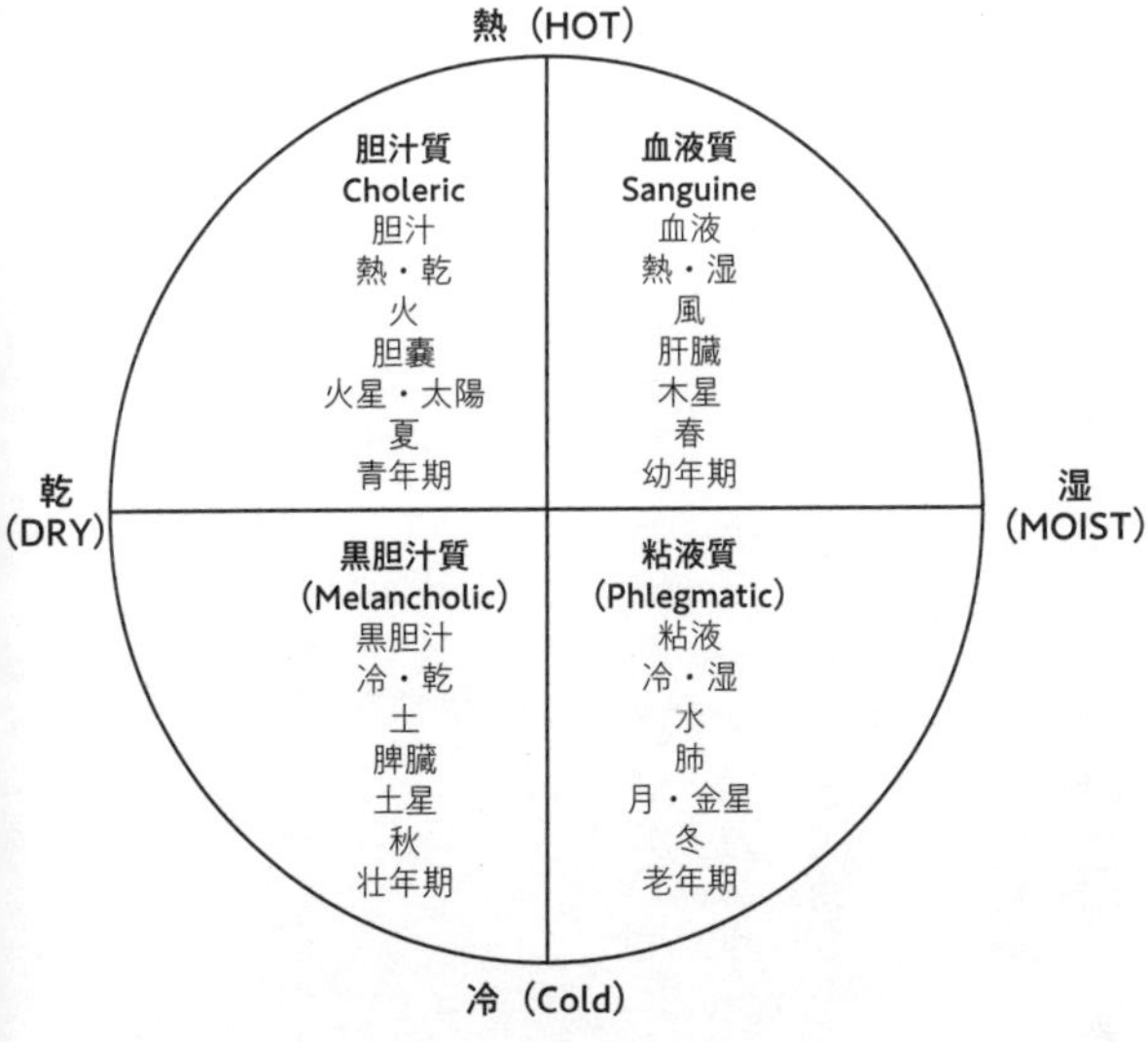

図２：四体液と様々な事象

れていました。さらに後年、アリストテレス（前384年〜前322年）が、四つの性質（熱・冷・乾・湿）と四つの元素（火・土・風・水）をまとめ、それぞれ個別のものとされていた要素が、相転移により相互に変化することが示されたのです。例えば、土の元素に熱を加えると火に変化する（物質を加熱すると火が出る）ように、元素が変化していくこともここで表されました。

そしてそこから派生する形で、各体液の性質に相当する気質も、同じ性質を持つ四元素と結びつけられました。

また天体についてもそれぞれの天体の性質と質の近いものが、それぞれの体液に関連付けられています。例えば、木星の性質は熱・湿ですので、同じ熱・湿の血液質と関連付けられています。しかし同じ性質を持つからイコールの関係にあるというわけではありません。例えば、エレメントの「風」と天体の「木星」は同じ熱・湿に属していますが、イコールの関係ではないのです。これらはそれぞれの「体液」に対応したものですので、混同しすぎないよう留意しましょう。

気質の出し方

では、次に出生のホロスコープから気質を割り出す方法を見ていきましょう。気質の計算方法については、占星術家によってバリエーションがありますが、基本的には、アセンダント・月・太陽の状態を見ていることが共通点として挙げられます。そしてこれらのポイントを総合的に見ていきながら、それぞれの天体やサインの性質（熱・冷・乾・湿）の合計から算出することが多いようです。ここではウィリアム・リリーの『クリスチャン・アストロロジー』（田中要一郎監訳、太玄社）

を参考にしていきます。

リリーは気質の計算に関して、以下のポイントを挙げています。

① アセンダントのサインの性質とアセンダントのサインのルーラー天体の性質
② １ハウスにある天体、アセンダントにアスペクトする天体
③ 月のサインと位相、アスペクトする天体
④ 生まれた季節（太陽のあるサインが含まれる季節）の性質
（⑤ ホロスコープ内で最も品位の高い天体の性質）

◎ウィリアム・リリーの実践サンプルでは、当初、天体の性質のみ扱って算出していましたが、その後の別サンプルでサインの性質も考慮して判断しているので、こちらでも天体の性質・サインの性質の双方を考慮して計算していきます。

◎「⑤ホロスコープ内で最も品位の高い天体の性質」はすべての天体の品位を計算した上で選択する必要があり、煩雑となるため、今回は省略します。興味のある方は古典占星術のエッセンシャル・ディグニティとアクシデンタル・ディグニティを調べ、その中で最も点数の高い天体を確認し、その天体の性質を加算してください。

◎天体は月〜土星のみを考慮します（トランスサタニアン天体［天王星・海王星・冥王星］の性質は確定されていないため。ただし１ハウスに入る場合はその影響を考慮する）。

◎天体の性質については、現代占星術で使用されている方法で計算していきます。ちなみに古典占

星術では、昼生まれの場合と夜生まれの場合で天体の性質が違います。

アセンダントおよび１ハウスは体質・気質を見る上で最も重要なポイントと考えられていました。多くの医療占星術的なリーディングでも、アセンダントや１ハウスの状態は、その人の基本的な体質を示し、さらにその体質に基づいて様々な天体の影響を受け、特定の健康状態もしくは病気の状態が発生すると考えられていました。

また月は医療占星術において、身体そのものを示す指標天体でもあります。月の満ち欠けに従って、気分や体調が変化するようなことから、経験的に結びつけられていったのかもしれません。また月にアスペクトする天体は、現代の西洋占星術であれば性格面に対する影響として見ることができますので、気質という面でも影響があるとみなすことができるのは同じと言えるでしょう。月の位相の性質についても、おおよそ季節変化にまつわる四季ごとの性質と共通しています。これについては季節ごとの性質を引用する形で定められた可能性があると考えられそうです。

太陽の配置については、太陽のあるサイン（とその性質）よりも、生まれた季節（太陽が四季として区切られたサインのどこに位置するか）が気質の判断では重視されています。これは生まれた時期の気候的な影響が、身体の傾向に影響していると考えられているからかもしれません。現在ではそうした差はあまりないように感じられますが、少なからず影響はあると考えることはできるでしょう。例えば、汗腺は体温調節の重要な働きを担いますが、その数は子供の頃に決まるため、暑い地方に生まれた人は多く、寒い地方に生まれた人は少なめになります。季節についても、暑い時期に生まれた場合、その気候に対応するため、汗腺を増やすことになると考えられるので、少なからず影響があるとみなせるかもしれません。
天体の性質、サイン、月相、季節などの性質を次にまとめます。

図3：月相の性質

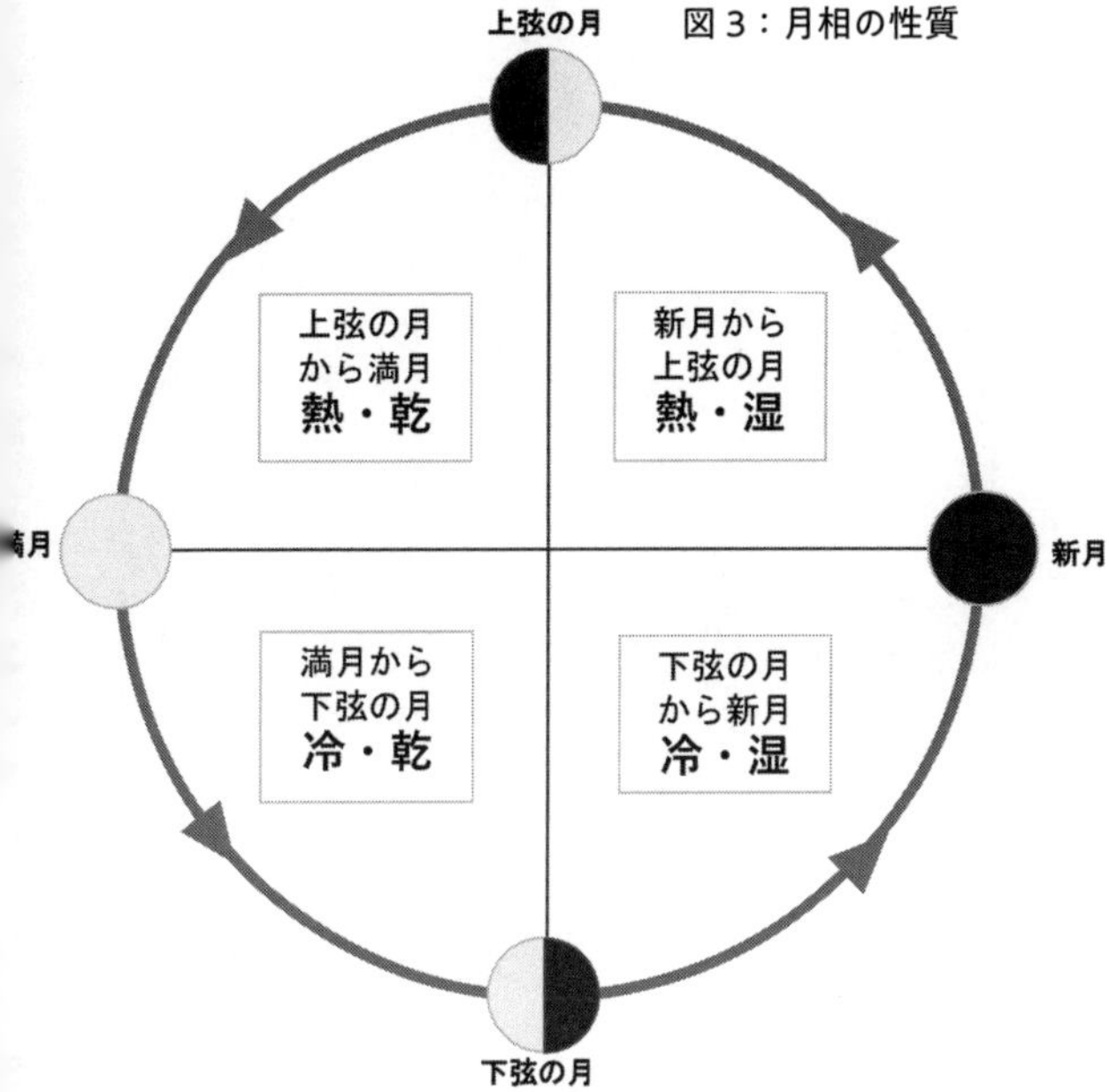

表2：天体の性質

月	冷・湿
水星	冷・乾
金星	冷・湿
太陽	熱・乾
火星	熱・乾
木星	熱・湿
土星	冷・乾

表3：エレメントの性質

火（牡羊座、獅子座、射手座）	熱・乾
土（牡牛座・乙女座・山羊座）	冷・乾
風（双子座・天秤座・水瓶座）	熱・湿
水（蟹座・蠍座・魚座）	冷・湿

「図1：四つの性質と四元素」
を参照のこと

表4：季節と性質

春（太陽が牡羊座・牡牛座・双子座）	熱・湿
夏（太陽が蟹座・獅子座・乙女座）	熱・乾
秋（太陽が天秤座・蠍座・射手座）	冷・乾
冬（太陽が山羊座・水瓶座・魚座）	冷・湿

気質の計算について

Ⅰ　アセンダントのサインの性質とアセンダントのサインのルーラー天体の性質

①アセンダントのサインのエレメントからその性質を次ページの気質計算表に記入します（表3参照）。例えばアセンダントのサインが牡牛座の場合は、土のエレメントになるため、性質は冷・乾になります。さらに表の中の「冷」と「乾」のところに「〇」印を書き込みます。

②アセンダントの（サインの）ルーラーの天体の性質について、「表2：天体の性質」の表から確認します。このとき、ルーラーの天体は古典対応の天体を選んでください。（蠍座：火星、水瓶座：土星、魚座：木星）

そして天体の性質を表に書き込みます。

Ⅱ　1ハウスにある天体、アセンダントにアスペクトする天体

③1ハウスにある天体の性質を「天体の性質」の表から確認して、表に記入します。また天体があるサインのエレメントの性質も表3を確認し、記入してください。このとき、トランスサタニアン天体（天王星・海王星・冥王星）が1ハウスに入る場合、トランスサタニアン天体の性質は確定されていないため、天体の性質の方は省略しますが、1ハウスに天体が入っていることにより影響があるものとして、エレメントの性質のみ記入します。

④アセンダントにアスペクトする天体について、メジャーアスペクト（0度、180度、120度、90度、

気質計算表						
	天体 / サイン	エレメント	熱	冷	乾	湿
① アセンダントのサイン	サイン					
② アセンダントのルーラー	天体	・・・・・				
	サイン					
③ 1 ハウスに入る天体	天体	・・・・・				
	サイン					
	天体	・・・・・				
	サイン					
	天体	・・・・・				
	サイン					
④ アセンダントに Asp する天体	天体	・・・・・				
	サイン					
	天体	・・・・・				
	サイン					
	天体	・・・・・				
	サイン					
	天体	・・・・・				
	サイン					
⑤ 月のサイン	・・・・・					
⑥ 月相	・・・・・					
⑦ 月にＡｓｐする天体	天体	・・・・・				
	サイン					
	天体	・・・・・				
	サイン					
	天体	・・・・・				
	サイン					
	天体	・・・・・				
	サイン					
⑧ 季節	・・・・・					
			熱	冷	乾	湿
合計						

60度）を取る天体のみとし、アスペクトする天体の性質を「天体の性質」の表から確認して、表に記入します。またこの天体があるサインのエレメントの性質も記入してください。

Ⅲ　月のサインと位相、アスペクトする天体

⑤月のあるサインのエレメントを確認し、その性質を表に記入します。

⑥太陽と月の位置関係から月の位相を確認し、「図3：月相の性質」の図から確認して、表に記入します。

⑦月にアスペクトする天体について、メジャーアスペクト（0度、180度、120度、90度、60度）をとる天体のみとし、その天体の性質を「表2：天体の性質」の表から確認して、表に記入します。また天体があるサインのエレメントの性質も記入してください。

Ⅳ　生まれた季節（太陽のあるサインが含まれる季節）の性質

⑧太陽が何座かを確認した後、「表4：季節と性質」の表から確認して、表に記入します。

最後に、熱冷の度合いや、乾湿の度合いを見るために、熱・冷の差、乾・湿の差を出して多い性質を確認します。

ユングのホロスコープより

ではサンプルとして、巻頭のユングのホロスコープ（12ページ）から気質を計算していきます。

ホロスコープから必要な要素を書き出すと以下のようになります。

①アセンダントのサイン　水瓶座（風）：熱・湿
②アセンダントのルーラー　土星：冷・乾　水瓶座：熱・湿
③1ハウスに入る天体　土星：冷・乾　水瓶座：熱・湿
④アセンダントへアスペクトする天体
　太陽：熱・乾　獅子座（火）：熱・乾
⑤月のサイン　　牡牛座（土）：冷・乾
⑥月相　下弦の月から新月：冷・湿
⑦月にアスペクトする天体
　金星：冷・湿　蟹座（水）：冷・湿
　水星：冷・乾　蟹座（水）：冷・湿
⑧季節　夏：熱・乾

これを表にまとめると以下のように計算できます。
熱・冷の差、乾・湿の差を出して、多い性質を確認すると、

8（冷）－　6（熱）＝2（冷）
7（乾）－　7（湿）＝0

となり、熱・冷の度合いは、少し「冷」に片寄っており、乾・湿の度合いはバランスが取れてい

気質計算表						
	天体 / サイン	エレメント	熱	冷	乾	湿
① アセンダントのサイン	サイン 水瓶座	風	○			○
② アセンダントのルーラー	天体 土星	・・・・・・		○	○	
	サイン 水瓶座	風	○			○
③ 1ハウスに入る天体	天体 土星	・・・・・・		○	○	
	サイン 水瓶座	風	○			○
	天体	・・・・・・				
	サイン					
	天体	・・・・・・				
	サイン					
④ アセンダントにAspする天体	天体 太陽	・・・・・・	○		○	
	サイン 獅子座	火	○		○	
	天体	・・・・・・				
	サイン					
	天体	・・・・・・				
	サイン					
	天体	・・・・・・				
	サイン					
⑤ 月のサイン	牡牛座	土		○	○	
⑥ 月相	下弦―新月			○		○
⑦ 月にＡｓｐする天体	天体 水星	・・・・・・		○	○	
	サイン 蟹座			○		○
	天体 金星	・・・・・・		○		○
	サイン 蟹座			○		○
	天体	・・・・・・				
	サイン					
	天体	・・・・・・				
	サイン					
⑧ 季節	・・・・・・	夏	○		○	
			熱	冷	乾	湿
合計			6	8	7	7

ることがわかります。ただし、熱・冷の度合いの差も少ないものなので、全体的には比較的バランスの取れた気質傾向で、多少「冷」の傾向がある……ということがわかるでしょう。

考慮が必要なポイントについて

前述の気質計算方法について、いくつか考慮が必要な要素があります。それは、以下の2点です。

①アスペクトする天体が増えるほど、アセンダントのサインや月のサインの性質の要素が相対的に下がってしまうこと

②気質に関して、年齢・性別・生まれた地域の性質を考慮に入れること

①について、気質を観ていく際に、重視するポイントとして、アセンダントのサインや月のサインの性質（エレメントの性質）が最も重要な要素なのですが、アスペクトする天体が増えるほど、比率としてアセンダントのサインや月のサインの性質要素が少なくなってしまいます。

例えば、前述のユングのホロスコープを例にとると、アセンダントのサインは水瓶座で、風のサインであるため、性質は熱・湿となります。ここにアスペクトを取る天体は、太陽・獅子座であるので、太陽が熱・乾、獅子座が火のサインで熱・乾となります。

アセンダントのみを見ていくと、熱が3点となり、乾が2点・湿が1点で、差し引きした結果、熱が3点・乾が1点となります。本来重視すべきアセンダントのサインの性質である熱・湿よりも、熱・乾に移行していくように、アスペクトする天体がさらに増えれば、アセンダントのサインの性質1点分に対して、アスペクトする天体が1つあると2点分加えられてしまうので、アセンダントのサインの要素がかき消えてしまうことになるでしょう。

これに対して、ドリアン・グリーンバウムは『四体液論：占星術の忘れられた鍵 *Temparament: Astrology's Forgotten Key*』の中で、アセンダントのサインの性質と月のサインの性質については、倍の点数を入れる（2点分として計算する）ことで対応させていたり、さらにリー・レーマンは『伝統的医療占星術 *Traditional Medical Astrology*』でグリーンバウムの方法のバリエーションとして、アセンダントと月のサイン（エレメント）の性質に2点分として計算し、さらにアセンダントや月のルーラーがアングルにあれば、その天体の性質の方も2点分として計算していきました。

こうした補正方法を考慮すると、アセンダントや月のサイン（エレメント）の性質を比較的強めに配慮した結果を出すことができます。

ちなみに、サンプルのユングのホロスコープの場合は、アセンダントのサインが水瓶座で風のサインであるため熱・湿に1点ずつさらに加算し、月のサインが牡牛座であるため冷・乾に1点ずつ加算することになるので、

熱	7
冷	9
乾	8
湿	8

となり、その差として、冷2点、乾・湿はバランスが取れているという、以前の結果と同じものになりました。

②について、年齢や生まれた地域、性別といった要素も、気質のうちの体質的な要素を考える上では重要なポイントです。例えば年齢であれば、若いときは体温も高く、活動的であるのに対して、年を取るほど体が冷えやすくなり、代謝も落ちていきます。

性別についてはアリストテレスの著述に、男性は熱くて乾いていて、女性は冷たくて湿っているとあります。男性の方が比較的筋肉量が多いため、熱を生産する筋肉の多さから体温が高めで、体温に男女差が生まれることも考えられるでしょう。

住んでいる地域について、ヒポクラテスは住む地域によって気質の傾向が変わることを『空気、水、場所について』で示しています。また特定の気候に対する耐性がつくため、日本であれば沖縄で生まれた人が寒さに弱かったり、また逆に北海道で生まれた人が暑さが苦手だったりということも良く聞き及びます。居住する気候に身体をなじませることで、その場での生活や活動がスムーズに行えることを考慮すると、これは取り入れる必要がある要素であると思われます。

年齢、性別、生まれた地域を考慮する場合、以下のような形で性質を配当していきます。

①年齢

年齢	気質
幼年期（0〜16才）	熱・湿
青年期（16〜35才）	熱・乾
壮年期（35〜55才）	冷・乾
老年期（55才以上）	冷・湿

②住んでいる地域の性質について、その地方の気温の傾向や湿度の傾向を加算する。

その地方の気温の傾向や湿度の傾向については、気象庁ウェブサイト「世界の気候」などのページを参照にするとよいでしょう。

③性別

性別	気質
男性	熱・乾
女性	冷・湿

として加算することで、より近しいものが計算できると考えられます。

サンプルのユングの場合は、

年齢を50才時と設定すると、年齢は壮年期。居住地域はスイス・チューリッヒで気温は低め、湿度は中程度（スイス内では降雨量多め）。性別は男性になるので、以下の通りになります。

●年齢　壮年期＝冷・乾

●住んでいる地域　スイス　冷・湿

●性別　男性　熱・乾

これを加算すると

熱	8
冷	11
乾	10
湿	9

となり、その差を計算すると、冷3点、乾1点の、黒胆汁質となります。

対応する食や植物療法について

気質に合った食養生や、心身のケアにプラスになるハーブや精油についても記載していきます。四体液論の食養生やケアの基本は、反対の性質のものを摂ることで、バランス性を回復させることです。不足しがちな要素を積極的に補ったり、過剰な要素にまつわる食材や薬用植物の摂取を控えることなども大切でしょう。またそのために食材や薬用植物の熱・冷・乾・湿といった性質も意識されてきました。

例えば、前述したビンゲンのヒルデガルドはその著作である『フィジカ』で、小麦は温の性質を持つ大変有益な植物であるとし、大麦は冷の性質を持つとしています。またひよこ豆は温性で、食べても悪い体液を増加させることはないと記述しました。また食物やハーブなどの性質については、温度が重要視されているときはその温度傾向のみ、もしくは湿り気の程度が重要視されているときは、湿度の傾向のみを表記することも多く見られます。そして食物そのものの温度湿度傾向というよりも、体内に入ったときに身体に対してどのように働きかけるか……身体を温めるのか、冷やすのか、もしくは潤いを与えるのか、乾燥させるのか、などの作用が重視されたようです。

薬用植物（ハーブ）に関しては医薬として使われていたため、熱・冷・乾・湿の度合いについてより詳細に確認する必要があり、中世頃にはさらにその性質の強さの程度を、1〜3度、もしくは4度までの度数で表しました。13世紀頃のフランスの写本には「オリバナム（フランキンセンス）は乳香として知られている。これは熱性・乾性2度である」などと書かれています。またイギリスの植物学者・博物学者であったウィリアム・ターナー（1508〜1568年）は、植物の性質について熱性1度の植物は「消化のあと、ならびにその他の自然な作業の後に生じる自然の熱を高める」とし、熱性2度は「燃えるような心臓の持ち主がこれをとるので、微妙さや繊細さを生み出す力はなく、毛穴その他の道をふさぐものを広げる力が無い」と記しました。さらに3度のものは「細かく刻めば、非常に強く熱する力を発揮して、渇きをもたらす」、4度は「火ぶくれを作り、皮膚をはがし、内部を侵す」と記述しました。またその反対の冷やす働きについて、冷性1度のものは「自然の熱を冷まし、何かの形で消化を妨げる」、冷性2度は「(体液の状態を）濃厚、もしくは粗大にして、精神を鈍重にしたり、自然の熱を引き下げる」、3度では「体内への経路と毛穴を閉鎖して、……すべての感覚や意識を鈍麻させる」、4度では「自然の熱を取り去り、消し去る。大量に摂取すると死に至る」とまで書かれています。同じように乾・湿の度合いについても、乾性1度や2度のものは、ほどよく水分を排出したり、痰や粘液を抑える働きがありますが、3度や4度のものになると水分を奪ったり、強く排出させたりします。また湿性1度や2度のものは、ほどよく湿り気や潤いを与えますが、3度、4度と度合いが高くなるほど水分を与える力が強くなる……とい

セージ　*salvia*

フェンネル　*Feniculus*

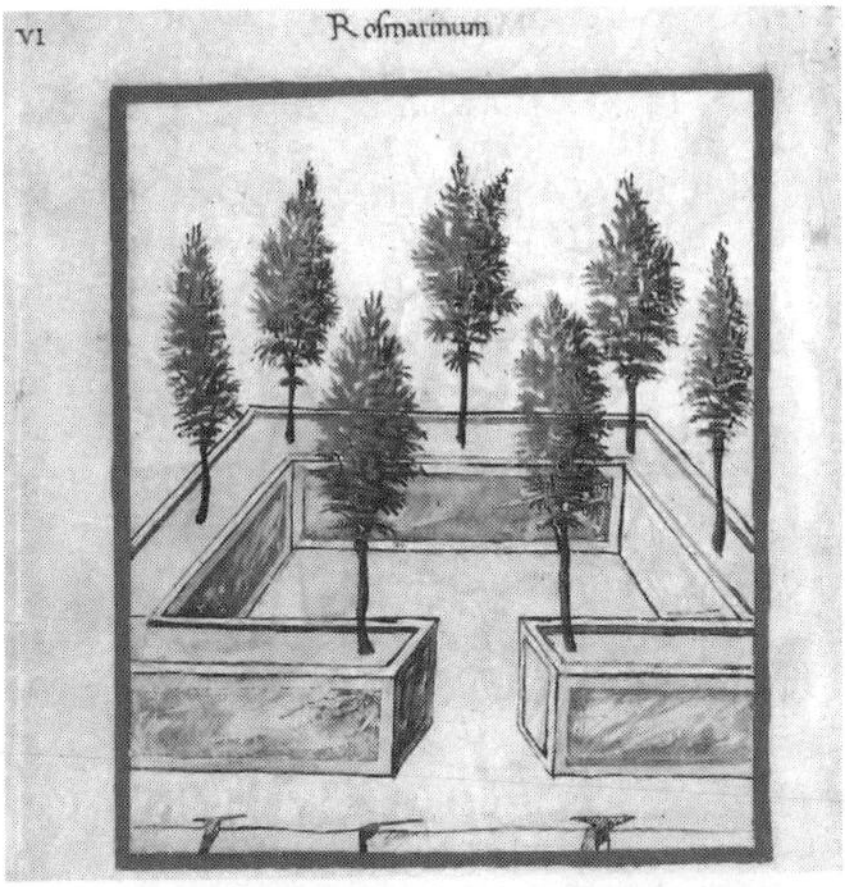

ローズマリー　*Rosmarinum*

スイートバイオレット　*Viole*

『健康全書 *Tacuinum Sanitatis*』（14 世紀頃）より

う具合に構成されており、性質上は同じものを持っているとされる植物でも、度合いが違うことによって働き方・作用の加減が違うことがわかります。

例えば同じ熱・乾の性質を持つものでも、熱性1度・乾性1度であるカモミールはほどよく身体を温めて、痰などの粘液排出を促すのに対して、熱性4度・乾性4度であるカイエンペッパーは身体を熱くし、舌を焼くような辛さがあります。同じ性質といっても度合いの違いでその性質を細やかに把握し、利用していったことがうかがえるでしょう。

食べるものに関してはハーブほど性質が詳細に示されているわけではないことが多いですが、ある程度性質が分けられています。そして日頃から身体に取り入れるものであるため、健康法・食養生として扱われていました。また特定の気質傾向に対して、反対の性質のものを意識的に摂ってバランスを取るようにしたり、その傾向を強めるような同じ性質を持つ食材について、不調があるときにはなるべく避けるよう提案されています。

食材については基本的な傾向として、肉類は熱性・湿性で、赤身の肉や野生動物のものほど熱性が強く、脂質が多ければ湿性が強くなります。また鶏肉は中性の性質を持つと言われています。また魚介類は多くのものが冷性・湿性、乳製品では、牛乳やクリーム類が湿性、チーズはフレッシュなものが冷性・湿性、ハードチーズであれば熱性・乾性、バターなどの油脂類は熱性・湿性とされました。穀類では、小麦が熱性・湿性で、大麦やライ麦はそれより冷性が強くなるようです。豆類は弱い熱性・湿性です。野菜類に関しては、キュウリなどウリ科のものは冷性・湿性、玉ネギやニンニクなどのネギ類は熱性・乾性、根菜類はおおむね中性で、良い栄養となりやすいと言われました。また葉物野菜は大体のものが冷性で、種類によって乾湿の傾向に差が出ます。例えばキャベツは乾性寄りで、レタス・ホウレンソウ・アスパラガスは湿性を持つとされました。果物類はおおよそのものが冷性・湿性です。スパイス類は多くのものが熱性・乾性を持ちます。

野菜や果物は季節や取れる地域も関連していて、例えば、夏に取れる果物は身体を冷やし、湿り気を与える性質があるため、冬場に多く摂ると、胃を冷やして体調を崩すとされていました。また同じように南国の果物類の性質も冷性・湿性で、冬場に食べすぎない方が良いと考えられています。

調理でもバランスを取るために反対の性質の食材を合わせることもあります。例えば、魚（冷・湿）を調理する際にフェンネル（熱・乾）を加えて煮たり、玉ネギやニンニク（熱・乾）を合わせたりするのもこうした考え方によるものでした。

アロマセラピーは、ハーブなどから採取された精油を用いた代替療法で、気持ちや感情のバランスを取ることにも使われるため、気質にまつわる精神面への働きかけが期待できます。その際も気質を確認することで、内面のバランスを取るものがわかるでしょう。また精油の性質に関しては、その原料となるハーブの性質に基づいたものを利用していることが多いようです。

各気質おすすめの食材・ハーブ・アロマ

※こちらで用いる食材・ハーブ・アロマは薬品として使うのではなく、心身を整えるための代替療法的にサポートとして使う物です。

血液質

食材

豆類・ナッツ類、根菜類、キノコ類、酢漬けの魚やピクルス、乾物、そば・大麦、酸味が強めな果物類

（前記の食材は主に黒胆汁を増やすとされる。黒胆汁質の人は、体調がすぐれないとき、前記の食材には注意する）

ハーブ

消化やデトックスを促すもの、気持ちを落ち着かせてくれるものなど

ペパーミント、ネトル、セージ、マルベリー、ホーステール

アロマ

気持ちを落ち着かせ、地に足の付いた感覚を促すもの

パチュリー、ミルラ、サイプレス、ラベンダー、シダーウッド、クラリセージ、ジンジャー、ベチバー、ユズ

胆汁質

食材

魚介類、海藻類、レタス、白菜、きゅうり、ナス、トマト、アスパラガス、米、スイカ、メロン、乳製品

（前記の食材は主に粘液を増やすとされる。粘液質の人は、体調がすぐれないとき、前記の食材には注意する）

ハーブ

気持ちを落ち着かせ、リラックスを促すもの

ラズベリーリーフ、リンデン、ベルベーヌ、ローズ、レモンバーム

アロマ

リラックスさせ、いらつきや落ち着かなさを緩和するもの

カモミール、ジャスミン、ローズ、パルマローザ、サンダルウッド、マンダリン、マートル、イランイラン

黒胆汁質

食材

程よく脂ののった肉類、小麦、トウモロコシ、ブロッコリー、アボカド、ブドウ、バナナ、大豆、ピーナッツ

（前記の食材は主に血液を増やすとされる。血液質の人は、体調がすぐれないとき、前記の食材には注意する）

ハーブ

食欲を湧かせるもの、落ち込みを緩和するもの

ハイビスカス、ローズヒップ、オレンジフラワー、マローブルー、セントジョーンズワート

アロマ

リラックスさせ、気持ちの広がりをもたらすもの

ペパーミント、レモングラス、ライム、レモン、ジュニパー、メリッサ、ネロリ、ゼラニウム、ユーカリ、グレープフルーツ

粘液質

食材

赤身の肉、玉ネギ、ニンニク、大根、ラディッシュ、ニラ、スパイス類

（前記の食材は主に胆汁を増やすとされる。胆汁質の人は、体調がすぐれないとき、前記の食材には注意する）

ハーブ

胃腸を温めて消化を促進するもの、元気をもたらすもの

バジル、ディル、フェンネル、マジョラム、セージ、シナモン

アロマ

気持ちを温め、意識をクリアにするもの

ローズマリー、フランキンセンス、マジョラム、タイム、バジル、ブラックペッパー、オレンジ、シナモン、ベンゾイン

おわりに

四体液論は、現代の観点からすると、医学的な知見に不足があるように感じられる面も多いのですが、大まかに性格的な要素や体質的な要素を捉えるためには良い手法と言えます。また季節の傾

向を考慮して、どんな季節にどのようなものを食べ、どのように過ごすかを把握し、自分なりに対応を考えていくことも、日頃から自らを調え、養生していくという点で大切でしょう。ただし、あくまでも健康法の一つとして捉えること、そして不調がある場合は医師に相談・受診することをおすすめします。心身の健康を意識していく意味で、西洋占星術を活用して四体液論を取り入れ、自分自身の心や身体を調えていく一助としてくださるとうれしいです。

参考文献

グレアム・トービン『占星医術とハーブ学の世界』鏡リュウジ監訳、上原ゆうこ訳、原書房、2014年、2022年

ウィリアム・リリー『クリスチャン・アストロロジー第1書&第2書』田中要一郎監訳、田中紀久子訳、太玄社、2018年

ウィリアム・リリー『クリスチャン・アストロロジー第3書』田中要一郎監訳、田中紀久子訳、太玄社、2015年

J.L.Lehman, *Traditional Medical Astrology*, Schiffer

D.Greenbaum, *Temperament: Astrology's Forgotten Key*, The Wessex Astrologer

『ヒポクラテス医学論集』國方栄二編訳　岩波文庫、2022年

『ヒポクラテス全集 第1〜3巻　新訂』大槻真一郎編集・翻訳責任、エンタプライズ、1997年

『イブン・スィーナー 医学典範』科学の名著8、伊東俊太郎編、五十嵐一訳・解説、朝日出版社、1981年

『「サレルノ　養生訓」とヒポクラテス――医療の原点』大槻真一郎、澤元亙監修、コスモスライブラリー、2017年

『サレルノ　養生訓――地中海式ダイエットの法則』佐々木巌、柴田書店、2001年

谷川多佳子『メランコリーの文化史』講談社選書メチエ、2022年

小池寿子『内臓の発見』筑摩選書、2011年

カール＝ハインツ・シュタインメッツ、ローベルト・ツエル『四気質の治療学』高橋ともえ訳、フレグランスジャーナル社

『聖ヒルデガルトの医学と自然学』井村宏次監訳、ビイング・ネット・プレス、2002年

シンパシー（Sympathy）とアンチパシー（Antipathy）について

今回お伝えした四体液による気質に対する食養生や植物療法は、反対の性質を持つものでバランスを取っていきますが、これはホリスティックな視点から見て、シンパシー（Sympathy 同感・共感）とアンチパシー（Antipathy 反感・対症的）という考え方の一部としてとらえることができるものです。

医療占星術の治療体系の中では、主にシンパシーとアンチパシーという2つの視点があり、シンパシーは同じもので癒し、アンチパシーは反対のもので癒すというアプローチです。例えば、ガレノス医学では「逆なるものによって癒される」としてアンチパシー的なアプローチを提案していたり、また現代医療の中で行われている対症療法（アロパシー）はアンチパシー的なアプローチに含まれると考えられています。一方、カルペパーは「アンチパシー的な手法はその人の気質的な本質を損なう場合がある」として、シンパシーによるものとアンチパシーによるアプローチについて、原因となる星の状態を確認して必要とされる手段を選択することを提案しています。

特にその時々の星の配置（トランジット）などにより気質的な本質が傷つけられている場合は、シンパシーによるアプローチは良い助けとなります。例えば、トランジットの土星や冥王星などによりアセンダントや月といった気質における重要なポイントが傷つけられている場合、気質的なエネルギー不足のような状況に陥りやすいでしょう。そうした場合に、同じ性質を持つ植物や食物などで補うことにより本来の力を回復へと導くというやり方です。

今回のおすすめの食養生や植物療法では、体液のバランスを取るという目的で反対のものを記載していますが、気力が不足しているような状態では、同じ性質のものを求めることも多くあり、それによって気力が回復されるように感じられる方も多いでしょう。シンパシー・アンチパシーという観点を理解した上で、自分の四気質に関連するものだけではなく、反対側の気質でおすすめとされているものもぜひ確認し、必要に応じて取り入れてみてください。

高解像度ホロスコープ分析

ミッドポイント

辻　一花

はじめに

『占星術の教科書Ⅰ〜Ⅲ』までを学習してきた皆さんが、次に取り入れる理論として、ミッドポイントは最適なもののひとつです。というのは、ネイタル、プログレスやソーラーアークといった進行法、トランジット、ソーラーリターンなど、ここまで学習してきた各種テクニックに、ミッドポイントという中間点の視点を加えることで、天体配置から得られる情報が増えるからです。

ミッドポイント理論は難しいと感じている方も多いようですが、実は案外とシンプル。欧米では基本ツールとされており、その見方を取り入れることで、きっとあなたの視野は広がるでしょう。

誤解を恐れずに乱暴な表現をするならば、通常のホロスコープにおける天体配置が太い線だとすれば、ミッドポイントは中線、または細い線で描かれた、より詳しい情報だと表現できるかもしれません。その補足的な線が入ることで、天体配置の全体をより深く理解できるのです。

ではこのミッドポイントの使い方に入る前に、少し遠回りになるのですが、その背景について理解を深めましょう。ただ、このイントロ部分の説明が難しく感じる方もいるかもしれません。そういう場合は気になるところから読み進めてください。まずは読み物として、Ⅳ．例題やⅤ．接触天体ごとの実例に目を通したり、Ⅱ．計算方法から読み始めて、実際に試してみるのも良いアイディアです。シンプルで使いやすいテクニックは、まず使って「その効果を実感する」ことも大切。

なかなか面白いぞと感じてから、立ち戻ってⅠ．アスペクト理論の近代的な発展を読み、章末にあげる参考文献も紐解いていただければ、ミッドポイントの広がりと奥深さを実感して、さらに深く、星の世界に入ってゆけるでしょう。

Ⅰ．ミッドポイントの背景

ミッドポイント理論の発生

ミッドポイントというのは、文字通り「中間点」のことです。

二つ以上で構成される天体や感受点の「中間点」について考察してゆく理論ですが、この概念自体はとても古いもの。13世紀にイタリアのグイド・ボナッティが用いたことが知られており、これもさらに遡れば、アラビックパーツと呼ばれる各種ポイントの計算を考えても、少なくとも中世アラブ、またそれ以前まで源流をたどることができると考えられています。

ただ現在、私たちがモダンアストロロジーの技法として用いるミッドポイント理論は、ドイツのアルフレッド・ウィッテ（１８７８〜１９４１）、ラインホルト・エバティン（１９０１〜１９８８）に代表される精力的な占星家たちによって、世界的な広がりを見せたものが土台となっています。

ウィッテはウラニアン占星学の創始者として知られていますが、これは非常に革新的な占星学で、サインやハウスの独自な解釈と天体の中間点、架空天体[1]などを用いて、私たちがふだん用いるホロスコープとはかけ離れた特殊なチャートを使用します。ウィッテを中核としたこのハンブルグ学派は、当時大きな成功を収め、現在も世界的には少数派ですがウラニアン占星学を実践している人たちもいます。ただ伝統的なアストロロジーから大きく離れた特殊な考え方をすることから反対意見

1　存在すると推測される架空の天体。ウィッテは海王星の軌道を超えていくつかの天体が存在すると考え、それらを取り入れた。

も多く、ウィッテの教え子の一人であったエバティンは、架空天体などを排除して、コスモバイオロジーの路線を進めてゆきました。

この二人の理論は異なる点も多くありますが、どちらも「中間点を用いる」という点では同じであり、エバティンはウィッテの考えを土台に発展させているため、大きな括りとしては似た個性を持っていると言えるのです。

図1

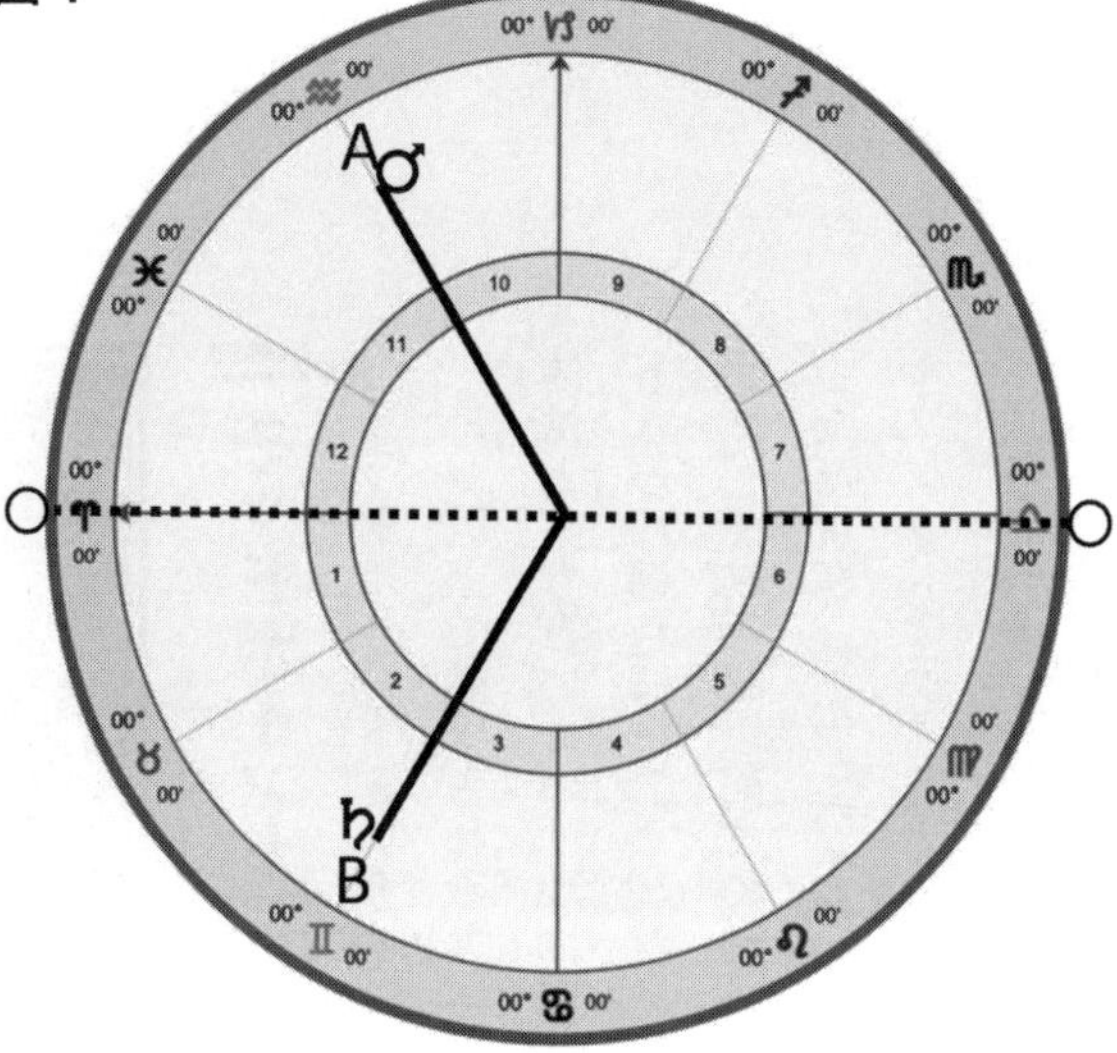

ミッドポイントの考え方

ここで、ミッドポイントの考え方に話を進めましょう。

図1のように、A水瓶座0度とB双子座0度の中間は、牡羊座0度と天秤座0度の二つがあります。弧として近いほうと遠いほうの中間点です。これを直線で結んだものが、中間点の軸です。

たとえばAが火星、Bが土星であれば、火星と土星のエネルギーは、この軸上で出会っていると考えます。

そもそも、なぜ中間点が重要なポイントとなるのか？

それはたとえば火星／土星の場合、火星と土星のエネルギーがこの中間点の軸で結ばれ出会うことになります。このポイント自体には惑星などはなく、ただの空間ではあるわけですが、そのポイントで二つの惑星の力が結ばれており、敏感なポイントになると考えるのです。

もしここに他の天体や感受点が接触してくれば、ここ、つまりそのミッドポイントが活性化されてまるでアスペクトと同じように惑星の力がマリアージュされ、現実世界に顕現してくると考えるわけです。

二つの惑星の直接的な中間点は二つですが、さらにミッドポイントの理論では、その延長にいくつかの敏感なポイントが存在するとみなしています。ウィッテやエバティンはこの中間点に対するアスペクトも重要だと考えていました。この点線のところのみならず、ここにハードアスペクトを形成する箇所でエネルギーがアクティベートされるというわけです。

では中間点に対して、どのようなアスペクトをチェックしたら良いか？　さまざまな考え方はあるのですが、私が皆さんにお勧めするのは、エバティンのアドバイスに従い、まずはシンプルに45度をチェックする方法です。

私はミッドポイントに対して45度のアスペクトを形成しただけでも、これが常にとても重要であることに気づきました。ですから、これから始める初学者の方には、90度ダイヤルを用いて容易に認識できるコンジャンクション、セミスクエア、スクエア、セスキコードレート、オポジションといった角度に集中することをお勧めします。[2]（傍線筆者）

つまり中間点と、それに対する45度の倍数アスペクトが重要であるというわけです。

2　ラインホルト・エバティン『応用コスモバイオロジー *Applied Cosmobiology*』より

図2

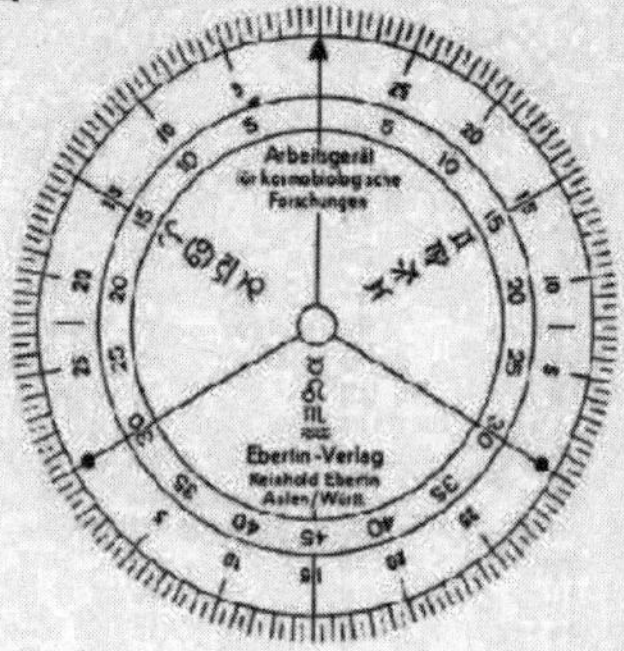

ミッドポイントのアスペクトを効率よく探すために、360度の円形チャートだけでなく、45度ダイヤル（1／8にした45度）や、図2のような90度ダイヤル（1／4にした90度）で円形を作成し、円形のスケールを使ってアスペクトを見てゆく方法をラインホルト・エバティンは考案しています。

たくさんの目盛りがついていますね！　90度ダイヤルにおけるオポジションは45度ですが、45度ダイヤルでは22・5度になり、これらすべてをチェックすると、さすがに細かすぎて木を見て森を見ずという状態になりそうです。

前述した、火星が水瓶座0度、土星が双子座0度のケースでいえば、直接的な中間点に当たるのは点線で結ばれた牡羊座0度天秤座0度ですが（図では○）、さらにこの点線に対して、45度の倍数アスペクトを拾ってゆくと、合計8箇所のポイントになり、上記の図の○と●のように示すことができます（図3）。

直接的な中間点、および45度の倍数アスペクトはすべて重要ですから、●○の合計8箇所をまとめて火星／土星の「ミッドポイント軸」とみなします。

たとえば太陽が蟹座0度にあれば、図3で示されるように●のポイント上、つまり牡羊座0度に対して90度（45度の2倍）なので、火星と土星のミッドポイント軸に太陽が接触していると考えます。これを表記すると、♂／♄＝☉となります。

図 3

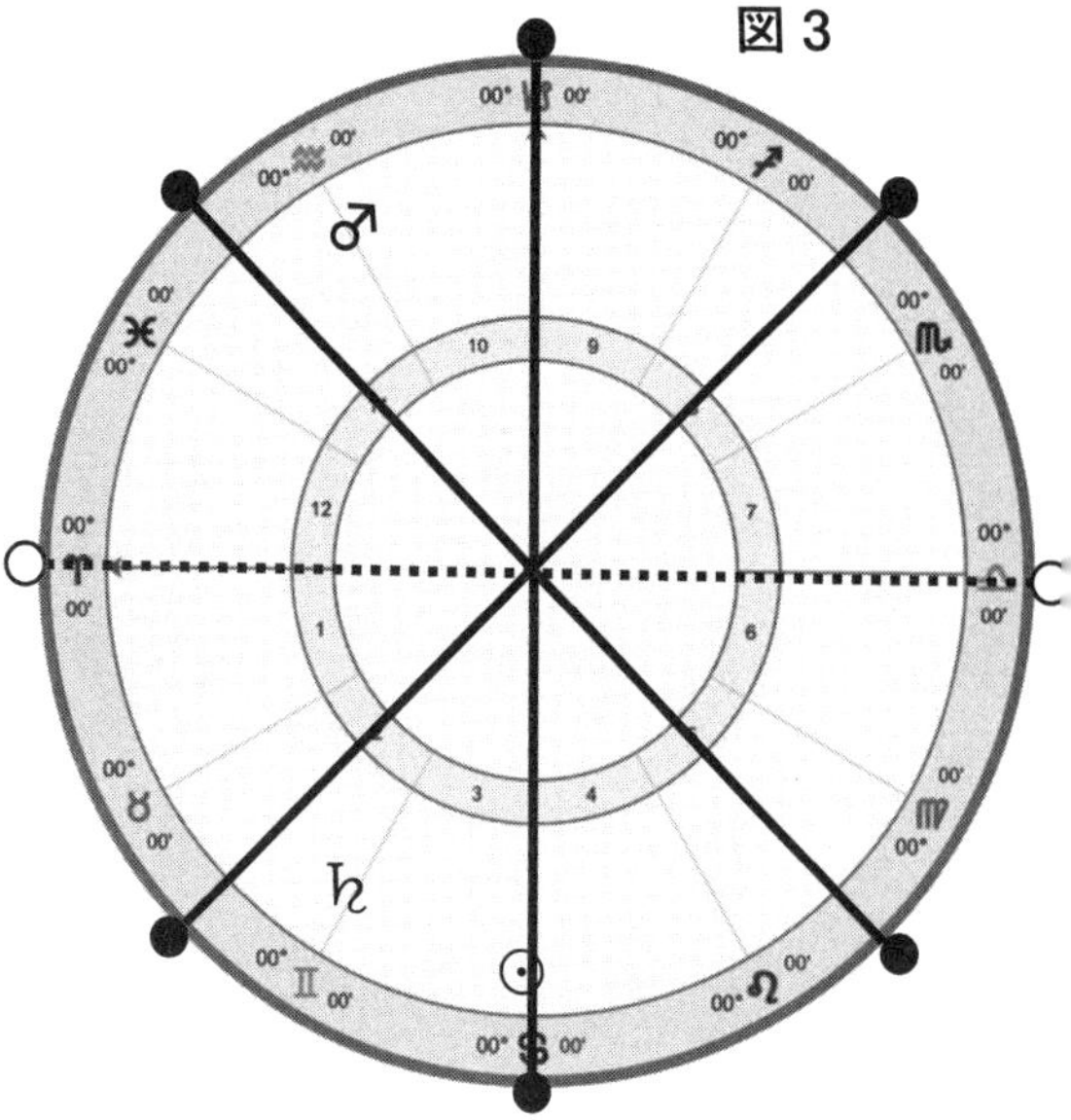

これがミッドポイントの基本的な考え方となり、計算方法は後述の「ミッドポイントの計算方法」の項で、詳しく解説しています。

AとBのエネルギーが出会い、ブレンドされるところがミッドポイントであり、ミッドポイント軸の解釈は本質的に各天体の象徴的意味を手繰れば良いのですが、ドイツの占星家たちは、たとえば火星／土星の軸をdeath axisと呼ぶなど、現代の私たちから見れば、ずいぶんと露骨な表現をしています。

また数式のようにA／B＝Cと表記することに、驚く方もいるのではないでしょうか。

TIPS

ミッドポイント軸の表記

A／B

AとBの間に「／」を入れたこの表記でミッドポイント軸を表すことができます。火星と土星のミッドポイント軸であれば♂／♄と表記します。慣習的には太陽、月、以下太陽に近い惑星、ノースノード、ASC、MCの順に左側（A）から並べます。

（例）

♂／♄＝☉

＝は位置を示しています。火星と土星ミッドポイントの度数（位置）に＝太陽があるという意味。こう表記することで、火星と土星のミッドポイント軸に太陽が接触していることがわかります。オーブ内の同じ位置に他の軸や天体があれば、以下のように＝でつなぐこともできます。

♃＝☉＝♂／♄＝♀／MC

アスペクトの近代的な発達

このミッドポイント理論は、伝統的な占星術はもちろん、心理占星術の象徴を深く読み解く姿勢とも異なる、テクニカルなモダンアストロロジーと言えるもので、馴染みのない方は戸惑うでしょう。なぜこのような、公式を用いる理数系のようなアストロロジーになっているのでしょうか。ここで少し時代の流れに目を向けてみましょう。

ウラニアン占星学の創始者と言われるアルフレッド・ウィッテについてふれましたが、このウラニアン占星学も、ウィッテが突然すべてひらめいたというわけではなく、それまでの時代の流れというものがあるのです。それは「scientific astrology（サイエンティフィック・アストロロジー）」と言われる潮流なんですね。

20世紀初頭、欧州各地で同時多発的にアスペクトに関する新たなアプローチがおき、サイエンティフィック・アストロロジーの流れを形作ってゆきます。

この系譜上にあるのが、イギリスのジョン・アディー（1920〜1982）によるハーモニクスの理論で、日本でも紹介されていますから、読者のなかにはハーモニック理論をご存じの方もいることでしょう。

ハーモニック理論では、ホロスコープをそのまま用いず、360度表示の位置に換算した天体の度数を3倍にしたものを第3ハーモニック、5倍にしたものを第5ハーモニックという具合に、数を「掛けて」ホロスコープを作成し、読み解いてゆきます。5倍すれば72度離れていた天体同士、8倍すれば45度離れていた天体同士はコンジャンクションするため、アスペクト理論と深く関わるのです

（『占星術の教科書I』第4章参照）。

さきほどのミッドポイントの考え方では、中間点に対する45度のアスペクトを探しました。このハーモニック理論では実際の天体配置を乗じてゆくわけですが、素のままのホロスコープをそのまま用いず、「加工」するという点では同じです。加工することによって、詳細なアスペクトを追求している点においても、似た印象を受ける方は多いでしょう。

20世紀におけるサイエンティフィック・アストロロジーの潮流の中で、このようなミッドポイントやハーモニクスといった理論が展開されたわけですが、その潮流を大胆にも大きくたどってゆくと、実は行き着くのがヨハネス・ケプラーによるアスペクトの改革なのです。

ケプラーは、トレミー（プトレマイオス）のアスペクトに加えて新たなアスペクトを提唱し、黄道帯を分割する度数を音楽における和音のごとくとらえたことから、この新しいアスペクトはハーモニックアスペクトと呼ばれました。[3] のちに『宇宙の調和 *Harmonices Mundi*』（１６１４年刊）を上梓した頃には、この音楽における和声分割から、幾何学的な観点に移ってゆき、トレミーのアスペクトに加えて新たな８つのアスペクトを提唱しました。

それは360度をそれぞれ１／5、２／5、３／8、１／12、５／12、１／8、３／10、１／10にした度数でした。それ以降、黄道帯をどのように分割するか、有効なマイナーアスペクトについて、さまざまな意見が交わされてきたという背景があるのです。

たとえば１８１９年に出版され１５０年という長きにわたり版を重ねた『占星術辞典 *Dictionary of Astrology*』ジェームズ・ウィルソン著のなかでも、この新しいアスペクトは言及されており、有

3　和声としてのハーモニックの概念は生き続け、のちに続くアストロロジャーたちに影響を与えている。

効なアスペクトについて模索するという、ケプラー以降の試みが継承されていることがわかります。

つまり俯瞰してみるならば、17世紀初頭に多くの新しいアスペクトを提案したケプラーが、20世紀に展開されるアスペクトの理論の発展、実験の舞台を整えていたと言えるのです。

「サイエンティフィック」なアプローチ

20世紀におけるハーモニクスやミッドポイントの発展は、伝統をガイドとせず、数学や幾何学からインスピレーションを得て新たな可能性を追求し、「サイエンティフィック」なアプローチを目指した近代化の成果という側面が大きいのです。

たとえばフランスでは、ポール・シュワルツナーがサイエンティフィック・アストロジーの最

コンポジットとミッドポイント

これは別の技法となりますが、相性を細かく分析するコンポジットとミッドポイントには共通点があります。

コンポジットではAさんとBさんの出生図を足して、その中間点を採ってチャートを作成します。たとえばAさんの太陽が水瓶座0度、Bさんの太陽が双子座0度であれば、その中間は牡羊座0度と天秤座0度ですから、コンポジットの太陽は牡羊座0度（短いほうの弧）になります。このように各天体の中間点を導き出し、ひとつのホロスコープとして描き出したものがコンポジットチャートです。

このテクニックは世界的な大家であるロバート・ハンドの著書『コンポジットにおける惑星 *Planets in Composite*』から広く普及していったと言われていますが、本の冒頭にも紹介されているようにミッドポイント理論を土台としており、コンポジットも源流をたどれば同じところに行き着くと言えるのです。ですから今回、ミッドポイント理論にふれるのが初めてという方も、案外そうとは知らずにミッドポイントの概念に親しんでいることがあるかもしれません。

初の流れを作り、統計的で心理学的アプローチをしました。後にミシェル・ゴークランが統計的な研究を発表していますが、ゴークランはシュワルツナーからたくさんのアイディアを受け取っています。そしてこのゴークランの統計は、もちろんアディーの研究に大いに役に立っています。

ドイツ周辺でも、ウォルター・コッホや、カール・クラフトのような多くの功績を残した世界的に著名なアストロロジャーたちが活躍し、統計的、分析的なアプローチが用いられていました。

コッホのハウスシステムを開発したことで有名なドイツのウォルター・コッホは、ハウスシステムだけでなく、アスペクト研究に大きく寄与しています。コッホはケプラーの提唱したアスペクトに関する研究に解釈を加えるだけでなく、自身の視点による広範な解説と理論を加えており、ハーモニックアスペクト理論に極めて貢献をしたと考えられています。

また数学に長けたスイスのクラフトは、たとえば8歳以下で死んだ男の子のネイタルの月の状態をまとめるなど、統計的な手法を用いて数々の研究を残しています。クラフトは残念ながら第二次大戦を生き抜くことができませんでしたが、協力者であり、ともに多くの著作を書き上げたアドルフ・フェリエは生き延びて活動を続けます。フェリエのアプローチは、よりサイコロジカルにキャラクターをとらえるというもので、後に教育者として成功を収めています。

コッホやゴークランの名は、日本に住む私たちにも届いていますが、多くのアストロロジャーたちが形而上的な事柄の有効性を真剣に検証しようとしていた時代の流れと、前述したケプラーがまいた種が長じて、アスペクトの理論の発展、実験の舞台が整ったことでサイエンティフィック・アストロロジーの流れが生じた、と理解することができそうです。

ＡＦＡ（American Federation of Astrologers 米国占星学者連盟）は１９３８年に設立されたアメリ

カの西洋占星術の組織ですが、設立当初の名称はAmerican Federation of "Scientific" Astrologersであり、これは欧州のサイエンティフィック・アストロロジーの流れを汲んだものだったようです。またイギリスではThe Astrological Associationが１９５８年に設立されていますが、主要な創設者は前出のジョン・アディーであり、20世紀の占星術シーンにおいてサイエンティフィック・アストロロジーはひとつの核となるトレンドだったと言えるでしょう。

時代の流れは移り変わってゆきますが、この時代の啓蒙を受けたアストロロジャーたちによって形作られたのが、現代の占星術シーンです。現代占星術の古典的著作のなかにはミッドポイントの知識を前提とした記述もあるため、モダンアストロロジーを学んでゆくなら、この技法の基本を理解しておくことは大いに役立つはずです。

Ⅱ．ミッドポイントの算出方法

では、ここからミッドポイントの算出方法に進みます。最初に手計算の方法、続いて占星術ソフトを使っての計算方法をご紹介します。

さきほどの火星が水瓶座0度、土星が双子座0度のケースを思い出してください。直接的な中間点に当たるのは点線で結ばれた牡羊座0度、天秤座0度、さらにこの点線に対して45度の倍数アスペクトを拾ってゆくと、蟹座0度、山羊座0度、牡牛座15度、獅子座15度、蠍座15度、水瓶座15度、つまりカーディナルサインの0度とフィクストサインの15度の合計8箇所（図3）となります。

●の箇所すべてを45度分割における火星／土星の「ミッドポイント軸」とみなしますから、これ

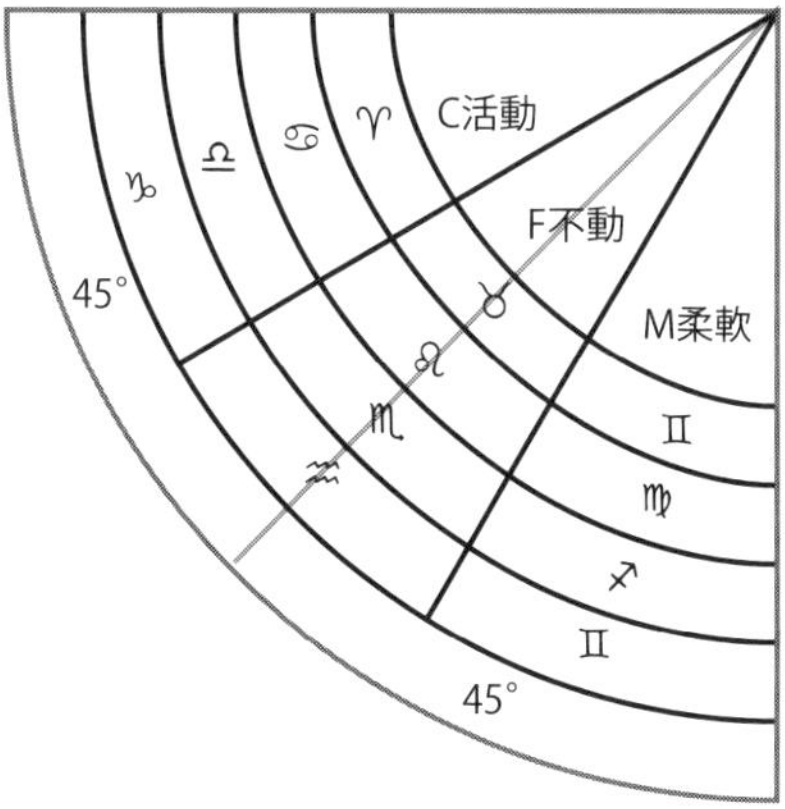

図4

らを算出してゆきます。

手計算の方法

占星点の位置を45度分割に換算する方法は以下の通りです。

・活動宮（カーディナルサイン、以下省略する場合はCと表記）
→そのままの度数
・不動宮（フィクストサイン、以下省略する場合はFと表記）
→0～14度までは+30度、15度からは0度として考える。
・柔軟宮（ミュータブルサイン、以下省略する場合はMと表記）
→+15度とします。

たとえば双子座20度であれば、ミュータブルサインですから20+15で「35度」、蠍座3度ならフィクストサインですから3+30で「33度」、獅子座16度は、フィクストの15度からは0度となるので「1度」となります（図4参照）。

・C→そのまま
・F14度まで→+30度でCとドッキング
・F15度から→新たに0度としてカウント
・M→+15度でFとドッキング、と覚えておきましょう。

以上で暗算完了、簡単です。

簡易な手計算の良さは、たとえば本書を読みながら「今年はずいぶんとストレスの多い年だったけれど、もしかしたら火星／土星の軸に接触しているかも？」なんて考えが浮かんだら、さっとトランジット天体の位置を見て暗算できることです。

45度分割における、各軸の位置を計算する

占星点の位置を、「単独」で45度分割に換算する場合は前記の方法で良いのです。ただ、それらの中間点を探す場合は、AとBの箇所を360度換算したうえで中間点を計算し、45度分割に換算してください。

先に用いた火星が水瓶座0度、土星が双子座0度のケースであれば、水瓶座0度は360度換算すると300度、双子座0度は60度となり、（300＋60）÷2で中間点は180度。これは天秤座0度で、天秤座はカーディナルサインですから、ミッドポイント45度分割における「0度」となります。ミッドポイントはオーブを狭く考えますから、小数点以下の計算も忘れないようにしましょう。

すべての軸を手計算するのは大変ですから、無料ポータルサイトAstrodienst（Astro.com）と占星術ソフトの使い方をご紹介します。これらを使用して軸の一覧表を手に入れたら、ノートに貼っておくのも便利です。

無料サービスでのチャート作成には不便なことも多いため、ミッドポイントに興味を持って使い始める段階になったら、占星術ソフトの導入を検討してみるのも良いでしょう。

ポータルサイトやソフトウェアでの計算方法

Midpoints in 45 degree order

♀|♂	0°16	☽|♆	3°09	☿|♄	6°21	♃|♄	10°56
♀|♇	0°39	♅|♆	3°38	☿	6°23	☿|♃	10°58
♀	1°26	♀|♄	3°53	♂|♃	7°19	♆	11°21
☉|♃	1°31	☿|♀	3°54	♃|♇	7°42	♃|☊	12°26
♂|♄	2°42	♂|☊	4°13	♄|☊	7°49	☉|☽	13°43
☿|♂	2°44	♇|☊	4°35	☿|☊	7°51	☉|♅	14°12
♄|♇	3°05	♀|☊	5°23	♀|♃	8°29	♃	15°33
☿|♇	3°07	♄	6°19	☊	9°20	☽|♂	19°31

Astrodienst（Astro.com）
https://www.astro.com/horoscopes/ja

①「出生データによるいろんなチャート」をクリックして表示されたページの「チャート表現様式」の欄で「Keller style（w.midpoints）」を選択し、「クリックしてチャートを表示」をクリック。

②「PDF データ表をもっと見る」を選ぶと PDF の 2 ページめに「Midpoints in 45 degree order」が表示されます。

たとえば、左上の金星／火星　0° 16′ は金星と火星のミッドポイント 45 度分割の軸が 0° 16′ にあるという意味です。詳しくは 205 ページからの実例をご覧ください。

占星術ソフトウェア

Kepler

表示したいチャートを選び、メニューから「Listing」→「Midpoints」→「Midpoint Settings」を開き、「Conjunction & Opposition」「Sort 45Deg 0Min」、および下段の表示項目から「Sun through Pluto」「ASC and MC」にチェックを入れて表示します。

Solar Fire

表示したいチャートを選び、メニューから「Reports」→「Current Charts」を選択すると、「Chart Report」が表示されます。ウィンドウの中に多くのメニューがありますが、その中の「Midpoint Listing」を選択し「Modulus」は 45 度を選択します。すると 45 度分割されたミッドポイントの一覧表が表示されます。

Ⅲ・天体のコンビネーション

ここまで読んできた皆さんは、A／B＝Cの考え方に、少し馴染むことができたのではないでしょうか。ここで例題に進む前に、軸の解釈について考えてみましょう。

エバティンは10天体とノースノード[4]、ASC、MCという13の占星点からなるミッドポイントを用いているので、月のノードとASCのような感受点同士のミッドポイント軸も含まれ、合計78軸となります。代表作『天体の複合的な影響 *The Combination of Stellar influences*』には、78軸に、同じく10天体＋ノースノード、ASC、MCが接触した場合の解釈、つまり78×11＝858[5]の組み合わせが、端的な言葉で表現され、網羅されています。

これに倣って、以降のミッドポイントの解説本はすべての組み合わせを網羅するようなつくりになっていますが、本書ではページ数の限界もありますから、先人たちのレガシーを尊重しつつ、現代の日本に生きる私たちが使いやすいように咀嚼した78軸のキーワードをご紹介します。

ミッドポイントに、小惑星など、さまざまな占星点を用いるアストロロジャーもいます。しかし、まずはオーソドックスな方法からスタートして、基本を理解してゆきましょう。

4　月のノースノード。以下ノースノード、文章内ではノードと表記しています。

5　軸に含まれる天体および感受点が接触した場合、具体的には太陽／MCの軸であれば、「太陽」と「MC」は接触と考えないため。

死の軸は、ちょっと怖い!?

さて、占星術好きの皆さんなら、「死の軸」という言葉を聞いたことがあるかもしれません。日本におけるミッドポイントの草分けである石川源晃氏は、これら78軸のうち40軸を選び、40選として名前を付けています。なかでも火星／土星の軸は「死の軸」と名付けられており、響きが強烈です！　しかしこの軸、ウィッテがもともと死という言葉を使っていて、death-axisと呼ばれている軸。ちなみに火星／天王星はoperation-axisで、手術軸と呼べばこちらも恐ろしい響きですが、40選では治療軸と控えめに名付けられていますから、石川氏のネーミングセンスが尖っていたわけではなさそうです。

エバティンやウィッテ、ハンブルグ学派の人たちは、医療との連携が深かったので、心や体に関しての研究が多く、このような表現になっているんですね。これはひとつの特徴で、これからご紹介する軸の中にも「病気」「鬱」といったキーワードが出てきます。しかし法的な規制があるだけでなく、病はセンシティヴな事柄ですから、星の配置から病について推察するのは、大変難しいことです。

またもうひとつの特徴として、A／B＝Cというミッドポイントの解釈において、12サインは含まれず、したがってディグニティも考慮しないため、天体および感受点をとてもシンプルに読み解いてゆきます。

金星／冥王星：愛の極限、エクスタシー、火星／土星：死、終わり、なんてキーワードが並べば、それはパンチの利いた印象を残すのではないでしょうか。

しかしこのシンプルで明瞭な見方は、私の経験から言っても、枝葉が広がりやすい象徴的解釈をすっきりまとめるのに大いに役立つのです！

とはいえ、この解釈キーワードが、「終わり」や「病気」といったネガティヴな表現であれば、死んでしまうの？　病気になっちゃうの？　と、初学者は負担に感じるかもしれません。また、とても素直に「この組み合わせは病気」であると、短絡思考に陥ってしまう可能性もあります。端的な言葉ほど、強く印象に残りますね。

世間の風潮もあるのか、21世紀以降に出版されたミッドポイントのテキストでは、ネガティヴな表記が大きく取り払われている印象を受けることがあります。

本章後半でご紹介する実例でも述べますが、たとえば病気を表示する軸としてあげられる海王星関連の軸は、病気として表出「することもあれば」「しないこともある」ため、ネガティヴなことだけを省いてはいません。

ここまで学んできた皆さんなら『占星術の教科書Ⅰ～Ⅲ』で、さまざまなアスペクトの解説にふれてきていますから「天体同士のマリアージュ」には、さまざまな表れ方があることを理解されていることと思います。

枝葉が広がりやすい象徴的解釈を、すっきりと具合良くまとめるか、短絡思考となってしまうか。それは出生図、進行天体、トランジットなどの状態をしっかりと考慮して、ミッドポイントのコンビネーションがどのように働くのか、経験を積んで肌感覚でとらえてゆくのが、遠回りのようで近道に思います。ですからこれまで学んだホロスコープの知識をまずは大切にして、次にミッドポイントを考察してください。

そして以下に並べるキーワードの「言葉」に縛られず、クリエイティヴな見方を心がけましょう。続いて軸に天体が接触した場合の解釈についてのヒント、各軸、および接触天体についてのキーワードを紹介してゆきます。これまでの学習を活かして、キーワードが何を象徴しているかを考え、皆さんの創造性を発揮させて天体のコンビネーションを読み解いてください。

A／B＝C接触の解釈

基本的に軸、および接触天体の解釈は、天体や感受点を象徴的にとらえれば良く、また先述したように、できるだけシンプルに読み解きます。こうすることで輪郭をとらえやすいのです。ひとつ具体例をあげてみましょう。

ハーフサムとミッドポイント

エバティンは中間点を「ハーフサム」と呼んでおり、ハーフサムという言葉を用いると、その独自の考えを想起させます。ハンブルグ学派やエバティンの著作物は半世紀以上前にドイツ語で書かれており、その一部が英訳されていますが、時代の雰囲気も変わっています。先人たちのレガシーを尊重しつつも、後のアストロロジャーの多くは「ミッドポイント」という言葉を用いており、「ポータルサイトやソフトウェアでの計算方法」の項目でもご紹介したように、ソフトウェアを使用する際も「ミッドポイント」という呼称になるため、本書ではミッドポイントという表現を用いています。

☉／☽：男女、陰陽、結婚、スピリットとソウル、顕在意識と潜在意識、心と体

♂：情熱、エネルギー、焚き付け、着火

軸のキーワードを見ると、この軸は陰陽の交わりを象徴していることがわかるはずです。この軸に火星が接触した場合、これを焚き付け、情熱が生じて、結婚やパートナー獲得への欲求、自分らしい願望を実現させたい気持ちが高まるという風に読み解くことができるでしょう。

接触する天体および感受点のキーワード

☉ ……………個人としての存在そのもの、人生、身に及ぶ(肉体)、男性性

☽ ……………気持ち、フィーリング、心に及ぶ(心・魂)、女性性

☿ ……………知性、思考、コミュニケーション、神経

♀ ……………愛、アート、美、喜び、宝

♂ ……………情熱、エネルギー、焚き付け、着火

♃ ……………幸運、加護、発展性、法、宗教

♄ ……………抑制、障害、遅延、集中(時に過補償)

♅ ……………変化、突発、革新、改革

♆ ……………不透明、混乱、受容・共感(ボーダレス)、霊的、芸術

♇ ……………極限、権力、不可抗力、カルマ

☊ ……………組織、人の縁

ASC………パーソナリティー、生まれながらの

MC ………意識の到達点、目標、社会的立場

【オーブ】

基本のオーブは1度半です。ただし以下の点に留意してください。

・ネイタルの天体は1度半を適応する

・アスペクトと同じく、タイトなオーブ、イグザクトに近いものほど強力に影響する

・進行およびトランジット天体の場合、その動きや状況に合わせて、適宜調整する。 後述の例題のようにトランジットの太陽をチェックする場合など、まさに状況を考慮する必要がある。

各軸のキーワード

天体の組み合わせは前後を入れ替えても同じ意味になります

⊙ 太陽

1 ⊙／☽
男女、陰陽、結婚、心と体、顕在意識と潜在意識

2 ⊙／☿
思考、神経、考える力、理解力と知識

3 ⊙／♀
愛、調和、美、平和、魅力

4 ⊙／♂
活力、生命力、行動力、闘争、男性性

5 ⊙／♃
富と成功、幸福、寛大さ、健康

6 ⊙／♄
試練と障害、別離、家系的な問題

7 ⊙／♅
興奮と緊張、改革精神、驚愕

8 ⊙／♆
感受性（心身が外部からの影響を受けやすい）、霊媒能力、病気、弱さ

9 ⊙／♇
力と支配への強い欲求、再生能力、達成力

10 ⊙／☊
血を分けた関係（家族）、公認された絆

11 ⊙／ASC
他者への態度、生まれながらの

12 ⊙／MC
個性、人生のゴール、自己発揮

☽ 月

13 ☽／☿
知覚、感覚や感情による認識

14 ☽／♀
愛と献身、喜び、妊娠

15 ☽／♂
衝動性と興奮、活動志向

16 ☽／♃
満ち足りた気持ち、寛大さ、（とくに女性の）幸運

17 ☽／♄
自己抑制、気分の落ち込み、隠遁

18 ☽／♅
緊張や衝動、興奮と驚き、心身の覚醒状態

19 ☽／♆
夢、すぐれた感性、受動性と感じやすさ

20 ☽／♇
強烈な感情、極端な心理、

21 ☽／☊
他者（とくに女性との）との縁、分かち合う絆

22 ☽／ASC
素のままの（とくに感情的な）ニーズ、親密な人との関係

23 ☽／MC
自身の認識、感情の発露、魂

☿ 水星

24 ☿／☿

愛の思考、美意識、良い出会い

25 ☿／♂

思考力、活発な頭脳、計画の実行

26 ☿／♃

良識、才能、知性、雄弁

27 ☿／♄

深い思考、メンタルワーク

28 ☿／♅

鋭敏な頭脳、突発的またはユニークな発想、論理的思考

29 ☿／♆

想像力、心霊術、不明瞭

30 ☿／♇

説得力、影響力、洞察力

31 ☿／☊

意思疎通、コミュニケーションの輪

32 ☿／ASC

他者への対応、コミュニケーション

33 ☿／MC

さまざまな物事に対する認識

♀ 金星

34 ♀／♂

情熱、恋愛欲求

35 ♀／♃

愛の喜び、幸福、実り

36 ♀／♄

愛の苦しみや別離、禁欲、不調和

37 ♀／♅

ロマンス、官能の目覚め、魅惑

38 ♀／♆

美しいヴィジョン、理想主義、幻想、不正

39 ♀／♇

愛の極限、エクスタシー

40 ♀／☊

愛の輪、利得のある関係

41 ♀／ASC

調和的、愛される人柄、心地良さ

42 ♀／MC

魅力、仕事上の実利、自分らしい愛

♂ 火星

43 ♂／♃

成功、慶事、華やかさ

44 ♂／♄

抑圧、障害、強いフラストレーション、物事の終わり、不屈

45 ♂／♅

突然の出来事、流血沙汰や手術、興奮

46 ♂／♆

勘違い、血迷った行動、ストレス、感染

47 ♂／♇

並外れた推進力、超人的パワー、極端なコントロールや暴力行為

48 ♂／☊

行動的な集団、パワフルな群衆、労働者の集まり

49 ♂／ASC

闘志、扇動力、精力的で激しい気性、自

己過信

50 ♂／MC

リーダーシップ、毅然とした意思決定、行動力、組織力、せっかち

♃ 木星

51 ♃／♄

努力した後の成功、ひとつの段階の終わり、段階的発展

52 ♃／♅

突然の成功、チャンス、幸運なひらめき

53 ♃／♆

拡大、ラッキーなムード、詐欺、クリエイティヴ

54 ♃／♇

大きな幸運、楽観による突破と脱皮、力への渇望

55 ♃／☊

良縁、幸運な社会活動

56 ♃／ASC

調和的で良識ある態度、寛大で楽観的、生来の豊かさ

57 ♃／MC

幸運、目標達成

♄ 土星

58 ♄／♅

抑制と緊張、プレッシャー、忍耐、克服

59 ♄／♆

苦しみ、鬱、病気

60 ♄／♇

極限の努力、執着、冷淡または残酷

61 ♄／☊

年長者との縁、対人関係の制限、孤立

62 ♄／ASC

自己制御、早熟、抑圧、鬱傾向

63 ♄／MC

粘り強さ、初志貫徹、発達の遅延、劣等感

♅ 天王星

64 ♅／♆

内なるヴィジョン、神秘主義、自意識の脆弱さ、不安定

65 ♅／♇

抜本的変容、改革志向、突然変異

66 ♅／☊

ユニークな集団、革新的な関係、変わる関係

67 ♅／ASC

素早い反応、自由、反抗的、ハプニング

68 ♅／MC

変化志向、ユニークで型破りな社会活動

♆ 海王星

69 ♆／♇

超自然、スピリチュアル、混沌

70 ♆／☊

秘密組織、協調性の欠落

71 ♆／ASC

非現実的、決断力のなさ、カメレオン

72 ♆／MC

スピリチュアル志向、不安定、不明瞭な認識

♇ 冥王星

73 ♇／☊

運命共同体、権力者の集まり

74 ♇／ASC

カリスマ性、他者や環境を支配する

75 ♇／MC

自分自身の確立、成功、ドラマチックな変容

☊ ノースノード

76 ☊／ASC

家族、出自と関係する人との身内的な輪

77 ☊／MC

共通の考えを持つ人との輪

ASC

78 ASC／MC

自分と世界との関わり、自己統合、本質と自我の折り合い

Ⅳ・例題

2016年アメリカ大統領選を例に

2016年のアメリカ大統領選。当時は「まさか、あのドナルド・トランプが大統領に当選するわけがない」というのが世の論調で、多くの新聞や雑誌などを筆頭に、世論はヒラリー・クリントン氏の勝利を予想していたのです。しかし蓋を開けてみたら、トランプ氏が勝利するという驚きの結果でした。

このような選挙の行方も、予測技術を用いて読み解けば、多くの情報が得られます。

まずはミッドポイントの視点を入れず、二人のチャートを、ネイタル、プログレス、ソーラーアーク、トランジット、つまり皆さんがここまで『占星術の教科書Ⅰ〜Ⅲ』で学んできたテクニックを用いてチェックしてみましょう。

以下は重要な配置[6]をいくつか解説したものですが、この選挙時にトランプ氏の勢いが非常に強いということがわかります。

ドナルド・トランプ――P太陽 ☌ ASC、SA冥王星 ☌ N木星（△N天王星）

プログレスの太陽はASC上という極めて影響力が強い位置にあり、ソーラーアークの冥王星は、

6　米大統領選挙の仕組みは複雑ですが、通常は投開票日の夜から翌日午前までに大勢が決まって勝利宣言が行われることが多いため、この例題では11月8日（投開票日）の夜0時（9日）に焦点を当ててチャートを作成し、天体配置をみています。

ネイタルの木星とコンジャンクション。この木星はもともと天王星とタイトなトライン、太陽ともオーブ5度でトライン。木星は拡大・保護、天王星は変化・改革の象徴ですから、トランプ氏はもともと木星の影響が強く、拡大志向でチャンスをつかみやすい人です。この木星に、ソーラーアーク天体として極限の象徴・冥王星が加わることで、木星のエネルギーを極端に強めています。

図 5

ドナルド・トランプ
1946 年 6 月 14 日 10 時 54 分
ニューヨーク州ニューヨーク生まれ
（外円）プログレス
2016 年 11 月 9 日 0 時

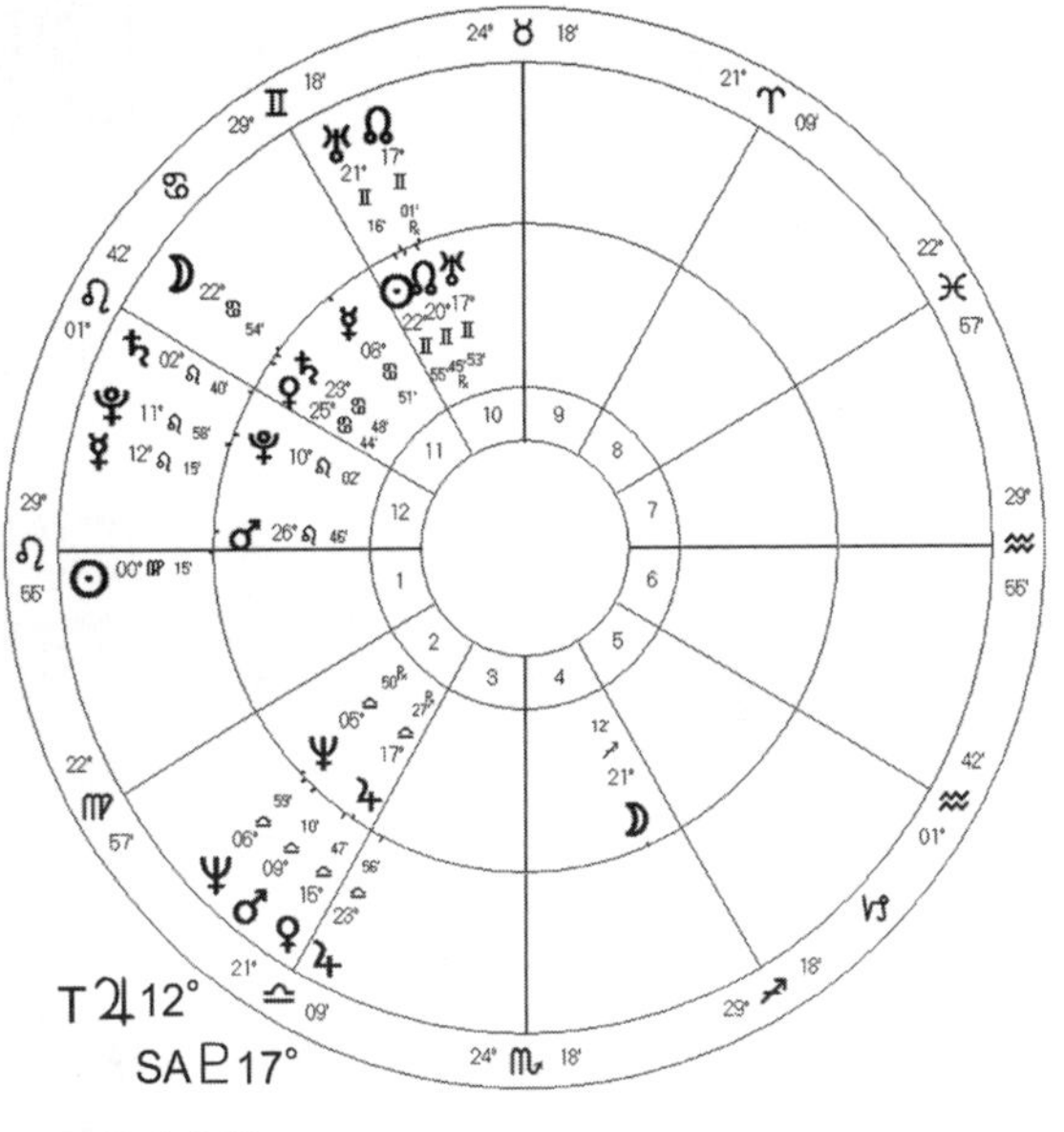

MP45 度分割

☽/☿	00°02'	*Mc*	09°18'	♅/Mc	21°05'	♆/Mc	30°04'	*☉*	37°55'
☉/☿	00°53'	☉/♀	09°19'	♀/♃	21°35'	♂/♆	31°18'	♃/As	38°41'
♇/Mc	02°10'	♂/Mc	10°32'	♂/♅	22°20'	☿/Mc	31°34'	♄/Mc	39°03'
♃/♅	02°40'	♃/♆	11°38'	☊/Mc	22°33'	♄/♇	31°55'	♀/Mc	40°01'
♂/♇	03°24'	*♂*	11°46'	☽/Mc	22°45'	☿/♂	32°49'	*♇*	40°02'
♃/☊	04°07'	As/Mc	12°06'	♆/♇	22°56'	♆/As	32°53'	♂/♄	40°17'
☽/♃	04°19'	☿/♃	13°09'	☉/Mc	23°37'	♀/♇	32°53'	♀/♂	41°15'
♇/As	04°59'	♂/As	13°21'	♂/☊	23°47'	*♅*	32°53'	♅/♆	41°52'
☉/♃	05°11'	♅/♇	13°58'	*♄*	23°48'	♅/☊	34°21'	♄/As	41°52'
♆	05°50'	♄/♆	14°49'	♅/As	23°54'	☿/As	34°23'	♀/As	42°49'
♄/♅	05°51'	*As*	14°55'	☽/♂	23°59'	☽/♅	34°33'	♆/☊	43°19'
♀/♅	06°48'	♇/☊	15°25'	☿/♇	24°27'	☉/♅	35°24'	☿/♅	43°22'
♄/☊	07°18'	☽/♇	15°37'	♀/♄	24°46'	*☊*	35°48'	☽/♆	43°31'
☿/♆	07°21'	♀/♆	15°47'	☉/♂	24°51'	♃/Mc	35°52'	☉/♆	44°23'
☽/♄	07°30'	☿/♄	16°20'	☊/As	25°22'	☽/☊	36°00'	☿/☊	44°49'
♀/☊	08°16'	☉/♇	16°29'	☽/As	25°34'	*☽*	36°12'		
☉/♄	08°22'	☿/♀	17°17'	*♀*	25°44'	☉/☊	36°52'		
☽/♀	08°28'	*♃*	17°27'	☉/As	26°25'	☽/☉	37°04'		
☿	08°51'	♃/♄	20°38'	♃/♇	28°44'	♂/♃	37°06'		

またプログレスを見ると、プログレスの金星は15度47分に位置して、約1度半とオーブは広めですが、この強力な17度の木星に近づいている。来年に入ればコンジャンクションしますから、これもいい表示です。

『占星術の教科書Ⅲ』では、アラン・レオがこの吉星の組み合わせには「ノブリス・オブリージュ」(高貴な人が持つ義務)が必要だと言っていたことが紹介されていますが、木星金星が揃うとベネフィック効果が強まるのです!

またプログレスの木星を見ても、23度にあって、約オーブ1度で太陽とトライン。プログレスの木星は動かないため、この表示だけでその影響を語ることはできませんが、他にも木星の表示が重複していますから、これも木星の重複表示のひとつとカウントしておきましょう。加えて、トランジットの木星も天秤座です。全般的に木星の表示が目立つ、パワフルな配置です。対してクリントン氏を見てみます。

ヒラリー・クリントン――P太陽 □N海王星、SA土星 ☌N太陽

プログレスの太陽とネイタルの海王星がスクエア。これはセパレートしていますが、自分を発揮しなければならない選挙戦の最中にこの配置は好ましくありません。またソーラーアークの土星がネイタルの太陽とまもなくコンジャンクションを形成するところです。土星には責任や障害、制限といった象徴的意味がありますから、これから大統領という重責を担ってゆくのか、制限となるかは、この配置のみでは解釈できません。ただトランジットの土星も、ＩＣ上にあるネイタルの火星、冥王星とタイトなトラインを形成しており、土星の表示がある半面、木星のタイトなアスペクトや

喜びの表示がないのです。女性初の大統領となれば、勝利の喜びが表示されるはずですから、これは気になります。

木星の表示を追ってみると、ソーラーアークの木星はネイタルの海王星とトライン、トランジットの木星は海王星とコンジャンクション、木星と海王星の組み合わせが重複して表示されています。

図 6

ヒラリー・クリントン
1947 年 10 月 26 日
イリノイ州シカゴ生まれ
（外円）プログレス
2016 年 11 月 9 日 0 時

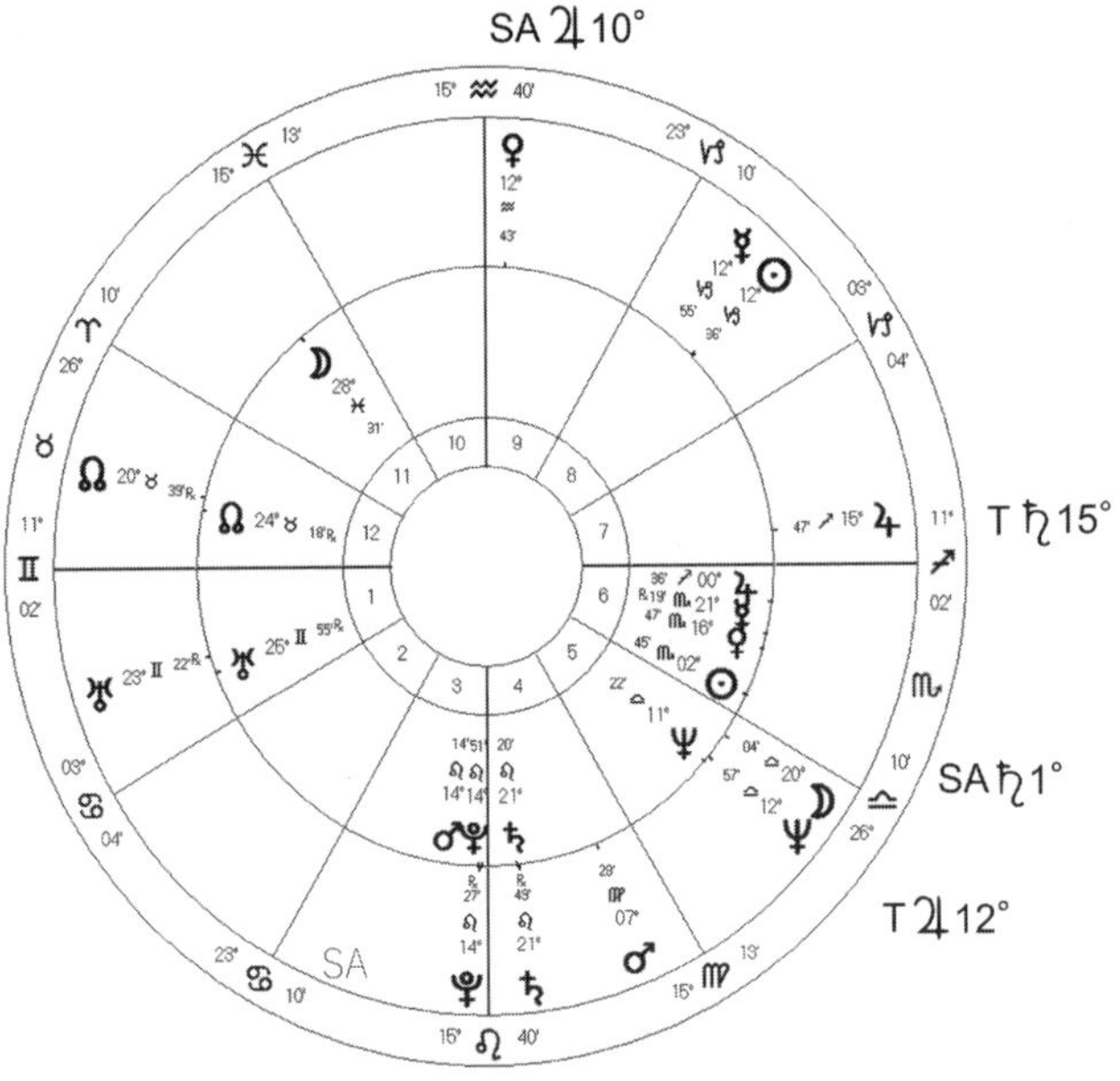

MP45 度分割

♇/Mc	00°16'	☊/Mc	04°59'	As/Mc	13°21'	♄/♅	23°37'	☉/♂	38°29'
♀/♂	00°30'	♀/☊	05°33'	♀/As	13°55'	☽/☿	24°55'	☉/♇	38°48'
Mc	00°40'	*☿*	06°19'	☉/♅	14°20'	☽/♄	24°56'	☉/Mc	39°13'
♀/♇	00°49'	☿/♄	06°20'	*♃*	15°36'	♅/☊	25°07'	☉/♀	39°46'
♀/Mc	01°14'	*♄*	06°20'	☽/☉	15°38'	*As*	26°02'	*♅*	40°55'
☉/♃	01°40'	☉/As	06°54'	☿/As	16°11'	☽/☊	26°25'	♆/As	41°12'
♀	01°47'	♂/♃	07°25'	♄/As	16°11'	♂/♆	27°48'	☉/☿	42°02'
☿/♂	02°47'	♃/♇	07°43'	☊/As	17°40'	♆/♇	28°06'	☉/♄	42°02'
♂/♄	02°47'	☿/☊	07°49'	♂/♅	20°04'	♃/♅	28°15'	☽/♅	42°13'
☿/♇	03°05'	♄/☊	07°49'	♅/♇	20°23'	♆/Mc	28°31'	*☽*	43°31'
♄/♇	03°05'	♃/Mc	08°08'	♅/Mc	20°48'	♀/♆	29°04'	☉/☊	43°32'
☿/Mc	03°30'	♀/♃	08°41'	♃/As	20°49'	☽/♃	29°34'	*♂*	44°14'
♄/Mc	03°30'	*☊*	09°18'	♀/♅	21°21'	☿/♆	31°20'	♂/♇	44°32'
♅/♆	03°38'	☿/♃	10°58'	☽/♂	21°23'	♄/♆	31°21'	*♇*	44°51'
☿/♀	04°03'	♃/♄	10°58'	☽/♇	21°41'	*☉*	32°45'	♂/Mc	44°57'
♀/♄	04°03'	*♆*	11°22'	☉/♆	22°03'	♆/☊	32°50'		
♂/☊	04°16'	♃/☊	12°27'	☽/Mc	22°06'	♅/As	33°29'		
♇/☊	04°35'	♂/As	12°38'	☽/♀	22°39'	☽/As	34°47'		
☽/♆	04°56'	♇/As	12°57'	☿/♅	23°37'	♃/♆	35°59'		

木星と海王星の組み合わせは、バブル的に夢や希望が膨らむかもしれませんが、残念ながら海王星はあてにならない。プログレスの太陽とネイタルの海王星がスクエアに加えて、ここでもまた海王星の表示があり、総じて土星と海王星の表示が多く、ベネフィック（吉星）の表示が多いトランプ氏とは対照的です。

このように簡易なキーポイントのみ並べてみても、天体配置はトランプ氏が相当に優勢と読めます。

しかし圧倒的にクリントン優勢と報道されるなか、逆の判断をするのはプレッシャーもかかりますし、クリントン氏の出生時刻が諸説あったことも気がかりな点でした。[7] こんな時は、ミッドポイントから得られる追加情報がとくに役立つと感じられるはずです。

では次に、ミッドポイントをチェックしてゆきましょう。

選挙や受験は、いつ結果が出るのかわかっていることが多いため、トランジット天体がどのミッドポイント軸に接触しているかチェックしやすいのです。２０１６年の米大統領選挙の本選は11月8日。すべての票が開票されるまでには時間がかかりますが、通常は当日の夜に大勢が分かって勝利宣言が行われることが多いため、ここに焦点をあててみましょう。

開票時のトランジット太陽

これからミッドポイントの学習を始める方に、私がお勧めする学習方法のひとつは、出生図のミ

7　ヒラリー・クリントンの出生時刻は諸説あり、この選挙時も大きな議論となっていた。現在この論争は出生証明書の検証によって落ち着き、アストロデータバンクのレーティングもAAとなっている。

ッドポイント軸に対するトランジット天体の接触を見ること。なかでもトランジットの太陽をチェックするのは簡単ですから、軸に馴染んでゆくファーストステップに向いています。

太陽の位置というのは、私たちの想像以上に「象徴的に語っている」ことが多いもの。アンドレ・バルボーが記した『プラネタリー・サイクル』にも、第二次大戦時の重要な展開と、タイミングファクターとしてのトランジット太陽の配置が紹介されていますが、トランジット天体の中で「その日」を特徴づけるのは、なんといっても太陽です。

トランジットの太陽の動きは速く、それぞれの軸には年8回接触することになります。ですから、それ自体は珍しいことではありません。しかし、選挙や開戦といった重要なタイミングにおいて正確な接触が生じていることが重要な符号なのです。これをタイミングファクターと言います。

また選挙の場合、勝敗を分ける「その日」に、太陽のエネルギーがどの軸と接触しているのか。政治家は自分が国民のリーダーとして輝かなければならないので、さまざまな意味で太陽は重要なのです。

では11月9日0時のワシントンDCにおけるトランジット太陽の位置を見てみましょう。太陽は、蠍座の17度13分。フィクストサインで15度過ぎですから、15を引いて2度13分が45度分割した度数です。

まずはクリントン氏の軸のリスト（208ページ図6）から、2度13分付近の軸を探してみましょう。推奨オーブは1度半ですが、太陽の動きは速く、2度13分の手前1度半まで見ると、これは7日の太陽の位置まで遡ってしまいます。勝敗が確定しそうなタイミングの太陽の位置をチェックしたいのでオーブを狭くします。このようにオーブは1度半を基本として、天体の動きや状況に合わせて適宜調整してください。

ヒラリー・クリントンの軸リスト（208ページ図6参照）

☉／♃　1度40分（軸を構成する天体は、接触天体として考慮しないため、これは除外）
☿／♂　2度47分
♂／♄　2度47分
☿／♇　3度05分
♄／♇　3度05分

という並びになっています。これらをひとつひとつ見てゆきましょう。

☿／♂　思考力・活発な頭脳・計画の実行

水星が煽り屋の火星と一緒になって、話すことや思考が高まる、だから思考力、活発な頭脳。ここに太陽が接触すると、太陽は象徴的に自我そのものですから、身を伴う形になって、活発な思考を行動に移す意味になります。開票時は、もちろん思考が活発になるでしょう。

♂／♄　強いフラストレーション・障害・終了

ここに、前項で紹介した「死の軸」が出てきました。火星と土星、このわかりやすいマレフィックの組み合わせはネガティヴ。火星の動きを土星が制限、活動が低下し、終了します。さらに太陽との接触は「身に及んで」くることを考えても、選挙結果が出る日に、この終了を意味する表示は嫌です。

♀／♇　説得力、影響力

これは政治家としては聴衆をコントロール（冥王星）したり、訴えかけたりするにはいい組み合わせです。

♄／♇　極限の努力、執着

冥王星は極限、土星は制限、努力の象徴。組み合わせると極限の制限、極限の努力となり、ストレスの強い軸です。人は恵まれた状態で、すさまじい努力はしませんし、制限も感じません。ですから選挙結果がわかる（だろう）日に、太陽の接触があることは、これもかなりネガティヴな表示です。

まとめ

選挙結果が出る日の配置としては、木星関連の軸への接触がなく、勝敗と関わりそうな軸への接触が火星／土星、土星、土星／冥王星。これは前述したトランジットや進行天体による配置「土星の表示がある半面、木星のタイトなアスペクトや喜びの表示がない」と傾向が似ています。こちらにも女性初の大統領となるような、勝利の喜びが感じられません。

対してトランプ氏、２度13分付近の軸を見てみましょう。

ドナルド・トランプの軸リスト（206ページ図5参照）

♇／ＭＣ　２度10分
♃／♅　２度40分

この二つの軸はどちらも成功に関わる軸です。

♇／ＭＣ　自分自身の確立、成功、ドラマチックな変容

社会的な立場、到達点としてのＭＣに、極限の象徴である冥王星ですから、大統領選のような時にはうってつけの軸。ここに太陽が接触すると、自らの個性の力で成功を手にすることを意味します。

♃／♅　突然の成功、チャンス、幸運なひらめき

突然の変化の象徴である天王星と、恩恵の木星が組み合わさり、軸の意味は突然の成功、チャンス。太陽が接触すると、成功と、そこから生まれる新たな力を意味します。

さきほどのクリントン氏の軸の接触とは違い、トランプ氏はＭＣや木星と関わる成功関連の軸と接触しています。そして前述したトランジットや進行天体による配置と傾向が似ており、表示天体

がかなり明確に分かれているのが感じられるのではないでしょうか。

ここではトランジット太陽のミッドポイント軸への接触しか読んでおらず、他のトランジット天体を加えて読み進めればさまざまな表示が拾えます。しかし、まずこの日にフォーカスして太陽のトランジットを見るだけでも、違いを感じることができるでしょう。

ちなみに2008年の大統領選は、バラク・オバマ氏とジョン・マケイン氏が戦い、オバマ氏が勝利して黒人初の大統領が誕生しました。勝利宣言のスピーチとして有名な"Yes we can!"は流行語にもなりましたね。

この年の投票日は11月4日。先の方法と同じく5日の0時でトランジット太陽を見ると、蠍サイン13度09分です。フィクストサインの15度手前ですから、+30度で、45度分割にすると43度09分となります。接触している軸は以下の通り。

マケイン氏　☿／♀　43度00分　のみ
オバマ氏　♃／♅　43度02分　金星／火星　43度03分

木星／天王星はトランプ氏が当選した時と同じ「成功」の表示ですが、金星／火星は喜びに満ちた組み合わせであり、パッションを象徴する軸です。あの素晴らしいスピーチは、たしかにオバマ前大統領の喜びと、熱い気持ちが伝わってくるものでした！

さてこれまでの解説で、トランジット天体の見方がつかめてきたのではないでしょうか。大統領選も接戦にもつれ込むことがあるため、このやり方は大胆な予測だと感じる方もいるかもしれません。また、つねに分かりやすく象徴的な配置となるわけではありませんが、こういう見方を応用して「その日」を見る方法は面白く、役立つことも多いでしょう。

ネイタルの太陽とミッドポイント軸

「選挙」における、タイミングファクターとしてのトランジット太陽と、各軸への接触を見てきました。

ここで少し見方を広げ、次に二人のネイタルも加えてみましょう。

出生時の天体配置を見ることで、生涯における基本的な傾向を理解することができます。またトランジットと重複した表示があるならば、強調された天体の表示を探すことができるでしょう。

前述したように太陽はとても大切ですから、同じようにネイタルの太陽と接触する軸を見てみます。クリントン氏の太陽は45度分割で32度45分となり、軸への接触は下記となります。軸および、太陽が接触した場合の解釈をキーワードにして並べてみます。

☿／♆31度20分　想像力・心霊力・不明瞭
→☉との接触（における解釈のキーワード）：感度の良さ、受容力の高さ、状況に左右される
♄／♆31度21分　悲しみ・鬱・病気
→☉との接触：感情的な悲しみが身体に出る、活力の欠如、鬱病
♆／ノード32度50分　協調性の欠如・秘密組織

↓☉との接触：他者とうまくゆかない、他者に理解されにくい
♅／ＡＳＣ 33度29分　ハプニング・自由・反抗的・素早い反応
↓☉との接触：動揺、緊張感、ハプニングの多い変化に満ちた人生

対してトランプ氏の太陽は45度分割で37度55分となり、軸への接触は下記となります。

♂／♃37度06分　成功・慶事・華やぎ
↓☉との接触：華やかな人生・名誉
♃／ＡＳＣ 38度41分　寛大で楽観的・調和的で良識ある態度、生来の豊かさ
↓☉との接触：社交を楽しむ能力・裕福な人たちとの社交
♄／ＭＣ39度03分　粘り強さ、初志貫徹、発達の遅延、劣等感
↓☉との接触：心配性・発展の遅延や障害・粘り強さ
（トランプ氏の場合は、実家が不動産業のため、土星が不動産の象徴として表れている可能性アリ）

トランプ氏はネイタルにおいても、太陽と１度以内の接触が木星関連の軸になっており、木星が目立ちます。

対してクリントン氏は海王星関連の軸が３つ。そしてこちらもまた、トランジットや進行天体による配置と表示天体の重複があり、海王星は最初から繰り返し表示されています。

つまり主な表示天体として、クリントン氏は土星と海王星、トランプ氏は木星と冥王星が重複して表示されており、表示の符合に気づくはずです。

『占星術の教科書Ⅲ』では、同じ星の組み合わせが強調されていくことが「レゾナンス」（共鳴）という言葉で紹介されていますが、このようにミッドポイントを含めて繰り返し表示されることも、レゾナンスですね。

トランプ氏は、ネイタルの有利な天体配置を、タイミング良く活かして勝利したと言えるでしょう。

クリントン氏は２００８年に民主党の大統領指名戦でオバマ元大統領に敗れて大統領選に出馬できず、ようやく代表を勝ち得たら、トランプ氏に敗北してしまいました。この選挙戦は史上稀に見る泥仕合だったと言われていますから、長い戦いの後、トランジットの太陽が火星／土星の軸に接触したこの日に落選の結果を受けて、「終わり」を感じたとしてもおかしくない状況だったのではないでしょうか。

V・接触天体ごとの実例

前の項目では、トランジットの太陽とネイタルの太陽の接触に焦点を当てて、読み解いてゆきました。

ミッドポイントでは多くのコンビネーションが出現するため、このようにファーストステップは広げず、太陽なら太陽と、あなたが調べたい事柄を象徴する天体に的を絞ってチェックしてゆくことは、お勧めできる方法です。

とはいえトランジット天体を入れて計算するのは、初学者にとって少し面倒かもしれません。

本書でミッドポイントに初めて出会った方は、まず Astrodienst の無料ホロスコープ作成を使って、ネイタルのミッドポイントのリストを作成し、これについて読み解きたいのではないでしょうか。ここではネイタルを中心に、接触天体ごとにまとめた実例をあげてゆきます。

各惑星の軸への接触の意味

太陽の接触のキーワード＝個人としての存在そのもの、人生、身に及ぶ（肉体）、男性性

まずは太陽。例題でも太陽に焦点を当てて読みましたが、個人としての存在そのものを象徴する太陽はとても大切。ですから、この太陽の接触は少し詳しく見てゆきます。

本書において、カール・G・ユングはすべての占星術家が取り上げていますから、皆さんはさまざまな形でユングのチャートに親しんでいることでしょう。ここでは太陽の接触を中心に、ユングの配置を見てみましょう。[8]

図7のように、ユングの太陽は、太陽＝海王星／ASC、冥王星／ノード、土星／ノード、水星／冥王星、水星／土星、木星／天王星、木星／月と多くの軸に接触しています。

このように接触が多い場合は、天体ごとにざっくりとグルーピングするのもひとつの方法です。

ユングの場合、水星関連の軸が水星／冥王星、水星／土星の二つ、木星関連が木星／天王星、木星／月の二つ、ノード関連が冥王星／ノード、土星／ノードの二つに、加えて海王星／ASCがあります。

図7
カール・G・ユング

MP45度分割

As	31°33'
Ψ/As	32°17'
☉/As	32°26'
♇/☊	32°39'
♄/☊	32°57'
Ψ	33°02'
☉/Ψ	33°10'
☉	33°18'
☿/♇	33°40'
☿/♄	33°58'
♃/♅	34°18'
☽/♃	34°39'

8　使用ソフトウェア＝Solar Fire（アセンダントは水瓶座1度33分）

・☿／♄　深い思考、メンタルワーク
・☿／♇　説得力、影響力、洞察力

ユングは精神科医として精神病者の治療をしていましたが、人の心の無意識領域に注目したことから、精神分析の創始者フロイトと交流を始めます。深く考えるからこそ、心の領域に着目して真剣に理解に努め、内省し、その理論を構築し（水星／土星）、影響を及ぼす（水星／冥王星）立場となります（＝太陽、キャリアや人生と関わる）。

・♃／♅　突然の成功、チャンス、幸運なひらめき
・♃／☽　幸せな気持ち、寛大さ、（とくに女性の）幸運

資産家の妻と裕福な結婚生活を送り、また妻だけでなく、ユングを献身的に支える女性たちがいたことが知られています。映画化もされている愛人ザビーナ・シュピールラインとの関係、研究を共にして第二の妻とまで言われたトニー・ウォルフなど、女性との付き合いに恵まれています（木星／月）。またフロイトとの出会い、決別を含めた、数々の人生上の転換も良い方向にはたらき、チャンスに恵まれていました（木星／天王星）。

・♇／ノード　運命共同体、権力者の集まり
・♄／ノード　対人関係の制限、孤立、年配者との縁

祖父はバーゼル大の学長を務めた医師で、この影響もあって、ユングは同大学の医学部に進学して

います。またフロイトやさまざまな精神分析学者との縁、石油王ロックフェラーの子女の援助によって「心理学クラブ」を設立してからは、ヘルマン・ヘッセのような大作家との交流も生まれ、年配者やその道の権威との交流は、ユングの人生に影響していると言えるでしょう（冥王星／ノード、土星／ノード）。

・♆／ＡＳＣ　非現実的、決断力のなさ、カメレオン、霊媒体質

母方は霊能者の家系で、自身も神秘的な体験をするなど、目に見えない領域に対する生来の感受性を持っていたと考えられます。またフロイトとの決別後など、人生上で何度か自我が不安定になっています。

さて、こうやって並べてみるとユングの特徴が表れていると思いませんか？

このように、まずは太陽の接触だけをチェックしてみましょう。ひとつひとつの接触について考えたうえで、次の月を加えるという風に、少しずつ広げてゆくのは良い方法です。一度にすべてを理解しようと思うと、あまりの情報の多さに混乱してしまう可能性があるからです（この項目最後の「ネイタルの接触をチェックする際のポイント」も参照してください）。

ここで、もう一度ユングの軸の並びを見てみましょう。

太陽の接触についてシンプルに解説したかったので、さきほどは触れませんでしたが、33度18分の太陽の近くに、ＡＳＣ31度33分、海王星33度02分と続いています。つまりＡＳＣ＝海王星＝太陽となり、これらは非常に近い位置にあるため、互いに強く影響して、前述した軸と接触しています。

ただ海王星／ＡＳＣに太陽が接触しているというだけでなく、生まれ持った海王星の影響がすべてに関わってくるということ。

これは、女性患者が夢で「スカラベをもらった」と告白したその時、カウンセリングしている部屋の窓にスカラベが現れたという有名なシンクロニシティのエピソードにしても、ユングがまるで霊能者のように「心を読み取る能力」に長けており、深いレベルで患者と接することができたと言われることにしても、ユングの資質あってこその体験と言えるのではないでしょうか。

実際に自分自身のヴィジョンや夢という体験を通して無意識と対峙し、見えない領域を探り、その知識をアルケミーとして統合しようとしたユングの姿勢は、この軸の並びに象徴されているように感じます。

このＡＳＣ＝海王星＝太陽のように、同じ軸に複数の天体が接触して強調されることもあれば、形を変えて、似たような意味を持つ表示が繰り返し出てくることもあり、そのように「重複」して表示される事柄は、読み解くうえで大切です。

たとえば、太陽＝木星／月のところでユングと女性との縁についてふれましたが、他の接触を見ると、金星＝木星／ノード、木星＝金星／ＡＳＣ、金星／太陽、ＡＳＣ＝月／金星、ＭＣ＝金星／ノードもあるという具合に、です。

ユングのところには世界中から女性患者が集まり、彼女たちはカウンセリングを終えた後も、ユングとの深い絆を感じてチューリッヒに留まり、さまざまな形で手伝いをしたと言われています。これが実質的にユング心理学を広める大きな役割を担っていたようです。

対人関係に恵まれる傾向（ノード、木星）、とくに女性との縁の豊かさ（金星）が示されています。

ダイアナ元妃
誕生日：1961 年 年 7 月 1 日
出生時間：19:45
出生地：Sandringham, England

♀/♅ 08°52'
☽/♅ 09°11'
♀ 09°24'
☉ 09°39'
☽/♀ 09°43'
☽ 10°02'
♅/☊ 11°31'

クリス・ジェンナー
誕生日：1955 年 11 月 5 日
出生時間：02:47
出生地：San Diego, California

MP45 度分割

☽ 23°11'
♂/♅ 23°32'
♇/☊ 23°46'
♃/☊ 23°54'
♀/☊ 24°08'

悩みを抱えた女性にとって、センスが良くチャーミングで（ＡＳＣ＝月／金星、木星＝金星／ＡＳＣなど）、強い説得力やカリスマ性を持つ（太陽＝水星／冥王星）ユングのような人物に、繊細さと直観力によって（ＡＳＣ、太陽、海王星の複合的接触）自分を理解してもらえることは、極めて魅力的だったのではないでしょうか。

月の接触のキーワード＝気持ち、フィーリング、心に及ぶ（心・魂）、女性性

ここからは、太陽の接触にくらべて簡易な表現をしてゆきます。

・アメリカで最も有名な家族と言われるカーダシアン一家。この大家族の母であるクリス・ジェンナーは、最初の結婚で４人の子供を出産、その後離婚。ブルース・ジェンナーとの再婚を経て２人出産し、子供たちは、上はコートニー・カーダシアンに始まり、キム・カーダシアン、ケンダル・ジェンナーといった超有名ソーシャライトとなり、ブルースと前妻の間の４人の子供の教育にも関わっているようです。母としては類まれな人生ですね。クリス・ジェンナーの月＝火星／天王星、冥王星／ノード、木星／ノード、金星／ノード。ハプニングが多く、驚きに満ちた生活環境（火星／天王星）、ノード関連の軸３つに接触しており、それらが冥王星、木星、金星というのも、セレブリティ、恵まれた縁や人間関係の発展、美しい女性たちに囲まれる生活をよく表示していると言えるでしょう。

・亡きダイアナ元妃の月＝金星／天王星、天王星／ノード。天王星との接触が

ヘンリー王子	J・K・ローリング	アガサ・クリスティー
誕生日：1984 年 9 月 15 日	誕生日：1965 年 7 月 31 日	誕生日：1890 年 9 月 15 日
出生時間：16:20	出生時間：：21:00	出生時間：14:14
出生地：London, England	出生地：：Yate, England	出生地：Torquay, England

ヘンリー王子		J・K・ローリング		アガサ・クリスティー	
☿	20°12'	♄/As	13°40'	♂/♃	13°46'
♅/☊	20°21'	♆/☊	13°59'	♀/☊	13°54'
		☿	15°02'	*☿*	15°17'
		♅/♆	15°04'	☉/♀	15°47'
		☉/♃	15°23'	☽/♅	15°56'
		♆/♇	16°00'	♀/As	16°15'
				☽/Mc	16°40'

目立ちます。数々のロマンス（金星／天王星）、不安定な人間関係や、通常ではない縁（天王星／ノード）、また感情的な起伏が表示されているようです。

水星の接触のキーワード＝知性、思考、コミュニケーション、神経

・作家アガサ・クリスティーの水星は、火星／木星、金星／ノード、太陽／金星、月／天王星、金星／ASC、月／MCと多くの軸に接触しています。華やかな世界（火星／木星）、魅力ある、財力に恵まれた（金星／ASC、金星／ノード）、驚きのハプニング（月／天王星）……このように並べると、ポワロやマープルの登場する、クリスティーの小説の世界のようではありませんか？　さてこんな風に、水星が表れるものでしょうか？　同じように、別の有名作家をチェックしてみましょう。

・J・K・ローリングの水星は、水星＝土星／ASC、海王星／ノード、天王星／海王星、太陽／木星と接触しています。代表作のハリー・ポッターシリーズは、神秘的な（天王星／海王星）魔法学校におけるドラマ（海王星／ノード）。何かと格下に見られるハリーたち（土星／ASC）が、成長して立派になる（太陽／木星）物語ですね。

この二人の作家のネイタルの水星は、7度以内で他天体とメジャーアスペクトを形成していません。もちろんノーアスペクトの天体も、サインやハウスなどからその傾向を理解してゆくことはできますが、ここにミッドポイントの情報を加

えると、その特性を摑みやすくなるのです。

水星の接触は、水星の特性、思考がどのような傾向を帯びるのか、物語ってくれます。
・英国王室を離脱して話題に事欠かないヘンリー王子の水星は、天王星／ノードとタイトな接触をしています。たしかに王室メンバーの考え方としては、革新的で、ユニークな縁を結んでいるように見えますね！

金星の接触のキーワード＝愛、アート、美、喜び、宝

・俳優として大成功、華やかな交友関係で知られるジョージ・クルーニー。生涯独身を宣言していて、さまざまな美しい女性たちと浮名を流し、稀代のプレイボーイと言われてきました。ところが、50歳を過ぎて国際弁護士の女性と電撃結婚。いまではすっかり落ち着いた素敵なパパになっています。
クルーニーの金星は、金星＝水星／ノード、天王星／ノード、水星／冥王星、木星／MC、天王星／冥王星、太陽／ASC。生来、他人の心を摑む（太陽／ASC）性質で、説得力のある魅惑的な態度（水星／冥王星）は俳優に向き、創造的で、常に新しいものに対する憧憬があり（天王星／冥王星）、芸術分野で成功（木星／MC）。また同じ興味を持つ人たちと意見交換をしたりすることが好きで、関係を築き（水星／ノード）、しばしばすぐに恋に落ちては別れる（天王星／ノード）。

この金星の接触は、クルーニーの性質をよく物語っているようです。

２０１４年4月にしたプロポーズでは、なんと20分もひざまずいて「Yes」の答えを待ったそうですが、この頃ちょうどソーラーアークの天王星とトランジットの冥王星がカーディナルの13度付近

フリーダ・カーロ
誕生日：1907 年 7 月 6 日
出生時間：08:30
出生地：Coyoacán, Mexico

ジョージ・クルーニー
誕生日：1961 年 5 月 6 日
出生時間：02:58
出生地：Lexington, Kentucky

♅ 10°36'
♄/☊ 10°41'
♅/♆ 11°30'
☽/Mc 11°31'
☽/As 11°37'
☉/♅ 11°59'
♂/♅ 12°00'
♆ 12°23'
☉/♆ 12°53'
♂/♆ 12°53'
☉ 13°22'
☉/♂ 13°23'
♂ 13°23'

☿/☊ 11°43'
♅/☊ 12°11'
♀ 13°04'
☿/♇ 13°09'
♃/Mc 13°11'
♅/♇ 13°37'
☉/As 13°45'

に位置し、ＳＡ天王星＝Ｔ冥王星＝金星＝木星／ＭＣとなっています。この選択は大成功だったようですね！（天王星＝木星／ＭＣ、冥王星＝木星／ＭＣどちらも成功を象徴）

火星の接触のキーワード＝情熱、エネルギー、焚き付け、着火

・画家フリーダ・カーロはメキシコを代表する近代画家。その生涯は壮絶で、幼い頃にポリオにかかって障害が残ったものの、勉学に励んでいたある日、大事故にあって脊椎が3か所で砕けるという大怪我を負います。フリーダは、この事故さえ乗り越えて結婚、愛する夫に尽くしますが、重なる不倫や事故の後遺症で子供を流産。心労は絶えず、絵を描くことに没頭して名声を手に入れると、夫は彼女に離婚を言い渡します。過去の事故と心労が、身体に大きな負担となり、晩年は手術を繰り返し47歳で他界。過酷な人生を生き抜いたフリーダの人生は、何度か映画化されており、皆さんもどこかでフリーダのつながり眉毛の自画像を見たことがあるのではないでしょうか。

　このフリーダの火星は、海王星＝太陽＝火星＝月／ＭＣ、月／ＡＳＣ、太陽／天王星、火星／天王星、太陽／海王星、火星／海王星と複合的な組み合わせになっています。

　フリーダの出生図は、火星と天王星、太陽と海王星がそれぞれオポジションを形成しているため、必然的にこのような組み合わせになるのです。火星

と天王星はアクシデント、手術。火星と海王星は感染症を象徴し、接触天体と軸が、それらの組み合わせになっています。予期せぬ出来事に縁どられた人生（太陽／天王星、火星／天王星）ですね。

また軸の並びを見ると、月／MC、月／ASCが入っていますから、一連の出来事は、フリーダの女性性を含めて関わってくることを暗示しています。事実、事故によって子供を産めなくなってしまったフリーダ。それは夫婦関係にも影響します。これは別の意味で、フリーダを奮い立たせ（火星＝月／MC）、芸術への情熱（火星＝太陽／海王星）を掻き立てた、と読むことができます。

感情的に落ち込み（海王星＝月／MC、月／ASC）、しばしばヒステリックな状態に陥ることもあった（海王星＝火星／天王星）はずですが、生来、強靭なメンタル（太陽＝火星＝月／ASC）の持ち主。

雄々しく情熱的に（太陽、火星）生き抜いて、そのすべてが注ぎ込まれている彼女の芸術だからこそ、私たちは強く惹かれるのでしょう。多くを語る、複合的なコンビネーションです。

木星の接触のキーワード＝幸運、加護、発展性、法、宗教

木星は、接触した軸が象徴する事柄を発展させます。また軸がマレフィック同士のコンビネーションであれば、軸の意味をソフトランディングさせる効果もあります。

グレース・ケリーほど、人生が大きく展開することは稀でしょう。ペンシルベニア州出身のグレースは、高校を卒業後、女優を目指します。22歳で映画デビューを果たした後は、ヒッチコック映画など、次々に有名作品に出演。24歳の時にはアカデミー主演女優賞を獲得。26歳でモナコ大公と結婚して公妃になります。まさに飛ぶ鳥を落とす勢いでセレブリティの階段を駆け上がったグレ

フィンセント・ファン・ゴッホ	グレース・ケリー
誕生日：1853年3月30日	誕生日：1929年11月12日
出生時間：11:00	出生時間：05:31
出生地：Zundert, Netherlands	出生地：Philadelphia, Pennsylvania

☽/☉	00°11'
☉/Mc	00°52'
♄	00°57'
☉/☊	01°34'
♆/As	01°41'
☉/♃	01°57'

☽/♆	27°38'
☉/♅	28°45'
♀	28°51'
♃	29°05'
☿/♇	30°06'
♇/☊	30°32'

ースの木星は、木星＝金星＝月／海王星、太陽／天王星、水星／冥王星、冥王星／ノード。

金星の接触の項でも紹介しましたが、金星＝水星／冥王星はジョージ・クルーニーと同じ。説得力のある魅惑的な態度（水星／冥王星）は俳優に向き、さらに木星が接触することで、木星と冥王星の組み合わせは成功を意味しますから、スピーチや外交力が際立ちます。

幸運にもその魅力によって（＝金星、木星）、芸術分野で成功（月／海王星）し、セレブリティとの縁（冥王星／ノード）にも恵まれ、人生が変化した（太陽／天王星）。

土星の接触のキーワード＝抑制、障害、遅延、集中（時に過補償）

占星術に惹かれる皆さんの中には、フィセント・ファン・ゴッホの描いた『星月夜』が好きだという人も多いのではないでしょうか。ゴッホの絵は、世界中の人に愛されていて、時々日本で開催されるゴッホ展は大人気。私は以前、平日だから大丈夫だろうと予約なしでアムステルダムのゴッホ美術館に行ったところ、入れなくて苦い思いをしたことがあります。これほど人気のゴッホですが、悲しいことに生前に売れた絵がたったの1枚。[9]人に認められることなく描き続け、37歳という若さで亡くなり、死後に認められた画家な

9　諸説あるが、ほとんど売れなかった。

ヨハン・ヴォルフガング・フォン・ゲーテ
誕生日：1749年8月28日
出生時間：12:30
出生地：Frankfurt am Main, Germany

☽/☊ 44°33′
♂/♃ 44°45′
☊/♅ 44°57′
♀/♂ 44°59′
♄ 00°12′
☉/♆ 00°53′

☿ 10°58′
♃/♆ 11°17′

アルバート・アインシュタイン
誕生日：1879年3月14日
出生時間：11:30
出生地：Ulm, Germany

☉/ASC 02°34′
♃/♆ 02°40′
☿ 03°08′
☿/♄ 03°40′
♄ 04°11′

のです。

ゴッホの土星は、土星＝月／太陽、太陽／M、太陽／ノード、海王星／A、太陽／木星と、太陽関連の軸との接触が多いという特徴があります。土星＝月／太陽は、生真面目さ、根気強さを意味しますが、土星は制限、障害の意味がありますから、とくにミッドポイントにおける接触は「遅延」を象徴する場合も多いのです。人間関係の難しさや、限られた対人関係（太陽／ノード）と、発展性の制限（太陽／木星）もあり、社会的に認められるのに時間がかかった（土星の接触の多さに加えて、太陽／MCとの接触）と読み解くことができるでしょう。またこれらは、太陽関連の軸のなかでも、月、MC、木星、ノードとのコンビネーションと大切なものばかりですから、これらにすべて土星が接触すると萎縮しやすくなるとも言えます。また鬱になりやすい傾向（海王星／ASC）にも注意が必要です。

・アルバート・アインシュタインの土星は、土星＝木星／海王星。ただ土星の近くに水星があり、水星＝土星＝木星／海王星を形成。またこの水星は、太陽／ASCとも接触しています。生来の論理的思考（太陽／ASC）、思考の拡大やインスピレーション（木星／海王星）に、土星が制限と構造をもたらしています。アインシュタインの特別な知性はさまざまな天体配置から読み解くことができるのですが、土星の働きは、余計なものをそぎ落とし、物事の構造化と深く関わるため、本質を追い求める物理学の研究に価値ある影響を与えていたのではないでしょうか。
・ドイツの文豪ゲーテの土星は、土星＝月／ノード、火星／木星／、ノード／MC、金星／火星、太陽／海王星。ちなみにゲーテもアインシュタインと同じく水星＝木星／海王星を持っています。ゲーテは、実体験をもとに『若きウェルテルの悩み』を書いたと言われていますが、このモデルとなったシャルロッテ宛に、なんと約１８００通近いラブレターを送ったそうです。思考の広がり、イマジネーションの豊かさを示すこのコンビネーションは、文学者らしい配置であると同時に、ゲーテのこのエピソードを想起させます。

老年になってもゲーテの恋愛体質は衰えず、70代で10代の女性にプロポーズしたものの失恋します。多くの恋愛を繰り返すということは、言い換えれば、ひとつの縁が幸福な状態に留まらないということ。ネガティヴな解釈をすれば、別れの苦しみ（月／ノード）、恋愛における障害や背徳への傾向[10]（金星／火星）、エゴが強く、我が道を行き（ノード／M）、良い機会を逃しやすく（火星／木星）、虚弱な傾向（太陽／海王星）と読み解くことができます。

土星の接触は、マイナス面を見ると、軸のネガティヴな面を強調したり、可能性を制限したりする働きがあるのです。しかし恋の苦しみがなければ、ゲーテは文豪になれなかったはず。接触天体を探す時、マレフィック天体は何かしらの軸に接触していますが、ただちにそのコンビネーションのネガティヴな意味が表れてくるわけではありません。これについては海王星の接触の項でもふれています。そして、もしその傾向に気づいたなら、意識して変えてゆく努力ができることを忘れないで。

10　土星＝金星／火星、土星を制限、遅延だけでなく、過補償の視点でとらえる。

天王星の接触のキーワード＝変化、突発、革新、改革

・秋篠宮眞子さまの結婚は、世間に衝撃を与えました。小室家に嫁ぎ、いまは小室眞子さんとなったプリンセスの天王星は、天王星＝金星／MC、金星／火星、木星／ASC、水星／木星。ミッドポイントを学び始めたばかりの方でも、この軸を見るだけで「なるほど」と感じるコンビネーションが並んでいます。

豊かな素性（木星／ASC）、好奇心旺盛（水星／木星）で、自分らしい愛と、情熱によって（金星／MC、金星／火星）、改革を起こす（＝天王星）。また太陽＝金星＝天王星／冥王星もあり、天王星／冥王星のキーワードは抜本的改革。

自由と独立を志向し、新しいものに対する憧れが強い傾向がはっきりと出ています。自らパートナーを選び、新しい世界に飛び出した眞子さんらしい配置ですね。

海王星の接触のキーワード＝不透明、混乱、受容・共感、芸術、霊的

エバティンは海王星を受容性、共感力の高さを象徴する天体としながらも、病気を象徴するミッドポイント軸として、主に海王星関連をあげています。また他の軸に海王星が接触した場合も、総じてネガティヴな解釈をしています。

受容性、共感力の高さというのは、言い換えれば他者とのボーダーラインが曖昧、自分の膜が薄くて感じやすく、混乱しやすいということ。だからこそ、その透過性が芸術として表れた時には、多くの人の心を摑むことになるのです。

・ウォルト・ディズニーの海王星は多くの軸と接触しており、海王星＝太陽／木星、土星／天王

モーリス・ベジャール
誕生日：1927年1月1日
出生時間：18:00
出生地：Marseille, France

♇/☊ 10°56'
☽/♂ 11°04'
×♃× 11°26'
♃/♆ 11°34'
×♆× 11°41'
☊/Mc 12°02'
☉/♇ 12°38'

ウォルト・ディズニー
誕生日：1901年12月5日
出生時間：00:35
出生地：Chicago, Illinois

☉/♃ 43°55'
×♆× 00°33'
♄/♅ 00°45'
♃/♅ 01°06'
♄/♇ 01°13'
♃/♇ 01°35'
♂/Mc 01°41'
☽/Mc 02°02'
♂/As 02°03'
☽/As 02°24'

小室眞子
誕生日：1991年10月23日
出生時間：23:41
出生地：Tokyo, Japan

♀/Mc 08°39'
♀/♂ 09°05'
♃/As 10°00'
×♅× 10°19'
☿/♃ 10°19'

星、木星／天王星、土星／冥王星、木星／冥王星、火星／MC、月／MC。

　私個人は、海王星をただネガティヴな解釈だけに留める必要はないと考えています。それは太陽の接触でも紹介したユングの例でも感じ取っていただけるはずですが、もうひとつモーリス・ベジャールの海王星も紹介しておきましょう。バレエを知らない方でも、ベジャールの振り付けた『ボレロ』は一大センセーションを巻き起こしたので、ご存じではないでしょうか。実際に見ると、モーリス・ラベルの『ボレロ』の楽曲と、振付が完全にマッチした素晴らしい相乗効果に、ただ心を奪われるばかりです。

　ベジャールの海王星は、海王星＝冥王星／ノード、月／火星、ノード／MC、太陽／冥王星。海王星の近くに木星があり、木星＝海王星となるものの、海王星をネガティヴにとらえるなら、これらの接触は損失や関係性構築の問題（冥王星／ノード、ノード／MC）や、活力のなさや弱さ（月／火星、太陽／冥王星）と解釈できるのです。

　しかしベジャールの人生と照らし合わせると、芸術を介した人間関係と成功（ノード／☊、冥王星／ノード）、『ボレロ』や『火の鳥』の振付にあらわれる芸術としての繊細さや情熱、力強さ（月／火星）、アーティストとしての統率力（太陽／冥王星）として表れているように思います。

　またベジャールの海王星／ノードの軸に、ラベルの木星、金星、太陽が接触していることは注目に値します。芸術的な縁が、美しい輝きと実りをもたらした魅惑的な例なのではないでしょうか。

冥王星の接触のキーワード＝極限、権力、不可抗力、カルマ、

冥王星は極限の象徴。良くも悪くも、極端な方向に作用します。成功は常に極端さが伴うものかもしれませんが、人生における極端さは、たとえそれが愛の極限であっても、注意深く見守る必要があるかもしれません。

・アドルフ・ヒトラーの冥王星は、冥王星＝天王星＝太陽／月、太陽／木星、月／MC、水星／ノード、木星／MC。青春時代は挫折だらけだったヒトラーは「落ちこぼれ」の立場にいましたが、極右勢力に参加することで、指導者への道を登り詰めます。太陽／木星、木星／MCと冥王星、天王星の接触は、チャンスを手に入れて大出世する可能性。しかし太陽／月、月／MCとの接触は、その内面性が極端な改革志向であり、水星／ノードとの接触は、同じく改革主義者や極端な人物との交流を示唆します。このような接触も、時代が違えばまた違った形で表れたのかもしれませんね。

・水星の接触では、思考（水星）がどのような傾向を帯びるのかという文脈で取り上げたJ・K・ローリング。

水星＝太陽／木星は、文筆の成功と読むことができます。しかしローリングは並外れた成功を収めていますから、冥王星の表示がありそうです。ローリングの冥王星＝土星／ノード、火星／ASC、土星／天王星、金星／木星、木星／MC。成功して（木星／MC）、大きな実りや利益を得る（金星／木星）表示とともに、不屈の精神で（火星／ASC）、克服する（土星／天王星）もあります。ハリー・ポッターの執筆中、シングルマザーで生活保護を受けていたことは知られていますが、

エイブラハム・リンカーン
誕生日：1809年2月12日
出生時間：06:54
出生地：Hodgenville, Kentucky

♃/♄ 27°36'
♇ 29°05'
♃/♆ 29°23'
♃/Mc 29°45'
♀/As 29°46'
☉/♀ 30°27'

アドルフ・ヒトラー
誕生日：1889年4月20日
出生時間：18:30
出生地：Braunau, Austria

☽/☉ 18°43'
♅ 19°29'
☉/♃ 19°31'
♇ 19°40'
☽/Mc 20°24'
☿/☊ 20°51'
♃/Mc 21°12'

大変な負荷がかかっていたのではないでしょうか。また土星／天王星は緊張、プレッシャーを象徴する軸ですから、大作家となった後も、何かと強いプレッシャーにさらされている可能性がある、と読み解くことができるでしょう。

・奴隷解放という歴史的偉業を行った、第16代アメリカ大統領のエイブラハム・リンカーン。リンカーンの冥王星は、冥王星＝木星／土星、木星／海王星、木星／MC、金星／ASC、太陽／金星。遠大なヴィジョン（木星／海王星）を持ち、非常に忍耐強く、段階を踏んで（木星／土星）、物事を成功（木星／MC）に導くと解釈できます。3つの木星関連軸に、冥王星が接触することは強力です。またリンカーンは調和のとれた魅力ある人物だったと言われていますが、金星／ASC、太陽／金星との接触からも、それを感じ取ることができるでしょう。

ネイタルの接触をチェックする際のポイント

さて太陽から冥王星まで、各天体がさまざまな軸に接触した場合の実例を紹介してきました。

まずは「太陽」からということで、皆さんもまずは「太陽」の接触から始めて、ご自身のミッドポイントについて作業を進めているかもしれません。

ひとつひとつの接触から得られる情報は、たとえば水星＝木星／海王星なら、思考の広がりを意味する「小さなパーツ」のようなものです。しかし次に月、水星と、すべてチェックを進めてゆくと、とても多くの情報、たくさんのパーツが浮かび上がってくるでしょう。

「シンプルで明瞭な見方は、枝葉が広がりやすい象徴的解釈をすっきりまとめるのに大いに役立つ」と前述しましたが、これだけ多くの軸とその接触について、ひとつひとつ深堀りすると、おそらく初学者は混乱してしまうはずです。だからこそシンプルな解釈を心がけて進めてゆくこと。10天体そしてノード、ASC、MCの順に進めず、仕事や恋愛のように、気になるテーマだけチェックするのも良いアイディアです。恋愛なら金星関連の軸、および金星が接触する軸を見てゆくという風に、です。きっとたくさんの発見があるでしょう。

そして少しずつミッドポイントに慣れてきたら、以下のことを改めて考慮に入れてください。天体配置から得られる情報をスケッチに喩えるなら、これは乱暴に言えないため、あくまでイメージでとらえてほしいのですが、通常のホロスコープにおける天体配置が太い線だとすれば、ミッドポイントは中線、または細い線で描かれている、と表現できるかもしれません。その補足的な線が入ることで、全体をより理解できるわけです。

そしてミッドポイント軸への接触ひとつひとつの情報を「小さなパーツ」と表現しましたが、これらが＝で結ばれて一群の接触を形成したり（ユングやフリーダのように）、同じような意味のコンビネーション（眞子さんの天王星）が形成されるなど、強調される場合は際立ち、重要な意味を持ちます。しかし、たとえそうであっても、太線部分、また骨格と言えるのは、通常のホロスコープです。そもそも各天体および感受点の影響力がパワフルであるからこそ、そのふたつのエネルギーが出会い、ブレンドされる場としてのミッドポイントが重要なのですから。

そういう意味でもミッドポイントは、ホロスコープにおける基本的な輪郭、各天体配置をしっかりと理解したうえで加えてこそ、その全体像を深く理解できることを忘れないで！

たとえばエイブラハム・リンカーンも、その遠大なヴィジョン（冥王星＝木星／海王星）は、ネイタルにおける海王星・土星0度MCがあってこそ「人民の、人民による、人民のための」となるのだろう、と読めるわけです。

ミッドポイントの適応範囲

さてここまでの記述で、すでにネイタル、トランジットが登場していますから、皆さんはさまざまな形で「中間点」を取り入れることができることにお気づきでしょう。

ミッドポイントの適応は広く、ネイタル、トランジットといった実際の天体位置だけでなく、プログレス、ソーラーアークといった進行図やコンポジットチャート、またマンデンにおける国家のチャートや春分図など、すべての天体配置における「中間点」を考察してゆくことができるのです。

また先の例題のような、ネイタルの軸に対してトランジット天体の接触だけでなく、ソーラーアーク天体の接触、軸自体の進行も読むことができます。

ひとつの例として、エバティンの解説からゲーテの初恋時におけるミッドポイントの配置を一部抜粋してみましょう。

・♀／♃＝P☉＝SA、MC
・SA♀／SA♃＝ノード

ゲーテは「初恋が唯一の恋愛だ、といわれるのは至言である」という名言を残しており、初めての恋についての詩『最初の喪失』に、シューベルトが楽曲を付け、歌曲として残っています。エバティンの記載にはありませんが、この頃に金星／木星＝Tノードも形成されており、金星／木星の軸が強くアクティベートされていたのです。

まさに、【金星／木星：愛の喜び、幸福、実り】を実感する、美しい初恋だったのでしょう。これは進行図などを組み合わせた上級のテクニックですが、こんな風に複合的に読み解いてゆくことができるのです。

ミッドポイントは「中間点」。さまざまな天体配置のなかにある中間点を探せば、超大な情報量になるのです。だからこそ、慣れないうちは組み立てて考えることが難しいため、的を絞ってひとつひとつ読み解くことが大切です。また『占星術の教科書Ⅰ～Ⅲ』で学んだような、土台となる基礎が強固であるからこそ、取捨選択して、情報を組み立てることができるというわけです。そして慣れてくれば、クリエイティヴな発想で広げてゆけば良いのです。

マンデンにおけるミッドポイント

では最後の項目として、マンデンにおけるミッドポイントについてふれておきましょう。まずは、イギリスの国家チャートとダンケルクの戦いにおける記述について、以下にMichael Baigent, Nicholas Campion and Charles Harvey, *Mundane Astrology* 第8章の一部を抜粋してご紹介します。

国家や各周期のチャート[11]においては、ハウスカスプに加え、MC／ASCのミッドポイントはいつも入れておくべきもので、MC／ASCのミッドポイントは、トランジットや進行天体に対して常にとてもセンシティヴだ。

もし、このミッドポイントに天体があるならば、それはしばしば、その国の理想や目標（MC）を、世界（ASC）にどう働きかけるかという、重要なことを示している。

イギリスという国のチャートにおいては、MC／ASCのミッドポイント上に、ぴたりと獅子座の土星がある。それは大英帝国の力、不屈の精神、階級意識、深く根差した君主主義の信念について多くを語っている。

1939年8月28日に天王星はステーション[12]しており、オーブ1度17分でMC／ASCの軸に90度を形成しているのだが、ダンケルクの戦いのときには正確な90度となっていた。これは注目に値するだろう。そこには敗北（土星）のなかの栄光（獅子）があった。

史上最大の撤退作戦とも言われる、ダンケルクの戦い。

第二次世界大戦時、ドイツの攻勢を受けてフランスから撤退を余儀なくされたイギリス軍ですが、民間の船舶を大量に出動させ、この負け戦からうまく撤退しました。映画にもなっており、ご存じの方も多いことでしょう。

11　春分図、月の位相図などの、マンデンチャート。

12　天王星は牡牛座21度後半にあってステーション。翌日には逆行に転じており、順行に転じた天王星は、翌年5月に21度まで戻り、月末のダンケルクの戦いでは正確な90度を形成。

多くのイギリス人の協力によって、あるいは全滅していたかもしれない多くのイギリス兵が本国に戻ることができたので、誇り高い勝利の物語として語られ、その精神はダンケルクスピリットと呼ばれています。

これが敗北（土星）のなかの、栄光（獅子）ということなんですね。

ミッドポイントに少しずつ親しんでゆき、これまでのホロスコープの読み方にミッドポイントという視点を加えて、さまざまな象徴を組み立てて考えられるようになると、これまで気づくことのなかった世界が広がってゆくでしょう。それはとてもエキサイティングな経験になるはずです。

トランジットのミッドポイント

COVID－19によるパンデミックが終息したと思ったら、急激なインフレ、そして円安、ロシアのウクライナ侵攻は続いており、先行きに不安を抱えている方も多いことでしょう。

冥王星が水瓶座入りした後、2025年には土星と海王星が牡羊座、そして天王星が双子座入りしてゆきます。天王星と冥王星が形成するトラインの中間、つまりミッドポイントに土星海王星が入る形になるのです。

とくにこの土星と海王星は、牡羊座0度付近でコンジャンクションします。この牡羊座0度を私たちは春分点として重要視するわけですが、ハンブルグ学派も「アリエス・ポイント（AP）」と呼び、天体のエネルギーが活性化され、私たちの生きる世界に影響の表れやすい特別なポイントして重要視してきました。つまり、天王星と冥王星の中間点に土星と海王星が位置し、その位置が牡羊座0度だということは、ミッドポイント理論の視点から見ても非常に意味のあることなのです。

もうひとつ、冥王星と天王星のトラインはつかず離れず長期にわたって続き、２０２８年の５月に冥王星が水瓶座８度、天王星が双子座８度で形成されるトラインを最後に、少しずつ離れてゆきます。この時、海王星も牡羊座８度のやや手前にあるため、土星を除くトランスサタニアンの３天体はつまりずっと同じコンフィギュレーションをとっているのです。

こんな風に、長期にわたり天王星と冥王星の「中間点」に海王星が入る時期に、ミッドポイントの考察を深めてみるのも、とても興味深いのではないでしょうか。

主要参考および引用文献案内

Ebertin, Reinhold. *The Combination of Stellar Influences*. AFA.1988
Ebertin, Reinhold. *Applied Cosmobiology*, Ebertin-Verlag, Aalen.1972
Hand, Robert. *Horoscope symbols*. Red Feather.1981
Publications, P, *Rules for planetary pictures*.1990
Hand, Robert. *Planets in Composite: Analyzing Human Relationships*. Red Feather.1997
Addey, J. M. *Harmonics in Astrology: An Introductory Textbook to the New Understanding of an Old Science*, Eyebright Books.2001
Baigent, M., Campion, N., & Harvey, C. *Mundane Astrology*. HarperCollins,1984
石川源晃『調波・占星学入門』平河出版社、１９９５年
アンドレ・バルボー『プラネタリー・サイクル』辻一花・兼松香魚子訳、太玄社、２０２２年

理論的背景の記述にあたりPhilip Graves氏（The Astrological Association の司書および占星術史家）に協力して頂きました。感謝申し上げます。

ハーモニクスとアスペクトへの洞察

イギリスのジョン・アディーが代表作『*Harmonices in Astrology*』を出版したのは１９７６年。

このアディーのハーモニック理論は、音楽の和声という視点で黄道帯をどう分割してゆくかというケプラーのアイディアを応用し、多くのアストロロジャーたちの研究やインド占星術などをヒントにしながら発展させています（エバティンの代表作『CSI』のドイツ語版全集が発売されたのは１９４０年）。

エバティンがミッドポイントに対する45度のアスペクトを重視していたことは本文中で述べましたが、45度は360度の8分割であり、第8ハーモニック（出生図を8倍させた図）に通じると、アディーはこの著書の中で述べています。

90度ダイヤルは、第4ハーモニック、45度ダイヤルは、第8ハーモニックと関係性がある。私が思うに4と8という数字が対外的な出来事や状況に対して特別な意味を持っているからこそ、45度や90度のダイヤルはこれほど人気があり、重宝されているのだ。

4を因数して円を分割するアスペクトは、私たちのポテンシャルを顕在化、実現させる可能性をもたらす「外的」な条件を整えると、アディーは考えていました。

ミッドポイントやハーモニクスにふれてゆくことは、たとえこれらのテクニックを使わなかったとしても、結果的にアスペクトについて再考し、洞察を深める良い機会となるはずです。

ユングの実娘が読む
カール・ユングのホロスコープ

鏡リュウジ

『占星術の教科書　ハイテクニック編』に収められた各占星術技法のマニュアルにおいてはすべて、心理学者カール・ユングのホロスコープが何らかのかたちで用いられています。各々の占星術技法は、それぞれ固有なかたちでユングの人格や生涯の一面に光を当てることになり、さまざまなユング像を紡ぎあげることになりました。それを読み比べることだけでも占星術学習者には刺激的な体験となるでしょう。

ユングは言わずと知れた、フロイトと並ぶ20世紀心理学の巨人です。心理学や精神医学のみならず、宗教、文学、人類学、芸術、そして物理学者パウリとの共同研究を通して科学の領域にまで恐ろしいほどの学際的な活躍をした人物でした。多くの信奉者を持つ一方で、必ずしも曇りないとは言えない女性関係を含め、[1]人間的にも大きな幅を持つ存在でもありました。

僕たち占星術家にとって、ユングの存在は決して無視できない巨大な存在です。ユングの思想や心理学は20世紀の実践占星術に大きな影響を与えましたし、[2]ユング自身、錬金術や易と並んで自ら占星術に深くコミットし、ユング心理学の醸成そのものに、19世紀末から20世紀初頭の占星術が色濃く影響を与えていたことも最近の研究で明らかになっています。[3]

興味深いことにユングの実娘、グレーテ・バウマン＝ユングはプロの占星術家として活躍していました。このグレーテは父親のホロスコープについてユングの自伝と自らの思い出を織り交

1　ユングの周囲には公認の愛人を含め多くの女性がいた。グレーテはユングのホロスコープの第7ハウスに女神の小惑星たちが集合していることと、この事実を重ねているのが興味深い。これは占星術における小惑星の利用の比較的初期の例でもある。

2　特筆すべきは分析心理学者にして占星術家リズ・グリーンらによる「心理学的占星術」の潮流。グリーン『サターン』『占星学』鏡リュウジ他訳、青土社などを見よ。

3　リズ・グリーン『占星術とユング心理学』鏡リュウジ監訳、原書房を見よ。

ぜながら詳細にコメントを残しているのです。[4]

偉大な心理学者ユングに最も近しい人物が占星術家であったのは、僕たち占星術家にとってなんという幸運なのでしょう。ここではグレーテが父の死後、チューリヒの心理学クラブで1974年にドイツ語で行った講演「C・G・ユングのホロスコープについてのいくつかの回想」[5]を参照しながら、ユングの実娘が父のホロスコープに見て取った内容の一部をご紹介していきましょう。

グレーテは心理学者の娘らしく、まずはユングの両親像（つまりはグレーテの祖父母）をホロスコープに見ていこうとします。グレーテは、月と金星がユングの母親に投影されていたとみなします。「経験上、出生図のこれら（月と金

星）が肯定的にも否定的にも母親と同期するからです。ユングのチャートでは月は牡牛座に、金星は蟹座にある。グレーテはユングが母親に見ていた性質をこの月と金星に見て取ります。

「母は深い、目に見えない大地に根を下ろしていた［牡牛座月］……私にとってそれは……動物や樹木・山・牧場・流れる水［水の星座の蟹座の金星］などと関連しているように見えた。……それがどれほど異教的なものかは私には思いもよらなかった」[6]

「私の母は私にはとてもよい母であった。……動物的暖かさを持ち、料理が上手で陽気だった。［牡牛座月、蟹座金星］母は聞き上手で……文学的趣味や奥深さ、優れた才

4 Gret Bauman-Jung, *Some Reflections on the Horoscope of C.G.Jung in Spring Journal* 1975 ,Spring Publications,1975

5 英訳はF.J.Hopmanによる

6 ヤッフェ編『ユング自伝1』河合隼雄他訳、みすず書房、1972年、138頁。なお、自伝からの引用は文脈に応じて省略、翻訳し直した。

能を持っていた「水星と金星の合」[7]

しかし、その一方でユングの母親はその才能を社会に表すことはありませんでした。と同時に、母親にはこの温かな面と裏腹に実に不気味な、無意識の奥底に通じるような面もありました。この抑圧されたような奥深さ、暗さは、月と冥王星がそばにあることと照応するとグレーテは分析します。また突如現れる母のこのもう一つの面（ユング自身のそれと同じようにNo.2の人格と呼ぶ）は月と天王星のスクエアによって示されると分析されています。

また月と金星はユングの母親像を示すばかりではなく、ユング自身の嗜好をも表します。ユングの自然への愛（牡牛座の月）や、湖への愛着（蟹座の金星）がここに表示されるとされます。ユングは湖畔の家に落ち着くことになりますが、これは第4ハウスが牡牛座で、そのルーラーの金星が水の星座の蟹座であることで示されているというのがグレーテの見立てです。

さらに、ユングが晩年、自分で塔を建てたり、好んで石に彫刻を施すことになるのは冥王星と関係があるとグレーテは言います。兄弟姉妹を示す第3ハウスにある冥王星は、文字通りにはユングの兄弟姉妹の多くが早逝していることを示しますが、死と再生の冥王星が大地の星座、牡牛座にあることは、象徴的には単なる物質から生あるものを創造する才能と関係があるというのです。面白いことに、ユングは神話のプルートーが彫刻家となっている夢を見たことがあるとグレーテは回想しています。この一連の象徴はもしかすると、卑金属たる第一素材を「殺して」黄金として再生させる錬金術へのユングの強い関心とも関連するかもしれない、などと僕は連想を広げたくなります。

一方、父親との関係は母とのそれと比べて複雑なものでした。ユングにとって牧師であった

7　前掲書78頁

父との関係は葛藤に満ちていたのです。ユングは幼いころから、牧師であった「父の言うことすべてについて深い疑念」[8]を感じるようになりました。グレーテの考えでは、父親元型は一般に太陽、木星、そして土星によって構成されるのですが、ユングの太陽はよいアスペクトを持たず、海王星とのスクエアのみがあります。これが父親との関係の不確実さ、不安定さを示しているというのです。ただ、グレーテがここでこれは客観的事実ではなく、ユング自身の心理的投影であるとみなしていることに注目しておきましょう。同じ父親を持っていても太陽によいアスペクトを持つ子どもなら別な印象をもつことになるだろうとグレーテは言うわけです。ここに現代的な意味での心理学的占星術のスタイルをはっきりと見て取ることができるでしょう。

またグレーテの木星の分析も面白いものです。ユングの木星は死の第８ハウスにあります。木星は宗教的信念を示すが、この配置は父親がそれを与えにくいことを示すとグレーテは解釈しています。一方、僕にはグレーテの解釈をさらに延長して、科学とのバランスを取ろうとする（天秤座）の宗教の瀕死状態を示すと見たくもなるのだがどうでしょうか。

実際、ユングは父の宗教者としての力に不満を感じていました。ユングは父から宗教の話をいろいろ聞かされましたが、それは退屈で三位一体の教義という、ユングにとって最も意義深く感じられる内容になったと思ったら、この話題を父は避けたのです。それは父にも全くわからない内容だから、と。ユングはこの父の「正直さに感心した」「木星と土星のトライン」が、一方で絶望しました。こんなことでは自分は本当に大切な心の秘密、魂と神の関係の神秘をどのように考えればいいのだろうか、と「太陽と海王星のスクエア」[9]。ユングの父は聖職者であ

8　前掲書70頁

9　前掲書84頁

ったにも関わらずユングの期待に応えることは出来なかった。そしてこのような合理では解決できない宗教の神秘は大きな課題としてユングの中に残り、後の思想と実践に大きな影響を与えることになるのです。

　そして、この宗教に関する問題は、生涯を通じてユングの大きなテーマとなります。ユングはのちに「私がかかわった患者の中で宗教が問題ではなかった人はいない」とまで言うようになるのです（ただ、興味深いことに、ユングの娘グレーテは家庭生活の中ではユングが宗教的な人間だと感じたことはなかったと述べています。父の宗教への深い関心はのちにユングの著作の中でのみ、知ることになったのだ、と）。

　啓蒙主義の時代に洗礼を受けて、科学者として人生を生きようとするユングですが、しかし、ユング自身の中に宗教への深い関心と切望があるのです。この二つの面を、のちにユングはユング自身の個人レベルでは合理的なNo．1の人格と非合理的、霊的なNo．2の人格、そしてよりマクロなレベルでは「この時代の精神」と「深みの精神」の対立、葛藤として理解するようになります。ユングの思想は、極論すればこの二つのスタンスの統合への激しく切実な試みの連続の中から錬成されてきたものだとさえ言えるでしょう。

　ユング自身、No．1の人格とNo．2の人格の存在は幼少期から自覚していました。ではホロスコープの中ではこの二つはどこに現れているのでしょう。

　グレーテは、ユングのアセンダントが水瓶座であることに注目します。

「土星と天王星の二つが父の上昇サイン、水瓶座のルーラーである。父のホロスコープには二つのルーラーがあるのだ。土星は具象的な自我を形成する第1ハウスに位置する。天王星はチャートの反対側、第7ハウス、つまりパートナーシップのハウスにあ」り、これがユングの人生にはっきりと表れているのだとみます。[10] グレーテはこのうち、土星をＮｏ．１の人格、そして天王星をＮｏ．２の人格とみなしているようです。土星が自我を象徴する第１ハウスにあり、天王星はより「無意識のほうに照応する」からです。

加えて、１９４７年の12月18日から19日にかけてユングが見た夢に、このＮｏ．２の人格としての天王星がユングの夢に現れているとグレーテは分析します。

その夢の中で、ユングは3人の聖職者とともにいます。彼らはなぜか戦争の野営地にいて、そこではベッドが不足していました。そこで彼らは二人で一つのベッドを共有しなければならなかったのですが、ユングにベッドのスペースを空けようとしたのは高齢の、白い錠前を持ち、白いひげを伸ばした高潔そうな人物だったということです。

ユングの生涯に詳しい方なら、ユングがヴィジョンの中で見ていたユングの霊的グル（フィレモン）も鍵を持って描かれたことを思い出されるでしょう。ユングはフロイトと別離したことなどをきっかけに一時的に心理的不安定な状態に陥り、幻覚に悩まされるようになります。このとき、ユングは自らのヴィジョンの中に意識的に降りていって無意識から浮かび上がってくるファンタジーと向き合いました。その体験

10 しかし、ユング研究者であり占星術家であるマギー・ハイドはやや異なった意見を持っている。Ｎｏ．２の人格の「古さ」「いかめしさ」などには土星的な面も見られるし、科学的で合理的なＮｏ．１の人格には天王星的な性質もあるからだ。ユング自身、このような二つの側面の存在はけして病的なものではなく、あらゆる人間に多かれ少なかれ存在するものだという。だとすると、これはあらゆる惑星元型のペア…例えば太陽と月など…として偏在するのではないかというのがマギー・ハイドの見解である。マギー・ハイド『ユングと占星術』鏡リュウジ訳、青土社、２０２１年を見よ。
またこの書でマギー・ハイドはユングとフロイトの関係をホロスコープを通して詳細に分析している。

がユング心理学の大きな素材になったのですが、このとき、ヴィジョンの中でユングを導いた存在が「フィレモン」という老賢者のイメージでした。この夢に現れた老賢者はこのフィレモンと通じるものがあるように思えるのです。

そして、聖職者の姿をした、この白いひげの老賢者はグレーテによればNo．2の人格の化身のようであり、夢の中のユング（つまりNo．1の人格、土星）を優しく受け入れようとしていたということになるのです。

グレーテが注目するのは、ちょうどこの夢を見たとき、天王星が双子座24度をトランジット中でユングの出生の土星（No．1の人格）と木星のトラインに加わり風のグランドトラインを作っていることです。内的には宗教（木星）を通してNo．1の人格はNo．2の人格と調和に満ちた出会いを体験したことになります。この時期、外的にはユングは高名な聖職者であるヴィクター・ホワイトと熱心に文通し、宗教にたいしての考えを深めていました。

それより以前、1898年にはこのNo．2の人格たる天王星はもっと激しいかたちでユングに訪れました。天王星が蠍座29度のユングのMCを通過するころ、ユングは精神医学の道を志す決心をするのですが、その直前、ユングは自宅で大きなテーブルがひとりでに裂け、また何もしないのにナイフが粉々に砕けるというポルターガイスト現象を体験しています。こうした超常現象を目の当たりにしながら、ユングは当時、流行していた交霊会の実験にも加わるようになっていきます。ユングは、こうしたオカルト的、無意識的、霊的な領域、持ち前の人文科学的な指向と科学的な思考をともに探求できる場を求めていました。そして天王星がMCを通過したとき、ユングは「自然と霊が一つの現実となる場所をついに見つけた」[11]と感じたのでした。このとき、トランジットの冥王星はユング

11　前掲書、162頁

の天王星に正確に60度となっていました。
このようにユングの人生において土星と天王星が重要な役割を果たしていることをグレーテは指摘します。実際、ユングの主要な著作の刊行年を追いかけると土星ないし天王星が重要なコンタクトをなしていることがわかります。グレーテの記述に従って列挙しましょう。

1938〜40年『心理学と宗教』トランジットの土星が宗教の星座にある火星とトライン。火星は宗教を司る第9ハウスのルーラー。

1942年　『パラケルスス論』トランジットの天王星が出生のアセンダントにトライン。

1944年　『心理学と錬金術』トランジットの土星が出生の土星、木星とトライン、出生の火星とオポジション。トランジットの天王星が出生の太陽とセクステル。

1946年　「分析心理学と教育」「現在の出来事についてのエッセイ」「転移の心理学」トランジットの土星が出生の水星と金星にコンジャンクション、トランジットの木星が出生の木星に合、トランジットの天王星が出生の天王星にセクステル。

1948年『精神の象徴』トランジットの天王星が出生の土星と木星にトライン。

1955〜6年『結合の神秘』トランジットの天王星がパートナーのハウスに入る。太陽がプログレスの天王星、土星とトライン。

1951年　『アイオーン』トランジットの土星は天秤座で出生の木星と合。
さらに物議をかもした『ヨブへの答え』は、プログレスの金星と火星が正確にスクエア、プログレスの月とプログレスの天王星が正確に180度になったときとシンクロすると指摘しています。

これを受けてグレーテは、「要約すると、父は主要な著作を書くときに土星と天王星のトランジットに影響を受けていた」とまとめています。そして興味深いことにユングの二つのチャート・ルーラー、土星と天王星が正確にオポジションになったときにユングが他界したことも指摘しています。土星と天王星の二つの側面の葛藤を肉体はもはや耐えることができなかったのだろう、と。

ただし、グレーテはホロスコープの字義的な盲信者ではありませんでした。ホロスコープには現れない、大切な要素があるという言葉でこの講演を締めくくっています。星は元型的イメージを暗示するけれど、しかし、人が成すべき具体的な使命や、魂の質は描き出すことはないのだ、と。

これは僕たちが心に留めておくべき言葉ではないでしょうか。冷静に考えれば同じ時間に生まれた人はいくらでもいるわけです。ホロスコープが同じでも、同じ人生を生きる人は一人もいないのです。ホロスコープは人ではない。あくまでもそのコンテクストにのっとって星のシンボリズムを味わうときにこそ、星からの意味あるメッセージが立ち現れるのだと、僕は思います。

本書でチャート作成に使用した
アプリケーション、ポータルサイト

Astro Gold
p.47, 51-53, 55, 60, 65,-66, 68, 83

IO Edition
p.97

Solar Fire
p.206 208, 218, 222-233

Astrodienst（Astro.com）
https://www.astro.com
p.12, 77

Astro-Seek
https://www.astro-seek.com/
p.41, 86

賢龍雅人（けんりゅう　まさと）
長年に渡るカルチャーセンター、占いスクールでの豊富な鑑定経験を活かした丁寧な指導には定評があり、鏡リュウジ氏を主幹とする東京アストロロジー・スクールでも講師を務める。占星術アプリにも精通し、様々な占星術書にマニュアルを寄稿。著書に『マイ・ホロスコープBOOK 本当の自分に出会える本』(説話社)他、シリーズ全３作。『新ウェイト版フルデッキ78枚つき タロット占いの教科書』（新星出版社）がある。
「No Tarot, No Life」: https://ameblo.jp/ken-ryuu
X: @masato_kenryuu

Daiki（だいき）
国際基督教大学卒。ワシントン州にあるケプラー・カレッジにて占星術を学び、ディプロマ（修了証）を取得。イギリスにあるスクール・オブ・トラディショナルアストロロジーにて、ホラリー占星術、医療占星術を学ぶ。現在、占星術を活用した、個人の資質や運気のリズムをつかみ行動を後押しするためのセッションや、個人事業主、経営者に対する星を活用したサポートを行なっている。
https://astrologicrhythm.com
instagram: @astrologicrhythm

SUGAR（しゅがー）
1983年生まれ。慶應大学哲学科卒。2009年より対面鑑定を始め、2014年から現在に至るまで朝日カルチャーセンター等で占星術講座を毎月開講中。サビアン占星術には、大学生時に詩的表現への関心から興味をもち、二十四節気七十二候や季語、暦との関連やその表現についての実践・研究をライフワークとしている。
http://astro-ragus.com

登石麻恭子（といし　あきこ）
西洋占星術研究家。英国ＩＦＡ認定アロマセラピスト。ホリスティックなツールとして西洋占星術をとらえ、アロマ、ハーブ、フラワーエッセンスなどのフィトセラピーやパワーストーンなどを組み合わせたセラピー占星術を実践、講師活動・執筆活動を行う。都内にて講座・セッションを開催中。著書に『星のアロマセラピー 』『月相セラピー』『星が導く花療法』(以上BABジャパン)、『スピリチュアルアロマテラピー事典』(河出書房新社)他。
「登石麻恭子の星と香りの日々」: http://aroma-astrology.seesaa.net/

辻一花（つじ　いっか）
AFA米国占星学者連盟終身会員。占星学スクールASTRA主催。幼いころから不思議な体験が多く、そんな体質だからこそ、地に足をつけて学ぼうと占星学の道を選び、故・石川源晃氏の教室で学びはじめる。見えない世界から得た知恵を、実践的に活かすことが大切だと考えており、愛をこめたメッセージを届けている。著書に『未来予測占星学入門』（説話社）、 訳書に『プラネタリー・サイクル　マンデン占星学』（アンドレ・バルボー著、太玄社）。
https://www.ikkastra.com

鏡 リュウジ（かがみ　りゅうじ）

占星術研究家、翻訳家。国際基督教大学卒業、同大学院修士課程修了（比較文化）。占星術の心理学的アプローチを日本に紹介し、従来の「占い」のイメージを一新。占星術の歴史にも造詣が深い。英国占星術協会会員。日本トランスパーソナル学会理事。平安女学院大学客員教授。京都文教大学客員教授。主な著書に『鏡リュウジの占星術の教科書Ⅰ～Ⅲ』『占星術の文化誌』（原書房）、『占星綺想』（青土社）、『占星術夜話』（説話社）、『タロットの秘密』（講談社現代新書）、訳書に『ユングと占星術』（青土社）、『魂のコード』（河出書房新社）、監訳書に『世界史と西洋占星術』（柏書房）、『占星医術とハーブ学の世界』『［ヴィジュアル版］タロットと占術カードの世界』（以上原書房）など多数。

鏡リュウジの東京アストロロジー・スクール
https://yakan-hiko.com/meeting/tokyo_ast/home.html
鏡リュウジによる占星術コースやイベントはこちらで随時開催中。

鏡《かがみ》リュウジの占星術《せんせいじゅつ》の教《きょう》科《か》書《しょ》 Ⅳ
ハイテクニック編《へん》①

2024年 3月 3日　第1刷
2024年 3月31日　第2刷

編著者　鏡《かがみ》 リュウジ
著者　賢龍雅人《けんりゅうまさと》、Daiki《ダイキ》、SUGAR《シュガー》、登石麻恭子《といしあきこ》、辻一花《つじいっか》
ブックデザイン　原田恵都子（Harada + Harada）
発行者　成瀬雅人
発行所　株式会社原書房
〒160-0022 東京都新宿区新宿 1-25-13
電話・代表　03(3354)0685
http://www.harashobo.co.jp/
振替・00150-6-151594
印刷・製本　シナノ印刷株式会社

ISBN 978-4-562-07394-8 printed in Japan

占星医術とハーブ学の世界

ホリスティック医学の先駆者カルペパーが説く心と身体と星の理論

グレアム・トービン
鏡リュウジ監訳
上原ゆうこ訳

17世紀英国でハーブによる自然医術を打ち立てた在野の学者ニコラス・カルペパー。医学から占星学まで多岐に亘るその業績は現代の代替医療や占星術研究で注目されている。概論から実際の治療法までを解説した名著。

原書房

占星術の文化誌

鏡リュウジ

文学、美術、音楽、心理学、医術からマスメディアの「星占い」まで——星とともにある、人間の営みと文化の歩み。占星術はどのように文化を築いてきたかを第一人者がひもとく。

原書房